U0603386

传承与融通

红旗小学红色文化课程育人的实践探索

姚远 著

上海教育出版社
SHANGHAI EDUCATIONAL
PUBLISHING HOUSE

序

党的十八大以来，以习近平同志为核心的党中央始终高度重视红色资源保护、管理和利用，反复强调用好红色资源、传承好红色基因。习近平总书记在党的二十大报告中强调："坚持理论武装同常态化长效化开展党史学习教育相结合，引导党员、干部不断学史明理、学史增信、学史崇德、学史力行，传承红色基因，赓续红色血脉。"中小学教育要围绕学生成长成才，用好红色文化资源，推动红色教育走深走实，把党在百年奋斗伟大实践中形成的红色文化精神财富传承好、弘扬好，把以伟大建党精神为源头的中国共产党人精神谱系作为中小学教育宝贵资源和重要内容，推进文化自信自强，在学生培养中深化爱国主义、集体主义、社会主义教育，强化社会主义核心价值观指引，为把广大学生培养成堪当民族复兴重任、德智体美劳全面发展的时代新人奠基。

弘扬光荣传统，赓续红色血脉。作为中国特色社会主义文化资源的重要组成部分，红色文化是教育人、培养人、涵养人的精神沃土，红色文化教育是新时代育人工作的重要特色和重点内容。加强新时代中小学德育工作，要始终坚持习近平新时代中国特色社会主义思想为指导，传承好老一辈红色革命精神和教育思想，聚焦红色文化教育与红色基因传承，积极探索构建红色文化课程育人体系。首先，着重在红色文化课程建设的整体构建。推动红色文化融入课程体系的总体设计，以红色文化为主线开展课程群内容建设，积极建构具有学校特色的教学实施方案。其次，着重在红色文化融入国家课程教学实践和校本课程教学建设。推动红色文化融入祖国至上的德育课程探索，以育人为本推动红色文化融入基础课程建设,将红色文化融入培根铸魂的艺术活动课程。利用拓展活动课程整合资源和丰富情感体验,联动校外活动基地协同发力和开辟实践空间,发挥学生主体作用合作创生和孕育项目化学习。再次,要着重红色文化课程育人工作保障体系建设。以系统谋划探索红色文化课程育人长效机制,以统筹布局深化红色文化课程育人队伍建设,以精细闭环完善红色文化课程育人评价体系。红色文化课程育人积淀着中华民族的精神追求,具有极为重要的思想价值、教育价值和时代价值,在中小学教育事业中发挥着凝心聚力、培根铸魂的重要作用。

以历史文脉强基,用红色文化铸魂。本书依托红旗小学红色文化课程育人实践探索,以"传承与融通"为主题,将学校传承的丰富革命精神和厚重历史文化内涵与当前立德树人工作融会贯通,将校内外红色文化育人资源整合融入国家课程校本化实施和校本特色课程开发,积极构建可复制、可推广的红色文化融入小学课堂教育教学实践模式。

立德树人守初心,培根铸魂育新人。本书中的红色文化课程育人体系注重内涵建设和高质量发展,通过课程建设迭代升级,整合共享校内外优质资源,把握好整体与重点、个体与群体、素材与成果、过程与结果的关系调整,着重推进市校协同、校校联动、校内赋能的效果扩容升级,积极开展理论研究与实践探索,为其他学校红色文化育人工作的进一步发展提供了模式借鉴和思路启发,也给红色文化课程育人工作事业增添了新的活力与希望。

在推动新时代红色文化课程育人实践探索中,本书关于学校打造红色文化教育特色品牌,深入挖掘红色文化资源、推动百年校训历史传承与新时代育人内涵要求相契合,将为增强红色文化育人效能提供新的启迪。我们也相信,高质量红色文化课程育人将为引导学生"扣好人生第一粒扣子"、实现德、智、体、美、劳全面发展贡献应有力量。

目　录

前　言

红色文化是在党的百年奋斗伟大实践中形成的宝贵精神财富,是我们传承和弘扬伟大建党精神的宝贵资源和生动教材,也是中小学教育的重要内容。党的十八大以来,以习近平同志为核心的党中央高度重视红色资源利用、红色基因传承工作。党的二十大报告中明确指出,要"弘扬以伟大建党精神为源头的中国共产党人精神谱系,用好红色资源,深入开展社会主义核心价值观宣传教育,深化爱国主义、集体主义、社会主义教育,着力培养担当民族复兴大任的时代新人"。习近平总书记在文化传承座谈会上强调,在新的起点上继续推动文化繁荣、建设文化强国、建设中华民族现代文明,是我们在新时代新的文化使命。在小学阶段进行红色文化教育,植入红色基因,是贯彻党的教育方针、落实立德树人根本任务的需要,是增强学生对伟大祖国、中华民族、中华文化、中国共产党、中国特色社会主义认同的必然要求,对于传承革命文化和社会主义先进文化,培养德智体美劳全面发展的社会主义建设者和接班人具有重要意义。

本书中"红色文化"的概念内涵,源于教育部 2021 年印发的《革命传统进中小学课程教材指南》,特指随着马克思主义传入中国,在中国共产党领导下、在革命战争年代,由中国共产党人、先进分子和人民群众共同创造并具有中国特色的先进文化,吸收了中华优秀传统文化、世界各国先进文化成果,蕴含丰富的革命精神和厚重的历史文化内涵。这既包含重要革命史实和关键事件,革命英雄人物及事迹,革命文物、遗址、纪念场馆,重要纪念日及仪式等传承下来的素材,也包含革命英雄人物自己创作以及他人以重要革命事件、革命英雄人物事迹为题材撰写或创作的,反映马克思主义真理和共产党人人格光辉的文章和文学艺术创作。

红旗小学位于上海市虹口区的江湾古镇,始建于明朝嘉靖年间,已有近500年文化积淀。学校历史悠久,地域文化积淀深厚,是一所具有丰厚红色文化的百年老校,也是上海市历史最悠久的十所学校之一。红色文化教育是红旗小学育人特色工作之一。"诚、志、勤、乐"既是红旗小学前身曲江书院的学生培养目标,也是学校的四字校训。进入新时代,四字校训贯穿于爱国励志、诚实守信、勤劳合作、创新乐学的育人目标,在传承老一辈红色革命精神和教育思想的基础上,学校聚焦"培养学生创生品质"的核心办学理念,始终致力于将红色文化教育与百年校训的历史传承和新时代育人的内涵要求紧密融合,探索具有校史特色的红色文化课程育人路径。

本书以"传承与融通"为主题,意为"传历史之正、承文脉之厚,融时代之势、通育人之衢",寄托"以历史文脉强基,用红色文化铸魂"的教育展望,将学校整合校内外红色文化育人资源,融入国家课程校本化实施的全过程,融入校本特色课程开发的全过程的理论研究与实践探索,以道德与法治、语文、数学、艺术等国家课程科目为主,校本特色课程有重点地建设,实现红色文化教育在小学学段各学科的全科覆盖。并以各学科教学案例为切入点,探索可复制、可推广的红色文化融入小学课堂教育教学的具体实践模式,以期为学校红色文化育人工作的进一步发展提供相应的借鉴,助力红色文化成为小学生爱国主义情感培植的精神源泉。

学校通过以红色文化为主线的课程群建设,整合多学科内容、联动校内外资源完成课程内容建设。在学科教学中,我们充分挖掘各学科育人底蕴,研究德育教育与学科教学有机融合、无痕渗透,将红色文化育人作为主线,实现教育教学与德育相统一。在校本化课程开发中,学校坚持立德树人根本任务,立足校训开发和设计以红色文化为主线的多元多样红色育人课程,遵循学生认知规律,通过学科教学渗透红色文化、学生活动感悟红色文化、社团课程弘扬红色文化、校本资源升华红色文化,帮助学生了解祖国历史、认识祖国文化,传承红色基因,厚植爱党爱国情怀,涵育时代新人,激发学生的爱国热情和民族自豪感。

在红色文化课程实施过程中,学校不断完善课程结构,以学生为中心,拓展互动体验教学新模式,探索课程共同体新样态,打造数字智慧学习新课堂,持续提升红色文化课程开发与实施的品质。创新优化教研流程,积极探索教与学实施方式的转型。着力以研促教,以"四步两省"为主要研修方式,开展有效的教学与课题研究联动的校本研修活动,提高教学实效。学校积极搭建三个平台,发挥教师示范作用,力图打造一支各具特色、各有风格的教师队伍,不断探索创新育人方式。不断健全教学管理规程,规范执行教学计划,通过磨课、研课等途径,切实提高课堂教学质量,实现教学过程减负增效。

同时,学校还充分发挥了教师、学生、家长及社会力量等主体参与的积极性,以学生成长成才为核心,统筹布局"三圈"育人队伍,"内圈"培育高水平教师专业力量,"中圈"带动家长、学生主动力量,"外圈"吸纳场馆、人才等社会力量,通过转换角色、建立场景,深度参与学生学习,积极推动共同体的萌生,推动实现育人主体的协同、育人元素的累加、育人空间的耦合,形成红色文化课程育人共同体。在教学评价上,学校将全过程、全方位理念融入评价体系,打破评价刻板标准,转换"为评而评"的思路,精细打造评价体系闭环。以评促教,聚焦课程框架可行性、方案合理性、反馈积极性,注重课程形成前端,提升目标密切度、内容丰富度、对象参与度;以评促学,渗透"红文化",描述"旗成长",注重参与过程中端,让红色氛围"无处不在"且"有迹可循";以评促育,建立评价共同体,注重综合性后端,联动评价主体、指标、方法,着力实现评价立体化。

红旗小学百年校训"诚、志、勤、乐",蕴含着持真诚之心对待教书育人之大业,传承老校创新发展之志,恪守勤勉敬业爱生之本,乐教善教、乐学善学为道的办学思想。进入新时代,红旗小学将继续深入挖掘红色文化资源,进一步推动百年校训的历史传承与新时代育人的内涵要求紧密融合,持续打造学校红色文化教育特色品牌,引导学生"扣好人生第一粒扣子",让红色文化在少年儿童的教育中绽放时代光芒,激励少年儿童不断坚定理想信念、筑牢信仰之基、弘扬红色文化、传承红色基因,促进少年儿童德、智、体、美、劳全面发展。

第一章

红 色 寻 根

——红旗小学红色文化课程的缘起

今天的青少年是实现第一个百年奋斗目标的亲历者、见证者，更是实现第二个百年奋斗目标、建设社会主义现代化强国的生力军。在中国共产党百年来为民族独立、人民解放和国家富强、人民幸福而不懈奋斗中形成的革命传统，是党的宝贵精神财富和丰厚的政治资源，也是中小学教育的重要内容。

红旗小学位于上海市虹口区江湾古镇，始建于明嘉靖年间，历史悠久，地域文化积淀深厚，是一所具有丰厚红色文化的百年老校。"红"是校名，也是学校的文化品牌内涵。学校聚焦红色文化的实践体验，充分挖掘红色文化的丰富内容，发挥红色文化的价值，将红色文化融入课程，依托红色文化进行校本课程建设，对青少年进行德育和价值观塑造。

第一节 历史回音：接续培养人的百年校训

红旗小学至今已有四百余年校史,有过辉煌,也有过坎坷,面对纷争战火,它不屈存续,面对时代激变,它勇于创新,始终不变的是用文化凝聚师生,传承民族优秀文化,赓续革命薪火,传承红色基因,把立德树人融入人才培养各个环节,让百年老校不断焕发出新的生机活力。

一、传历史之正、承文脉之厚,凝聚学校育人"创生"内核

(一) 坚守育人情怀,涵育校风校训

上海市虹口区红旗小学坐落于千年古镇——江湾镇,是上海城区历史最悠久的小学之一,有着深厚的文化底蕴。学校前身为曲江义塾,明嘉靖十五年(1536 年)由嘉定知事李资坤创建,原址在江湾镇保宁寺后侧,是江湾地区有史以来的第一所启蒙识字的义塾,对江湾地区启蒙幼童、传递知识、传承中华民族优秀文化和礼仪发挥着重要作用。

清雍正三年(1725 年),宝山县由嘉定分治建县,学校由宝山县学署接管,经费来源于学田房租。同治七年(1868 年),重新设义塾于保宁寺东边厢房崇善堂,经费由县捐廉支给。光绪十三年(1887 年),在保宁寺后建造新校舍,改名"虬江小学",由严沐澧任校长。光绪三十二年(1906 年)起废读经书,开设国文、算术、历史、地理、博物(自然)等学科。

民国二年(1913 年),经县议会决定,学校的高等部由县接办,改名"县立第三高等小学校";初等部由乡接管,称"乡立虬江国民学校"。民国十三年(1924 年)实行新学制后,学校改为"公立第三小学校"。民国十七年(1928年),江湾划归上海特别市,学校改名"虬江小学"。民国二十五年(1936 年),学校迁往文治路现址(原文治学院),改名为"虬江国民学校"。1945 年抗战胜利后,学校更名为"上海市第二十二区中心国民学校"。在漫长的岁月中,学

校屡遭劫难,历尽风雨,受外敌入侵、军阀混战等战火影响,学校教学多次被迫中断,但在热心人士努力下,学校坚守育人情怀,将中华民族的优秀传统文化和爱国思想代代传承,弦歌不辍坚持至今。

上海解放后,学校一直为人民政府教育领导所重视,更名为"江湾中心小学"。1952 年改为"江湾区第一中心小学",担负着中心校示范、辅导任务。1956 年,学校改为"北郊区第一中心小学",1958 年改为"江湾镇中心小学"。"文化大革命"期间增设中学部,更名为"红旗五七学校"。1977 年,学校撤消中学部,更名为"红旗小学",沿用至今。学校先后隶属嘉定县、宝山县、上海特别市、江湾区、北郊区管辖,1958 年回宝山县,1984 年划归虹口区。至今,学校已有 480 年历史。

1953 年,学校被列为上海市重点小学。学校扩建校舍、修建操场、新建儿童游泳池、添置设备,办学条件显著改善。同时,学校着手师资队伍建设,充实教学骨干,培养青年教师。校内由校长陈南生领导,由周品仙等组建教研组开展教材教法的研究与实践。周品仙参加上海市"五年一贯制"语文教材教法研究中心组。1956 年,校长陈南生被评为上海市先进生产工作者、全国优秀教师。

党的十一届三中全会以后,全党实现了伟大的历史转折,学校也迎来了教育发展的春天。学校认真贯彻党的教育方针,积极开展各科教改活动,始终坚持以爱国主义教育引领学校发展和学生成长,继承革命传统,传承红色基因,进一步发扬革命精神。每年,学校均有向外省市、区、县公开教学、学区观摩、现场参观等各项任务,为高一级学校输送优秀的学生,学生中涌现了许多"小能人""小科迷""小书法家"和"游泳新苗"。在此期间,从校容校貌的美化、教学设备添置到师资队伍建设、学生人数增加、教学质量提高,都有显著的进展。学校教师周品仙于 1979 年被评为上海市劳动模范、教育战线先进工作者。1980 年评为上海市特级教师。同年学校成立校办厂,为虹口区烟糖公司修补回收的棒冰、雪糕纸盒,培养学生劳动观念和良好的劳动习惯。1982 年,校办厂被评为全国勤工俭学先进集体。1983 年,学校教师林锋被评为全国少年儿童先进工作者。1984 年,岑雅云被评为全国优秀班主任,杨剑华获团中央"快乐中队"园丁奖。学校爱国教育引领"以团带队",传历史之正、承文脉之厚,在学生培育中根植红色信仰的育人成果初步展现。1984 年,根据市政府区划调整,学校划归虹口区管理。同年,学校获"上海市科技先进集体"称号,郑登岱获上海市首届园丁奖。1990 年,学校获"全国红旗大队"称号,辅导员队伍被评为"上海市新长征突击队"。1991 年,时任上海市教育局局长为红旗小学 455 周年校庆题写"改革谱新篇,老校焕青春"贺词。

1998 年,学校建造综合教学楼,设立了八大功能室,操场、绿化逐步到位。学校在深入挖掘百年校史内涵,结合革命精神传承弘扬的基础上,梳理出明确的育人目标,确立"诚、志、勤、乐"四字校训,设定"爱国爱校、勤学多思、文明守纪、自主自动"十六字校风。

(二) 凝练办学思想,探索"创生教育"

2001 年,学校开始制定"自主发展三年规划"。在 2001—2004 年第一轮发展中,学校确立了"求实、乐学、合作、创新"的办学理念,确立学校的远景目标和近期发展目标,探索确立"会学习、会生活、会合作、会创新"的学生培养目标。学校还创建了以"家庭互助苑"为特色的家庭教育指导模式,参与国家级课题研究,获全国家庭教育研究成果一等奖。红旗小学被评为上海市优秀家长学校、上海市学习型家庭实验基地、上海市安全文明校园。

2004—2007 年第二轮发展中,学校进一步确立"学生至上,信誉唯上"的办学宗旨,将学生培养目标修订为"会读书、会思考、会合作、会创生",明确提出"进行创生教育系列探索"的发展愿景,把"创生教育"作为推进学校教育综合改革的一项重大实践活动,逐步探索以学生的需求和兴趣为出发点,充分考虑学生的个性差异和学习需求,动态调整教学计划,提升育人成效。其间,在全体教师共同努力下,红旗小学获得诸多荣誉称号,如全国家庭教育指导研究实验基地、上海市优秀家长学校、上海市健康促进校、上海市红旗大队等。2005 年 11 月 7 日,全国家庭教育指导活动研讨会在红旗小学召开,《解放日报》《教育时报》《少年日报》记者分别采访张方校长和家长代表,并作新闻报道。2005 年 12 月,第七届教工代表大会第十次会议通过《红旗小学章程》。2006 年 12 月,学校被上海市教科院家庭教育研究与指导中心评定为"上海市家庭教育指导'十一五'实验基地"。学校初步形成了联动家庭教育激发学生创造力、探究力,提升学生实践和交流能力的培育理念。

2007—2010 年第三轮发展中,学校深入开展"小学创生式教育的实践研究",提出"以'爱'为核心,以'新'为手段,激发师生生命活力"的行动目标,从加强队伍建设、坚定教师信仰、提升文化自信的角度,打造一支能够正确引领学生方向、陪伴和督促学生成长的优秀教师团队。2008 年 4 月,学校推出《红旗小学教师专业化发展评选管理方法》,形成一套比较完善的"星级教师评定制度",各级别的星级教师履行不同职责,享受不同待遇,实现梯队发展。借助"星级教师评定制度",红旗小学培养出一批"品牌教师",其中有上海市第一期和第三期名师培养对象、上海市优秀班主任、上海市"我心目中的好老师"、上海市优秀辅导员等。2008 年 9 月,学校教师郑健远赴四川都江堰支教。他不计得失,无怨无悔,展现出上海教师的高尚师德风范。他的事迹被刊登于 2009 年 4 月的《上海教育》,2009 年 5 月 11 日东方卫视《真情实录》栏目以"板房里的上海老师"为题进行报道。2009 年,红旗小学被中国教育学会家庭教育专业委员会评定为"全国家庭教育指导实验基地",获得上海市安全文明校园称号。2010 年,学校"海宝小队"在上海市红领巾"世博"志愿服务行动中,获"最佳服务小队"称号,接受市少工委颁奖。"小学创生式课堂教学的实践研究"获上海市教科研成果二等奖。

2010—2014 年第四轮发展中,学校进一步将"创生理念"细化落实到各学科课程的教学目标之中,融入校本课程建设、教育教学管理、家校互动合作、优质资源共享、少先队工作的各个环节,贯穿学生成长的各个阶段。2011 年,红旗小学被世界卫生组织健康城市合作中心命名为"健康促进学校"。同年,上海市少年儿童研究中心和团市委少年部领导到学校调研,对学校提出的"四会"培养目标和四大板块课程设置给予肯定。2012 年,学校被中国教育学会家庭教育专业委员会批准立项的"基于社区为单位的家庭互助式教育的实践研究"成功结题,获家庭教育研究成果评比优秀奖。青年教师李莉将家庭教育融入班主任工作中,形成自己的工作特色,两次被评为"上海市优秀班主任",其事迹被刊登在《家庭教育时报》上。同年,学校修订完善章程,印制《红旗小学教师必读》。2013 年,学校被评为上海市文明单位、上海市行为规范示范校、上海市红旗大队、上海市少先队工作示范校。

2015 年 7 月,新市学校撤销建制,小学部并入红旗小学。办学规模扩大,学校迎来新的发展机遇。学校注重信仰培育、文化融合、制度融合、资源整合,注重学生创生品质的培养,注重教师的成长发展。学校先后被评为上海市平安学校、上海市安全文明校园、上海市教师专业发展学校、上海市卫生工作先进集体、上海市少先队示范队室、上海市"十二五"家庭教育指导实验基地特色校、上海市心理辅导实验学校、上海市卫生健康先进单位、全国青少年校园足球特色学校。

在全国青少年创新思维竞赛中,学校 DI 团队获二等奖。在全国青少年机器人知识与实践比赛中,学校机器人团队获一等奖,进而参加亚太赛,获三等奖。"扬帆中队"的"指南针小队"被评为上海市优秀队集体。学校课题"提升小学生幸福感的家长课程的实践研究"参与市教委家校合作创新项目开展研究;接受上海市教师专业发展学校建设工作评估,由"虹口区教师专业化发展基地学校"升级为"上海市教师专业化发展基地学校"。学校参加上海市教委教研室组织的"学校课程领导力与课程开发研究"项目,确立了新的课题"学校课程共同体建设的实践研究","创生"系列研究得到延续与发展。

2017 学年和 2018 学年,学校均荣获虹教系统基层党政领导干部考评集体记功、集体嘉奖。2018 年,"小豆娃"中队被评为"全国红领巾中队"。2019年以来,在新一轮发展周期中,学校发展融时代之大势,初步彰显立德树人的红色底色,凝聚培育学生成长"创生"内核,为学校、教师、学生的进一步发展夯实了坚实根基,先后被命名为"全国优秀少先队集体""上海市依法治校示范校""上海市书香校园""上海市教师专业发展学校""上海市见习教师规范化培训基地""上海市家庭教育示范校、特色校""上海市少先队工作示范校""上海市花园单位""上海市篆刻进校园特色学校"等。学校和上海科技馆、上海自然博物馆签约,开展合作共建。学校培养输送校级干部、区教研员 3 人;区人才梯队 18 人,区中心组成员 8 人,12 位教师获评高级职称。学校分别于 2018 年 9 月、2019 年 12 月、2023 年 3 月和 2023 年 4 月,受上海市教委、上海市教师教育学院、虹口区教师进修学校的委托,开展青海省果洛州中小学校长及后备校长、海南省教学管理团队跟岗培训工作,与福建省三明市建宁县实验小学结对,进一步提高学校管理人员办学治校能力和管理水平。2019 年 1 月、2022 年 1 月、2022 年 8 月,学校的教研组建设工作、作业管理工作分别在区小学教学工作会议上做了专题汇报。2022 年 8 月,"指向发展学生核心素养的校本作业研究"课题组在上海市暑期校长培训中做交流发言。2021 年由姚远校长主编的《学校课程共同体建设的实践研究》获虹口区第 13 届教育科研成果评比一等奖。2018 年、2021 年,学校语文、音乐、体育、英语、美术、道德与法治六个教研组获评区优秀教研组称号。学校作为"2018—2019 中英数学教师交流项目"实践校,连续两年开展接待英方教师代表到校访问、听课学习等交流活动。2019 年 1 月,青年教师陆勇赴英国参加为期两周的数学教学交流活动,展现上海教育的魅力。在"一师一优课"评比中,学校获部级精品优质课 12 节,其中德育精品课 4 节。2019 年 6 月,青年教师聂蕾荣获第三届上海基础教育青年教师爱岗敬业教学竞赛综合组二等奖。2019 年 12 月,青年教师钱慧倩在上海市"小学英语课堂教学与教师发展观摩研讨活动"中荣获教学一等奖、学校教学团队荣获精准指导教学奖。

2020 年,学校的语文、数学、音乐、体育、美术学科相继接受了"空中课堂"的录制任务。6 位教师在教研员的细心指导下,与校内优秀团队共同磨课,不断修改、完善,不断调整教学设计,精心制作视频,完成优秀的教学资源。红旗小学教师用智慧和汗水,为线上线下融合教育发挥着自己的作用。此外,学校教师自主研发的"特别时期,用特别的方式培养学习好习惯""合理安排共战疫,居家培养好习惯"等 4 节微课在上海市教委教师博雅、虹口德研室公众号推出。姚远校长在"上海市名校长公益大讲堂"活动中向家长开设讲座。上海市十佳班主任李莉在区级主题活动中开展行规教育、家校互助经验交流,并在上海市教育电视台、上海新闻广播播出。

2020年,学校被授予"全国优秀少先队集体"称号。在"雏鹰杯"科创大赛和青少年科创大赛中,4位同学获得上海市一等奖。其中卢凌希同学被授予上海少年科学院"小院士"称号,1位同学当选上海市红领巾理事会委员。

二、融时代之势、通育人之衢,红色文化引领培育时代新人

(一) 红色文化赋能新时代文化育人工作

1. 红色文化的内涵

"红色文化"是由"红色"和"文化"两个词语组成的复合词。红色作为一种颜色,是自然界的色彩定义,更是被赋予了人类历史上传承千年的人文积淀和内涵。回顾历史,红色代表着勇气,代表着战斗到死的决心,代表着革命的热情,象征着烈士的鲜血。在具有悠久文化传承的我国,红色更有着丰富、特殊的文化内涵。从古代的五行卦象中火的热烈,到宫殿红墙绿瓦的权威,再到人民群众的红色服装喜庆、吉祥等,无不展现出极其深厚的文化底蕴。而"红色"与"文化"组合在一起,在当代特指将红色与革命文化的结合,是我国人民在中国共产党领导下,在长期的革命和建设实践中,不断选择、融化和整合中外优秀文化思想基础上所形成的一系列先进文化的综合体①,是中国传统文化内涵的进一步升华。正如刘润为先生指出的,红色这一特定的颜色及其文化象征意义,"恰好与我们党和人民的共同理想、品格情操、精神气质形成了异常完美的'同构'关系。中国人的思维和语言善用'比兴',因而人们将中国共产党领导全国各族人民在长期革命、建设、改革进程中创造的以中国化马克思主义为核心的先进文化凝练地称为'红色文化'。显而易见,这一概念本身就

---

① 全根先:红色文化的概念及其基本特性[EB/OL],https://www.hswh.org.cn/wzzx/llyd/wh/2019-08-09/58058.html。

是人民群众的一个伟大的文化创造"①。

目前学界关于红色文化概念的研究较多,其研究路径和结论多有不同。主要可归纳为两种研究路径,一是对红色文化概念进行纵向的溯源研究,二是对红色文化、革命文化等概念进行横向的对比研究。

在纵向溯源界定红色文化概念的研究中,有学者通过对红色文化形成的实践根源、理论根源、文化根源进行梳理,认为红色文化是"中国共产党领导中国人民在新民主主义革命过程中,将马克思主义与中国具体实践相结合,为实现国家统一、民族独立和人民解放而浴血奋战形成的革命精神和优良传统"。② 通过纵向溯源研究红色文化概念的论文都注重从其概念来源、内涵、外延、特点、结构等方面对红色文化进行较为系统的研究,但由于缺乏对红色文化及其相关概念的辨析,遵循这种研究路径产生的结论也具有一定局限性。通过横向对比研究红色文化概念的论文相对较少,比较具有代表性的研究是通过对革命文化和红色文化进行概念拆解、时间范畴等多方面对比,认为红色文化具有与革命文化一致的内涵,但前者具有更广泛的外延,是革命文化在新的历史条件下概念转换的结果。③

对红色文化概念的研究比较多,但由于其侧重点不同、研究方法不同,在概念界定上出现了诸多分歧,如红色文化的主体分歧、时间范畴分歧、内容结构分歧等。要解决这些问题,应将纵向溯源和横向对比的方法相结合,通过共时的和历时的分析,得到对红色文化概念较为全面的界定。尽管对于红色文化的概念界定有不同的指向,但如今学界普遍认为,红色文化不能肤浅地、固定地理解为阶级斗争或暴力革命,红色文化也不是以破坏政治生态为目的的政治斗争下的文化。学者们都强调革命文化的底色是"红色",红色文化的内核是马克思主义思想,"革命"文化、革命性质是红色文化的本质。红色文化包含着革命文化的内涵外延,更侧重于对文化形成的外在环境与氛围的意

---

① 刘润为.当代思潮论集[M].北京:研究出版社,2018.
② 黄蓉生,丁玉峰.习近平红色文化论述的思想政治教育价值探析[J].思想教育研究,2018(9).
③ 魏本权.从革命文化到红色文化:一项概念史的研究与分析[J].井冈山大学学报(社会科学版),2012(1).

会性表述。

综合学界对红色文化的研究,结合学校育人工作的实际,红旗小学在教育教学工作以及本书所表述的"红色文化"内涵,特指随着马克思主义传入中国,在中国共产党领导下、在革命战争年代,由中国共产党人、先进分子和人民群众共同创造的、极具中国特色的先进文化,吸收了中华优秀传统文化、世界各国先进文化成果,蕴含丰富的革命精神和厚重的历史文化内涵。这种文化包括物质文化和非物质文化,较之我们经常使用的革命文化、抗战文化、解放区文化、新民主主义文化、社会主义文化等概念,具有更加宽广的外延[①]。红色文化既包含重要革命史实和关键事件,革命英雄人物及事迹,革命文物、遗址、纪念场馆,重要纪念日及仪式等传承下来的素材,也包含革命英雄人物自己创作以及其他人以重要革命事件、革命英雄人物事迹为题材撰写或创作的,反映马克思主义真理和共产党人人格光辉的文章和文学艺术创作。由此可见,红色文化代代相传,绵绵延续,是中华民族宝贵的精神财富,具有重要的育人功能和教育价值。

2. 红色文化的育人价值

中国共产党近百年来为民族独立、人民解放和国家富强、人民幸福而不懈奋斗中形成的革命传统,是党的宝贵精神财富和丰厚的政治资源,也是中小学教育的重要内容。对中小学生进行红色文化教育,植入红色基因,是贯彻党的教育方针、落实立德树人根本任务的需要,是增强学生对伟大祖国、中华民族、中华文化、中国共产党、中国特色社会主义认同的必然要求,对于传承革命文化和社会主义先进文化,培养德智体美劳全面发展的社会主义建设者和接班人具有重要意义。将红色文化全面融入课程教材,对小学红色文化课程教育的目标、内容、方式等进行顶层设计,是充分发挥革命文化和社会主义先进文化铸魂育人功能,实现革命传统教育整体化、系列化、长效化的重要举措。

[①] 刘润为.红色文化中国人的精神脊梁[EB/OL](2013-09-24):theory. people. com. cn/n/2013/0924/C143844-23013262.html.

学界对开发红色资源价值和传承红色精神价值的研究,多集中在思想政治教育、旅游开发、音乐教育、美术教育和建筑、历史研究领域。思想政治教育领域多探讨红色文化的载体价值、示范价值、教育协同价值、历史教育价值和意识形态价值,而这一部分多集中在红色文化的德育功能上。例如,有研究指出:"红色文化一直贯穿于中国革命、建设和改革的伟大实践中,是中国人民前进的精神动力,激励一代又一代中华儿女为理想和信仰顽强拼搏、艰苦奋斗。"[①]关于红色文化资源价值的研究,学者们将其归纳为物质文化、精神文化及制度文化方面。其中被研究最多的是红色物质文化,红色遗址、红色遗物等。多数学者从红色资源的诞生地,对红色文化进行带有区域属性的阐述,如对陕甘宁地区、庆阳、海南、江西、辽宁等地的红色文化研究,其中研究最多的是延安、井冈山的红色文化。

总体上,专门针对红色文化价值的研究成果不多,但是我们必须明确,坚持弘扬红色文化,尤其是针对中小学生的红色文化传承教育,一天都不能中断。随着国内外形势的不断变化,这项工作在今天甚至比以往任何时候都显得更为迫切,唯有为青少年学生们扣好第一粒扣子,带领他们清楚认识到现在的美好生活由谁创造、由何而来,才能帮助他们在纷繁复杂的局势中,在多元化的网络世界中坚定信仰,坚守初心,成长为一名合格的社会主义接班人。

(二) 红色基因融入校训,铸就育人使命

校训、校风体现着一所学校的办学传统,代表着校园文化和教育理念,是人文精神的高度凝练,是学校历史和文化的积淀。红旗小学在涵育校训、校风的过程中,将爱国主义思想和革命精神传承不断融入办学理念和育人过程,在根植红色基因的育人理念基础上,学校始终不断探索拓展以学生为中心的立德树人路径。学校始终坚持以爱国主义教育为引领,以红色革命精神传承为根骨,全面探索创新形式多样的育人模式,帮助学生既形成坚定的红色信仰,又实现自身素质能力的全面发展。

---

① 齐丹.红色文化的德育审视[J].中学政治教学参考,2019(10).

从 1958 年起,红旗小学就十分注重"以团带队"工作,推动少先队活动形成"小"(小型多样,贴近队员生活)、"新"(内容新颖,跟上时代步伐)、"实"(讲究实效,与思想品德教育结合)、"趣"(富有情趣,活动渗透快乐);"全"(健全少先队基本建设)特色。学校始终以爱国主义教育为主线开展少先队活动,成绩显著,曾向市区介绍经验。改革开放以来,红旗小学紧跟时代步伐,不忘学校育人初心,将根植红色基因与深化改革创新融通发展,从培养社会主义接班人的角度出发为党和国家培养高素质、德智体全面发展的人才,丰富学生的知识储备、锻炼学生的综合素质,为国家的发展提供了源源不断的动力。

党的十八大以来,中国特色社会主义进入新时代。义务教育发展始终认真践行为党育人、为国育才的崇高使命,聚焦人民群众所急所需所盼,努力满足人民群众从"有学上"到"上好学"的美好期盼。习近平总书记作出"全党要把青年工作作为战略性工作来抓""党和人民事业发展需要一代代中国共产党人接续奋斗,必须抓好后继有人这个根本大计""在加快推进教育现代化的新征程中培养担当民族复兴大任的时代新人"等一系列重要论述,为做好时代新人培养工作提供了根本遵循。

作为一所已有 400 多年历史的学校,红旗小学坚持"学生至上、信誉为上"的办学宗旨,以为党育人、为国育才为己任,以教育改革创新为核心,认真总结学校传承革命精神、坚持铸魂育人的办学特色和文化传统,及时根据教育形势的变化和教育教学改革的要求,融时代之势、通育人之衢。2014 年,学校在传承优良传统的同时谋求新的发展,将"诚、志、勤、乐"四字校训纳入校园文化体系,并从教师发展和学生成长两方面赋予校训新内涵。"诚"为真诚、诚实(教师持真诚之心对待教书育人大业,学生学习、践行诚实做人之道),"志"为承志、恒志(教师传承"百年老校"创新发展之志,学生以一颗恒心实现鸿鹄之志),"勤"为勤业、勤学(教师勤勤恳恳、兢兢业业,学生勤奋刻苦、潜心求学),"乐"为乐教、乐学(教师以教书育人为乐,学生以健康成长为乐)。学校牢固树立"人才强校"战略思想,对师资队伍建设进行顶层设计,探索具有自身特色的"1234"管理模式:"1"是建立一条通畅有效的师资培养渠道,"2"是培育班主任和任课教师两支队伍,"3"是搭建职初教师、熟练教师、骨干教师三级发展平台,"4"是提升教师德育工作、学科教学、教育科研、行为示范等四种能力。同年,五(2)向日葵中队被评为"上海市快乐中队",鼓号队在上海市青少年鼓号大赛中获一等奖。

"四会"校本培养目标是学校提出来的校本学生培养目标。随着学校办学规模的扩大,学生来源更为丰富,家长、社会对学校办学的关注度不断增加,期许不断提高,原有的"四会"目标已不能准确和深入体现学校的育人特点,而需要有更能体现学校办学思想,符合课改新形势、社会新型人才需求的学校育人目标。2015年至2022年期间,学校以"办好人民满意的教育"为宗旨,在"诚、志、勤、乐"四字校训的统领下,围绕更新后的"四会"育人目标——"会学习,会生活,会做人,会创新",架构起学校发展的大格局,形成了"课程共建,五育并举"的办学特色。在"四会"培养目标中,关键是要抓住"会"字下功夫——鼓励学生"会"做事做人,要求学生能够做到:敢于会、主动会、善于会。引导学生参与课改,参与实践,积极作为,通过一系列的"会",成长成才。

基于新"四会"育人目标,学校构建"自主问题探究""动手实践体验""修养活动感悟"和"活动创意发展"四大板块的校本课程体系,开设体育、艺术、科技等多个领域的课程,将击剑、跆拳道、武术、足球、围棋等课程引入课堂,并成立学生课外社团,如STEM社团、合唱队、舞蹈队、小主持人社团、素描社团、足球队、壁球队等,满足学生的个性发展需求。学校接受了上海市教师专业发展学校建设工作评估,由"虹口区教师专业化发展基地学校"晋升为"上海市教师专业化发展基地学校"。学校以"四步两省"教研模式为抓手,在教研组建设中,强化四种意识的培养,即问题意识、研究意识、团队意识和创新意识,从而提升教研品质。学校打造了一支优秀的教师队伍,其中有全国优秀辅导员、上海市优秀班主任、上海市园丁奖获得者、上海市年度新闻人物等。

传历史之正、承文脉之厚,融时代之势、通育人之衢,红旗小学百年校训

"诚、志、勤、乐"蕴含着持真诚之心对待教书育人之大业,传承老校创新发展之志,恪守勤勉敬业爱生之本,以乐教善教、乐学善学为道的办学思想。进入新时代,四字校训贯穿于爱国励志、诚实守信、勤劳合作、创新乐学的育人目标,"红色文化教育"已经成为学校的特色品牌,与百年校训的历史传承和新时代育人的内涵要求紧密融合。引导学生"扣好人生第一粒扣子",促进学生全面发展,办好人民满意的教育,为党育人,为国育才已经成为新时代红旗小学为之不懈奋斗的目标;红色基因传承和红色精神追求已成为百年老校红旗小学传承革命精神、弘扬民族文化的内在发展需要和鲜明的政治标识。

第二节 时代潮响:为谁培养人的课程追问

习近平总书记多次强调,要促进中小学生的全面发展,首先要培养他们的爱国情怀,为新时代我国义务教育立德树人工作指明了方向。2021年1月,教育部印发的《革命传统进中小学课程教材指南》指出,中小学校要促进红色文化进入中小学课堂。2022年4月,教育部颁布的《义务教育课程方案(2022年版)》开宗明义地阐明了课程"培根铸魂、启智增慧"的育人功能,并指出义务教育课程对于落实立德树人的关键作用,特别强调义务教育课程必须立足"培养什么人、怎样培养人、为谁培养人"的根本立场,对深化课堂教学改革,将革命精神融入中小学教育教学提出了明确的要求。

目前,将红色文化教育融入小学课程的路径主要有两条:一是"校本"的课程开发,指学校根据自己的实际情况和学生的实际情况对国家课程计划及其相应的课程标准、教材进行校本化、师本化乃至生本化的适切性改造;二是"校本课程"的开发,指学校根据国家课程计划预留的学校自主开发的时间和空间,根据自己的办学理念,学校自己编制校本课程。红旗小学在构建红色文化课程体系过程中,始终坚持"校本"的课程开发与"校本课程"的开发两手抓,深入探索红色文化融入国家课程学科教学过程的路径,不断创新红色文化融入校本课程开发与实施的新模式,把培养社会主义建设者和接班人作为根本任务,坚定走好新时代人才培养之路。

一、红色文化融入国家课程校本化实施的内涵与价值

(一) 国家课程校本化实施的内涵与可行性

教育部印发的《革命传统进中小学课程教材指南》明确指出,全面落实革命传统进中小学教材,以道德与法治(思想政治)、语文、历史三科为主,艺术(音乐、美术等)学科有重点地纳入,其他学科有机渗透,"3+1+N"全科覆盖。革命传统作为红色文化的核心内容,要融入学科教学的全过程,需要着力探索各类国家课程校本化实施的路径,为红色文化全覆盖融入学科课程育人夯实基础。

对国家课程的内涵,有学者认为:"国家课程是国家规定的课程,它集中体现一个国家的意志,专门为培养未来的公民而设计,是依据未来公民接受教育之后所要达到的共同素质而开发的课程。它根据不同教育阶段的性质与培养目标,制定各个领域或学科的课程标准或教学大纲,编写教科书。它是一个国家基础教育课程计划框架中的主体部分,也是衡量一个国家基础教育质量的重要标志。"[1]国家课程集中体现了国家的意志,是决定国家基础教育质量的主要因素,因此国家课程具有统一规定性和强制性。要将红色文化融入各国家课程的学科教学之中,就需要在扎实完成国家课程教学要求的基础上,创造性地探索如何将各学科教学和学校办学理念和特色融合起来,拓展红色课程融入国家课程校本化实施的方案。

国家课程校本化实施是以一种目标重构的策略来实现其最终所指向的结果,这种重构便是对国家课程的目标的重构,同时也是对课程资源进行整合的过程,也是使教学设计变得多样化以及使课程评价变得多元化的一种策

略。① 目前学界对于国家课程校本化实施的研究,大致可以分成"课程开发"和"课程实施"两类。首先是研究者从课程开发的角度阐明国家课程校本化实施是属于狭义的校本课程开发。有学者认为应从国家课程校本化来解释"校本课程开发"的内涵与外延,校本课程开发与国家课程校本化开发不是同样的概念②。校本课程开发,不仅包括学校在国家课程计划所预留的空间内独立自主地实施课程开发与创生,也同样包括学校对国家课程的创造性改变和再开发,前者是我们通常所认同的校本课程开发,而后者就是"国家课程的校本化实施"③。也有研究者认为,国家课程校本化实施是学校从遵循课程的基本理念和目标并从自身实际出发,在国家课程留下的可能空间之内对其进行的"再开发"或"二度开发"④。也有一些研究者把国家课程校本化实施定义为学校在国家课程精神的指导下,对国家课程进行校本化建设的过程⑤,此外,还有学者从课程开发角度进行描述性的定义:在全国教学大纲的框架下,学校的教师在对国家课程纲要、课程计划、课程标准的实施过程中,需要根据学生在学习中的不同需要以及结合学校自身的特点来开发和利用一些自身所拥有的学习资源,同时可以通过校外专家的参考来给学校提供一些可供选择的学习内容,学校的教师也可对这些学习内容进行添加、修改、改编、整合等一系列开发活动,从而形成二次开发,达到对课程的进一步改进⑥。此类提法在后来的研究者群体中也得到了支持和响应。

但是随着研究深入,有研究把国家课程校本化实施归属于课程实施的范畴,因为研究者的定位由原来的"校本化"转为了"实施"。因为不同的课程实施准则对于在学校层面转化国家课程的结果至关重要。实施是实际化的过

① 姬升果.语文国家课程校本化实施研究[D].北京:首都师范大学,2005.
② 徐玉珍.是校本的课程开发,还是校本课程的开发——校本课程开发概念再解读[J].课程·教材·教法,2005(11).
③ 徐玉珍.论国家课程的校本化实施[J].教育研究,2008(2).
④ 杨小微.从实施到开发:国家课程校本化的新走向[J].课程·教材·教法,2019(5).
⑤ 姬升果,王云峰.国家语文课程校本化实施的内涵、特征及其基本内容[J].首都师范大学学报(社会科学版),2006(2).
⑥ 国家重点课题"初中阶段校本课程开发与校本化课程实施行动研究"研究成果述评[J].当代教育论坛,2006(4).

程,也就是古德莱德提出的五种课程(理想的课程、正式的课程、理解的课程、操作的课程和体验的课程)之间的关系,是从条件到实际的过程。国家课程的校本化实施既体现了国家课程的强制性,又体现了国家课程实施的灵活性,两者的结合是校本化实施的体现。例如,在最近的研究中,一些研究者将其描述为国家课程的校本化实施,这反映了课程实施的策略,即它是对国家课程的重建和进一步改进和提高。对"国家课程校本化实施"一词的丰富内涵进行概述,似乎有不同的观点,但这些观点并不相互矛盾,也没有影响国家课程在学校层面的实施。从这两个角度看,他们都指出了在学校引入国家课程的最终积极效果。

国家课程校本化实施就是学校根据实际情况创造性地执行国家课程,反映了课程实施的调试取向和创生取向。① 把课程实施作为出发点的已有研究,主要是把国家课程校本化实施看作课程实施的策略,从这个起点出发进行研究,更多是从国家课程校本化实施的方法和途径上入手来进一步阐释其内涵。还有研究从学科角度对国家课程校本化的内涵进行了探讨。有研究者构建了语文国家课程校本化实施的基本理论框架,探讨了语文国家课程校本化实施的内涵、特征、基本内容、实施策略、问题与对策,也有学者提出数学学科通过校本化在学校层面实施的方法,还有研究指出它具有自主性、多元性、差异性等评价特征,并说明了校本化课程实施的评价应遵循发展性原则、差异性原则、研究性原则。②

有研究者从课程实施的本质、新课改的性质、课程改革实施策略等方面进行分析,指出国家课程的校本化实施是课程实施的二元特征决定的,同时也是新课程改革本身的性质和特点所决定的。因为国家课程校本化实施可以化解新课程改革的"实验—推广"模式自身难以解决的问题,新课程改革为国家课程校本化实施提供了较为广阔的空间③。也就是说,所有需要在学校

---

① 杨清.论国家课程校本化实施的四个着力点[J].河北师范大学学报(教育科学版),2018(2).
② 潘娟.浅谈校本化课程实施中的评价[J].教育导刊,2006(4).
③ 徐玉珍.论国家课程的校本化实施[J].教育研究,2008(2).

层面实施的课程都可以在校本化层面实施,包括国家课程的校本化实施。必须明确的是,无论从课程设计还是课程实施的角度进行研究,都不能否认国家课程的整体框架和规定内容,培养学生的核心素养是开展红色文化融入课堂教育的必要前提。

(二)红色文化融入国家课程校本化实施的路径

目前,国家课程校本化实施尚未形成统一和标准的模式,其主要原因是"因校而宜,因生而异"的条件下,统一实施途径不可能实现。但国家课程校本化实施的具体过程中也生成了一些类似经验,为学校探索红色文化融入国家课程校本化实施提供了理论和实践方案的参考。

从已有的研究中可以看到,国家课程校本化实施的实现方式或途径主要是在国家课程从应然到实然这个过程中呈现出的不同模式。即在应然的状态下,也就是在国家的层面上,国家课程预留的空间是为其校本化实施作为基础,国家课程作为最基本的支撑来给予其实施的可能性。在从应然到实然的这个过程中,始终要从学校层面给予支撑,学校从自身的角度对国家课程的规划形成整体的认识,并有一个整体的计划。教师进行创造性实施,一方面整合本校的资源,另一方面根据学生的不同需求进行课程实施。当然在目前的研究状况下,更多的还是把国家课程校本化实施的实现方式或途径定位在资源的整合、各方的调适与创生的层面。国家课程校本化实施的实现方式或途径仍是一种类似经验的方法,缺少了一定的政治支撑与文化支撑。对于这方面的研究,概括起来包括宏观、中观、微观三个方面。

首先,在宏观层面,主要关注国家政策。有研究者指出,国家层面上有整体的策略,表现在国家课程的大框架下要给校本化实施留有时间和空间,地方政府也要为国家课程的校本化实施提供相应的政策、研究的支持和其他的一些所需要的资源,同时还要一定的文化氛围的渲染,具体表现在教师需要有了解学生共同的和个别的学习需求的能力,具有批判性反思的能力,同时还要拥有行动的能力。对学校而言,需要有学习、研究的氛围和合作的文化。

从中观层面来看,主要是从学校整体层面探讨。学校层面主要涉及对国家课程全面规划,学校主要领导如何领导课程事务。教师层面上涉及教师如何创造性地实施国家课程,强调教师对课程的"二次开发"。学校如何整体规划国家课程,有学者认为要做好以下工作:发挥学校特色,找准校本化课程实施契合点,以本校学生为本,调动教师的创造性,积极投身于国家课程实施,营造良好的氛围,并及时有效管理和监控课程实施的过程①。通过学校前两轮课题——"小学创生式课堂教学的实践研究"和"小学课堂教学环节中培养创生品质的实践研究"的进行,从学校领导到每个教师,都充分了解了课程的基本原理及要求,对开展校本课程有了直接的体验与思考,并将对课程的追求和深化上升到了学校发展规划的层面。在制定新的三年发展规划时,学校就明确提出要始终紧抓发展契机,赢得发展成效。校领导的重视、广大教师的参与、学生家长的认同,使得全校形成了良好的氛围和意识,为课题的进一步研究和校本课程建设的顺利进行,奠定了很好的思想基础。如校长亲自担任学校校本建设委员会的组长,为校本课程建设设计方案、聘请专家指导、组织教师研讨,并先后建立起了一整套的管理制度和体制机制,确保教师能够及时得到有效培训、研究成果能够得到充分激励分享,从而极大地调动了各位教师的积极性。

微观层面主要是从教师、学生、家长、课程等教育要素进行探讨。在教师方面,有研究指出,教师要坚守儿童立场,让自己变成儿童,但要以"作为一个教师的儿童"为准则,发挥应有的提升、引领作用,反对并防止极端的儿童中心主义。② 例如,在课程方面,有学者从课程开发的角度提出了国家课程校本化实施的模式,认为主要有以下几种模式:课程创新模式、课程整合模式、学科本位的课程整合和儿童本位的课程整合模式。课程调适模式主要包括四种基本形式:教学目标的调适——延伸与具体化,教学内容的调适——补充

① 徐玉珍.论国家课程的校本化实施[J].教育研究,2008,337(2).
② 成尚荣.课程改革几个概念的厘清与意义的澄明[J].课程.教材.教法,2022,42(5).

与调整,教学方法的调适——多元与更新,教学评价的调适——优化与开发①。也有学者指出我国主要是对国外经验的传授和适当的创新,其主要发展方向是指向模式的选择要因地制宜、因校制宜、综合发展。② 还有研究根据国外的"研究—开发—推广"模式和兰德变革模式,提出了弹性的课程实施策略与模式,且认为这种模式应该是新课程改革的必然选择。③ 在学生方面,有研究指出实施步骤及方法为:进行学校资源及学生需求分析,形成课程实施方案,对课程方案进行实施、评估、反思及修订。④ 进而,我们还需要实施原则:目标一致性原则,即校本化课程目标要与国家课程目标相一致;适宜性原则,即校本化课程目标要与地域、文化相适宜,与学生需求相适宜。⑤ 还有家长要素,家长热心,资源才能丰富。在课程实施过程中,学校的活动得到了家长的高度认同和全力支持,并为学校带来了多种多样的资源。如有的家长从事服装行业,就向孩子们讲解衣服的种类、面料、制作工序;有的家长给孩子们演示各种化学小实验,为他们揭开化学的神秘面纱,引起学生探究的兴趣;有的家长发挥特长,指导学生开展各类动手实践活动;还有的家长带领学生体验军队严明的纪律,进行标准的队列训练。这一系列丰富多彩的家长指导活动不仅有效拓宽了创生教育的外延,也大大丰富了校本课程的内涵,实现了学校、教师、学生的共同进步。

根据奥柯尔、库班等学者的观点,实施课程改革需要从技术观、政治观和文化观三方面谈起。总的来说,现有的国家课程校本化的实施多关注技术层面,而其实施的真正落实,必须得有一种与其实施相应的文化作为支撑,否则仅仅从技术层面来处理其实施问题,往往流于形式或陷于一种无序状态。将具有学校特色的红色文化教育作为国家课程校本化实施的文化支撑,是非常有必要且具有可行性的。

① 杨清.论国家课程校本化实施的四个着力点[J].河北师范大学学报(教育科学版),2018,20(2).
② 马云鹏,唐丽芳.课程实施策略的选择——课程改革中一个不可忽视的问题[J].比较教育研究,2002(1).
③ 尹弘飚,靳玉乐.课程实施的策略与模式[J].比较教育研究,2003(2).
④ 刘晓玫.国家数学课程的校本化实施[J].数学教育学报,2006(1).
⑤ 潘娟.浅谈校本化课程实施中的评价[J].教育导刊,2006(4).

二、红色文化融入国家课程校本化实施的价值

随着三级课程管理的不断推进,国家课程校本化实施的应运而生说明了它的价值导向就在于更好地为国家课程的实施不断整合资源,不断促进其发展,既能兼顾学生发展的个性化需求,也能将学校的文化、教师的风格融入其中,为了学校、教师、学生谋发展。国家课程的框架限定了它的校本化课程的范围,这也是国家课程最根本的要求,国家课程的强制性要求了基础内容的忠实导向,不容许改变,需要在学校层面忠实地反映出来。在坚持国家课程的导向下,不断创生国家课程的校本化实施,将红色文化融入学科教学就意味着要对已有的资源进行整合,更重要的是人的整合,从国家的意志层面到学校领导,再到一线教育教学工作者和最终受益的学生群体都参与了这个创生的过程,从而使红色文化传播的力量更为强大,为每一个学生的发展奠定基础。总之,红色文化融入国家课程校本化实施最终价值导向仍是每一个学校的发展,每一个教师的发展,每一个学生的全面发展。

(一)深化课程改革的客观要求

现代教学论认为,教学在本质上是一种课程开发过程。就此而言,真正的课程并不是在实施之前就固定下来的,它应该是情境化、人格化的,是教育者、受教育者和文本、环境等多种因素在互动的过程中生成的。课程观念应由单一、封闭、静止走向多元、开放和动态建构。我国实行的三级课程体制在一定程度上已经充分考虑到了现代课程的多元、开放、动态建构的基本特征。但是,由于国家课程、地方课程的特殊性要求,以及校本课程开发的时间短,开发还不够深入,因而充分融入红色文化教育资源方面还有很大的空间。就本质而言,课程的内容和意义并不是对所有人都相同的,在特定的教育情境中,每一位教师和学生对给定的内容都有其自身的理解,对给定内容的意义都有其自身的解读,从而对给定的内容不断进行变革与创新,将既定的课程不断转化成了"自己的课程"。现代课程理论也认为:课程不是外在的作用物,而是教师和学生在教育过程中联合创造的经验,是引导学生认知发展、能

力形成、人格建构的范例。所以如何继续将红色文化教育资源更好地融入学科教学的校本化实施课程,在满足学生多元化的学习需求,做好信仰塑造和价值观引导,是学校继续深化课程改革的一个重要课题。红色文化课程的开发和应用是一个创生的过程。在这个过程中,只有充分紧密地联系将红色文化教育与学生的实际学习生活,蕴涵着他们所迫切需要的知识和技能、思维的过程和方法、情感和态度、价值观的课程,才会更受到他们的欢迎,并对他们的未来发展产生重大的影响。

(二)深化学校特色的实践需要

从我国的具体情况来看,国家课程校本化实施可以说是我国基础教育学校课程改革面临的重大问题。目前我国课程改革的发展方向是给地方和学校更多的课程开发和设计的权力和职责,鼓励学校在认真实施国家课程的基础上,开发各具特色的多样化的校本课程。此外,对学校课程资源的看法和认识目前也有了重要的发展,理论和实践方面都不再将教科书、教学参考书、练习册等视为唯一的课程资源,课程资源在来源、范围、形式和采用方式都得到扩展和再认识。因此,红色文化教育作为红旗小学的学校特色,探索开发将之融入国家课程各学科的教学过程中,是顺应国家课程改革要求,进一步深化学校育人特色的实践需要。在红色教育内容方面,学校拥有丰富的家长资源、社区资源、社会资源,前期也有初步尝试,积累了一定经验,收到了较好效果。将这些资源有效地组织起来,运作起来,一定能推动学校课程改革进一步深入,使学生拥有更多的课程选择机会,有利于促进学生个性化发展。同时教师参与各学科拓展校本课程的开发,也将进一步提升教师的课程意识和研究能力,从而提升学校综合水平。

(三)学生发展的客观需求

上海推出二期课程教材改革(以下简称"二期课改"),"以学生发展为本"成为"二期课改"的重要指导思想和行动口号,体现了以育人为核心,以培养学生的创新精神和实践能力为重点,为学生终身学习奠基的全新科学课程观和整体学力观。"二期课改"指出学生的发展主要含义是:学生的发展使之适应社会需要的全体学生的发展而不是部分学生的发展,使学生人格全面发展而不是只重视其智力的片面发展,使学生有个性的发展而不是全部学生同一个"模式"的发展,使学生在于既有基础上可持续的终身发展而不只局限在学校的当前发展。这就意味着学校教育的过程将不再是一个周期性的人生阶段性过程,而是一个持续、终身的发展过程,更是一个全方位的整体育人过程。

所以,"二期课改"除了强调传统的"双基"外,过程与方法、情感与态度、价值观成为与"双基"并重的课程目标。重视知识的形成和发展过程的展示,关注学生"认知"与"情意"过程的整合,重视学生解决问题能力的培养都意味着教育的重心从"知识中心"向"全人中心"的转变。在这个转变过程中,课程将不再是静态的、体系化的,而是一种动态生成的、经验型、体验型、探究型的课程,这也就意味着学校的课程将不再局限于正式的、国家颁布的"文本课程",而是应该具有融合教师和学生经验并切合学校实际的富有特色的经验型课程,而这也意味着教师和学生在这个过程中将成为主动的课程开发者和建设者。在目前实行国家课程、地方课程和校本课程三级课程体制的现实情况下,只有国家课程校本化实施才能更好地体现这一特征并实现其特定的目标。因此,在总结特色与以往探索成果及经验的基础上,确立红色文化融入国家课程校本化实施为主题的系列课程开发,力图建构起适应学校教师和学生兴趣、爱好、思想、情感、思维需求,并真正属于自己、适合自己实际需要的校本课程,把课程的建构过程变成创生的过程,使师生双方都在这个过程中获得完善和发展。

随着教育向民主化、多元化的发展,学生的主体性地位越来越凸显,学校不仅仅是校长和教师的工作场所,更是学生成长的乐园。斯普朗格认为,"教育绝非单纯的文化传递,教育之为教育,正在于它是一个人格灵魂的'唤醒',这是教育的核心所在"[①]。我国实行国家、地方、学校三级课程管理体系,在这样一个大框架下,学生能够直接参与课程改革的途径主要是在学校层面的校

① Silvaena M. Rubin, Belh C. Missig Voices: Ustening Students Experiences with School MJ. UK: Taylor & Francis e—Library, 2004: 1.

本课程开发中。另外,在现阶段的小学生中,缺乏创生意识,创生能力不强,反思、合作意识有待培养,也是比较突出的现实问题。但学生创生品质的培养不仅要通过课堂教学来实现,也需要通过学校根据自己的办学思想,结合本校的教育教学实际自主创生的国家课程校本化实施来补充和完善。所以如何用好红色文化资源推动国家课程校本化实施,是非常具有现实意义和实践价值的课题,帮助学生在学习知识的同时潜移默化接受红色文化的传承,在各科目学习中持续获得信仰的洗礼和方向的指引,从而让红色文化成为学生成长发展中的一种重要文化,真正入脑、入心。

第三节　求索探寻:如何培养人的校本实践

"校本课程"是学校开发构建红色文化育人课程的重要阵地,在内容开发和实施方式选择上学校拥有更大的自主权和自由度,能够更好地将学校特色融入,将家庭、社会等资源和力量整合进来,提升课程的教育实效。将红色文化融入校本课程,以红色文化资源为导向、以实践体验为载体、以育人目标为依托、以项目化研究为突破口,有利于深入挖掘红色文化资源构建校本特色课程,有利于让红色文化在学校教育教学中绽放时代光芒,有利于激励少年儿童不断坚定理想信念,有利于促进少年儿童德、智、体、美、劳全面发展。

一、红色文化融入校本课程的理论阐释

(一) 红色文化校本课程的内涵

校本课程是学校根据自己的办学思想,结合本校的教育教学实际自主进行的课程。随着三级课程的实施,校本课程已经成为国家课程和地方课程的重要补充,校本课程的开发则成为一种教师的专业发展需求。它充分考虑教师的工作积极性、学生的认识水平与学习需求、学校的办学条件以及所处社

区的经济与文化水平、凸显学校自身特色等。从校本课程的开发和实施情况来看,它能够更好地体现学校的特色优势、文化氛围,并充分照顾具体学校环境以及学生的独特性和差异性。校本课程作为国家课程的重要补充,集中体现了"以校为本"的理念,强调课程的开放性、民主性与参与性,重视各方的交流与合作,满足学生个性化发展的需求,突出学校的差异性。做好校本课程的开发编制,是实施课程共同体建设的首要前提。校本课程的开发主体涉及专家、教师、家长、社区、学生等多种角色。

从国内外的研究情况看,对于校本课程的研究已经非常广泛,其设计和相应的学校课程资源开发在美国、英国、加拿大和澳大利亚等西方国家,已经具有一定的历史,并取得了相当的成就。同时由于崇尚个人主义的价值观,使得学校在课程开发上具有较大的自主性,课程资源开发研究大多数是以学校为本位进行的,比较重视学校和教师的参与,课程开发的有关知识的构建注重决策、方法、模型、模式、程序、评估等操作性知识,从而使得他们取得的重大成果能够直接转化到学校课程开发和设计之中,推动了学校课程的改革和发展。对于开发红色文化校本课程有大量的经验教训值得吸取,有大量的相关理论知识值得我们整理和借鉴。

开发红色文化校本课程,简言之就是指在教育情境中,教师与学生根据学校建设和自己的实际情况与需要,在已有知识、经验、能力、技能、智慧的基础上,以学生的学习生活经验为基础而整合传承红色文化的知识技能,建构的一种特殊的主题教育经验课程。这种课程应该是一种开放性、探究性、实践性、创造性的校本课程,它并不是完整固定的知识体系,而是不断探索完善的前进过程,是一种文化底蕴和精神气质建构过程。

从红色文化校本课程开发价值及其实践路径的角度出发,有学者提出,红色文化校本课程蕴含丰富的爱国主义、理想信念的教育价值,多元主体共同参与的课程创生价值,增强家乡荣誉感、使命感与地方文化认同感的价值;并对其价值的实现路径进行了具体的阐述:红色文化的社会氛围的营造、建立校内外合作的实践基地、开展各种红色文化主题活动,通过隐性课程与显性课程相结合实现红色文化课程的整合①。还有研究从地方课程资源的角度来探讨红色课程资源的开发,通过对课程资源的开发,实现课程资源为课程服务,依托重庆的地方红色资源,强化红色课程资源的开发意识,提升红色课程资源普查与筛选的能力,加强红色课程教材建设,建立相应的网络课程共享资源库。②

从红色文化与体育、历史相关学科课程相结合的角度来看,有的研究者对红色文化"重走长征路"特色体育课程进行了探索,挖掘了形成红色文化"重走长征路"特色的课程资源,如野外生存体验、户外长跑、火线鸡毛信、战地通信兵、顶炸药包、火线担架队、扎竹筏、穿越娄山关、红色铁人三项赛等③,利用这些红色体育"重走长征路"的教育实践活动,让学生在参与的过程中培养红色文化意识,实现立德树人的红色教育价值。④红色文化与德育课程相结合,此类研究最为丰富。例如,有的研究探究了把红色文化融入学校思想政治理论课程,提出利用遵义红色文化课程资源来加强青少年思想道德教育的对策:汇编遵义革命传统教材,发挥爱国教育基地的作用,开展丰富多样的实践活动,将红色文化融入学生的实践与课堂教学。⑤ 在之前研究的基础上,该研究者又做了开发地方课程资源的调查研究,提出了加强教师的遵义红色课程资源的意识,增强对课程资源的利用率,建立相应的课程资源保障机制等措施。⑥

总的来说,红色文化校本课程的构建,主要是通过形式生动多样、具有学校特色的课程开发,围绕政治思想与道德启蒙,选择革命领袖、革命英雄事迹故事,革命文物,革命歌曲等红色文化元素融入学生的学习实践中。通过学校、社会、家庭的共同协作,完成从知识学习到亲身践行的一系列的课堂内外

① 赵珑.红色文化校本课程开发的价值及其实现途径[J].教学与管理,2017(19).
② 彭庚.红色地方课程资源的开发——基于重庆红色资源的思考[J].西南农业大学学报(社会科学版),2011(8).
③④ 范维,黄正廪,陈远豪.红色文化"重走长征路"特色体育品牌研究[J].搏击(武术科学),2014(11).
⑤ 李中学.利用遵义红色文化课程资源加强中小学生思想道德建设探析[J].中国教育技术装备,2012(28).
⑥ 李中学.如何开发利用红色地方课程资源的调查与分析——以遵义市为例[J].职业教育(下旬刊),2014,45(3).

课程,充分激发学生对革命领袖、英雄人物的崇敬之情和学习意愿,感受忘我奉献、艰苦创业、团结拼搏的高尚品质和爱国主义情怀,感知幸福生活来之不易,培养对中国共产党和中华人民共和国的朴素感情,增强民族自豪感,初步树立为国家富强而奋斗的志向。

（二）红色文化校本课程开发与实施的价值

红色文化校本课程开发是学校课堂教学的有益补充,是学校文化建设和促进学生发展的重要组成部分。红色文化校本课程开发作为在学校主场所中进行的、以教师为主体、以满足学生德育教育多样化需求为目的的持续动态的课程开发活动,相对于国家课程开发策略的统一、均衡和共同性而言,其所追求的差异性、个性化和多样化,正好弥补了班级授课制的内在不足,有效地迎合了当今时代学生发展多样化、学校发展特色化的现实需求,从而成为学校课堂教学的有益补充。同时,红色文化校本课程开发从根本上来说就是一种文化建设过程。文化与课程具有相同的使命与内涵,二者都是作为一种价值性或意义性的存在对社会与人发生作用,文化与课程直接具有内在的相关性和共通性。在这种意义上,只有作为文化的课程才是真正意义上的课程。因此,校本课程的开发必须在对学校文化判断分析的基础上进行,文化开发是校本课程开发的核心。这就意味着校本课程的开发与建设实质上就是学校文化的发展、创新和重构的过程,也就是学校中主体的意义追求、价值实现和主动发展的过程,因而是不断创生的过程,是学校领导、教师和学生对学校文化的自我建构过程。在建构过程中,教师、学生的主体性将得到充分的激发,创造力、创新能力、创生能力将不断得到提高,从而逐渐形成学生的创生品质。在目前的情况下,通过红色文化校本课程开发来深化创生教育改革,培养学生的创生品质,是最有效的途径和方法。

红色文化校本课程的实施与管理是建构学校特色、激发师生活力的有效手段。红色文化校本课程实施与国家课程实施有着明显不同,国家课程实施要集中体现国家意志,而校本课程的实施则要集中体现学校意志,以符合学校特色和学生特殊需要为目标。因而,红色文化校本课程的实施更多需要关注的是学校和学生的独特性、差异性、多样性需求,促进学校和学生个体发展的多元化、个性化、特色化,这是校本课程实施的本质性、标志性特征。因此,在开发和实施红色文化校本课程时,就必须充分细致地了解学校和学生有哪些需求,当前的课程设置能够满足哪些需求,还有哪些方面的需求不能够满足。什么样的方法才能够更好地适应学校、学生、社区的实际,使教学资源的利用达到最大化、最优化。另外,红色文化校本课程强调"以校为本",其核心实质上就是"以师生为本",更确切地说是"以师生的生命发展为本"。所以,红色文化校本课程的实施与管理,不仅要贯彻红色文化精神内核的传承,也要体现出"以人文本"的核心理念,更要突出"激发师生生命活力"这一主旨,要在紧紧把握时代的脉搏的基础上,不断唤醒学生创生意识,有效开发学生的创新思维,激发学生的创生潜能、增进学生的创生情感实践体验,建立和重塑富有生命力的学校文化,使校园充满生机和活力。

正是基于以上的认识,我们建构了由学生自主问题探究课程、学生动手实践体验课程、学生修养活动感悟课程、学生活动创意发展课程四个系列组成的培养小学生创生品质的校本课程体系,将红色文化教育浸润其中,将红色基因传承与培养小学生的创新意识、创生能力、反思精神、合作意识有机地融为一体,并结合上海小学生的实际,大大延伸、丰富和拓展了学校课堂内的教学,从而为每一个小学生坚定信仰的培育、人格的健全发展提供了个性化课程方案,为他们树立正确的价值导向、培养良好的行为习惯和人格特质提供了很好的教育素材,在聚焦百年校训精神、培养小学生创生品质方面取得了很多富有影响的成果,促进了小学生的健康成长。

二、红色文化融入校本课程的实践探索

(一)红色文化融入校本课程的实践基础

1. 国家课程是基础,要保证红色文化资源的权威性

校本化课程虽然是学校根据自身特色自行开发和实施的学校课程,但是也必须规范于国家课程的指导以及义务教育的框架设计之下。校本课程的

开发不是学校为所欲为,而是要基于国家课程培养学生的核心素养、价值目标等培养方向,按照相应的指导和要求合理拓展和延伸。因此,红色文化融入校本课程的基础就是无论在学校层面上课程怎么开发、建设和实施,都必须在国家课程的培养目标之下,红色文化资源的选择也必须在相应的文件、规范要求之下,保证资源内容的权威性,绝不能随意地对革命年代或者相应革命理论的任何内容进行校本化实施,尤其是决不能随意使用非权威渠道或者不正当渠道传播的野史甚至谣言。虽然在国家课程的框架下进行校本化实施,但这些框架只是概括出了最基础和导向性的一些要求,仍预留了一定的空间让学校进行特色文化的创造性实施。所以说国家课程是基础,如果脱离了这个基础,红色文化校本化课程实施就无从开展。

2. 学校支持是平台,做好课程开发的保障和管理

红色文化融入校本化课程实施的最终实现是在学校层面上进行,所以学校这个平台就显得尤为重要。但是学校与学校之间的不同,造就了课程校本化实施最终的效果的不同。对于任何一个学校来讲,红色文化都有不同程度的内化和不同的实现形式,甚至不同地域都有着自身特色的红色文化内核。这些内容的整合、梳理、提炼以及后续的开发都离不开学校这个平台,离不开学校中成员对红色文化课程校本化实施的路径、内容、形式方法等不断的研究和总结。因此,学校一方面要为红色文化校本化课程的开发和实施做好种种选择与准备,另一方面应该通过建构机制等方式对校本化选择决策及落实进行有效管理,通过选择及落实的全面管理使红色文化校本课程形成系统的建设体系。[①] 还有研究者认为,学校文化传统蕴含了学校教育文化的思想精神,它引领课程的校本化,同时学校文化传统也能够通过课程校本化得到进一步发展。[②] 对于学校而言,红色文化校本化课程实施也会为学校带来新的活力,正是基于不同学校、教师以及学生的需求,才有了学校特色的发展和学生个性的张扬。

---

① 余芳.国家课程校本化建设的"选择"研究[J].教育理论与实践,2019,39(5).
② 田茂,王凌皓.课程的校本化与学校文化传统[J].教育理论与实践,2018,38(19).

3. 因校而宜,因生而宜是原则

红色文化校本化课程开发和实施过程中会受到不同学校条件、不同学生需求的影响,从而要做出适度的调整,要遵循"因校而宜,因生而宜"的原则。地域的差异和经济发达与否是造成学校条件有差异的主要原因,这些客观原因在进行红色文化校本化课程开发和实施时都是不容忽视的。学校不应该刻意地为了实现红色文化课程的校本化建设而违背当初提出国家课程校本化实施的初衷。所以学校要基于自身的条件不断整合有效资源,为其发展提供有利的条件。学生的差异程度影响着红色文化校本化课程开发和实施效果的好坏,学生的不同需求与学校课程大框架之间的契合度则决定了红色文化课程校本化实施对不同的学生将呈现出不同的效果,既有正面的,也可能有负面的。我们要明确红色文化教育不仅是让学生达到国家课程所规定的最基本素养和价值观要求,更是让不同的学生有着知识和技能素养全面发展的同时,能够通过自己的见解和思考坚定自己的信仰,传承老一辈无产阶级革命家的革命精神。因此,这是一个课程实施创意行动,需要在尊重国家课程意志的前提之下,将书本和生活世界联结,将历史与现实打通,同时也遵循课程形态转换规律与学习规律,进而关注学校的校情、班级的班情、学生的学情,让每个学生获得与之相适应的学习活动。[①] 最终目标是所有参与者的发展,包括课程实施理论的发展、学校特色的发展、教师和学生的全面发展。

(二) 红色文化融入校本课程的经验探索

1. 校本课程建设的经验探索

全国各地大中小学普遍开展具有校园特色的校本化课程建设,取得了一些具体的实践经验,对于探索红色文化融入校本课程建设提供了更为开阔的思路。这些经验既包括宏观层面的区域探索,又包括中观层面的学校实施,还包括从课程角度的微观探讨。

从宏观层面来看,主要是区域的探索。例如,江苏为深入推进高中课程

---

① 宋林飞.国家课程校本化实施的系统理解与整合行动[J].上海教育科研,2019,383(4).

改革,在全省实施普通高中课程基地项目建设,实施五年来,在课程设计方面取得了丰富成果,具体包括五条路径:一是基于服务性学习的社会综合实践活动的课程设计;二是基于融合与衔接的职业与技术教育类的课程设计;三是基于"生活中心"的跨学科的课程设计;四是基于"地域文化"的校本化的课程设计;五是基于"学科知识"的国家课程的校本化设计。①

在中观层面,主要是学校的整体探讨。例如,北京一所中学以理念的校本化作为观念的指引以及课程的校本化作为实践的指引,对课程管理、课程目标、课程顺序、教材内容、教学模式和课程评价等方面进行校本化,取得了良好的效果,具体包括:提高了课程的适应性,促进了学生的个性成长;增强了教师的课程意识,促进了教师的专业发展;以及实现了学校的课程创新,促进了学校特色的形成。② 又如,清华附小以国家课程整合后的基础性课程为"1",以学校特有的实现个性化发展的拓展课程为"X",形成独具特色的1+X课程体系,进而总结出了国家课程校本化实施需要对学生的学习进行整体设计、国家课程校本化实施需要对国家课程标准有娴熟的把握和国家课程校本化实施需要打造一支高素质的教师队伍的清华附小经验。③ 再如,南京市第九中学探索出以学校文化引领课程的校本化建设、以课程规划顶层设计学校课程体系和积极探索课程高效实施的校本化课堂的实践之路,从而研发出了丰富的校本课程,彰显出了学校的特色。④

微观层面主要是以不同学科的课程为抓手进行探讨。例如,合肥八中政治组以国家课程校本化为抓手,从"将国家课程标准细化为课程教学目标""进行课堂教学的优化和课程资源的拓展与整合"和"开展作业与测试的强化"三个方面,对政治学科的基础课程校本化和拓展性课程展开了探讨。⑤ 又

① 倪娟,马斌.课程设计:"课程基地"实践视域下的反思——以江苏省为例[J].课程·教材·教法,2015,35(9).
② 郭涵,程翔,熊永昌,高建民,万锡茂.积极探索国家课程校本化的有效途径——以北京一○一中学为例[J].课程·教材·教法,2013,33(12).
③ 方丹.国家课程校本化实施:打造学校课程特色——以清华附小为例[J].当代教育科学,2014(4).
④ 张德举.普通高中课程校本化建设的路径分析——以南京市第九中学为例[J].上海教育科研,2014(4).
⑤ 杨小川,岳梅.我们才是课程的决定者——谈合肥八中政治组国家课程校本化实施[J].思想政治课教学,2013(11).

如,浙江省春晖中学的王国芳老师从生活性、问题性和情感性入手,通过三个活动(让学生寻觅校园中文化传播的"踪影";请学生制定一个向来宾展示春晖中学的风采的介绍方案;请学生从文化传播的角度,劝说国际部一位认为将来是要到国外去读大学的,国内课程就没有必要认真学习了的同学)实现了国家课程校本化的导入更加入情和入境和校本化让学习更加自主灵活的实践探索。①

2. 红色文化融入校本课程开发建设的经验探索

在不断深化校本课程建设的实践经验基础上,一些学校开展了红色文化进校园的实践性探索,并从不同的角度对实现红色文化课程的功能、开发校园文化课程的途径进行了不同的尝试,为红色文化校本课程的开发奠定了一定的实践基础。

从红色文化课程功能的角度,山东省青岛市黄岛区滨海中心小学,进行了实践探索。作为一所革命英烈红军小学,该校提出"以红养正"课程来培养红色传人,确立了"以红养正、为学生的终身发展奠基"的课程理念,构建了"基础＋拓展＋选择＋综合课程"一体的"以红养正"课程体系②,注重校园环境的浸润,培养学生"读、写、诵、讲、演"习惯来培养红色传人的"十二品",即心正、言正、行正;愿学、善学、乐学;身健、志健、神健;知美、赏美、创美③。可见,红色文化课程的育人价值,还体现在规范学生的言行举止,促进学生全面而有个性地发展。此外,浙江省余姚市第八中学将红色文化与生态绿色文化结合起来,形成了具有梁弄特色的"红绿双色文化",学校通过借力这些鲜活的、原生态的"红绿双色文化"的资源,发挥本土德育资源的育人功能,既通过红色文化资源引领学生的道德走向,又以绿色文化资源指导学生的道德成长。④

从红色文化校本课程如何开发的角度,韶山实验中学进行了探索,即根

---

① 张德举.普通高中课程校本化建设的路径分析——以南京市第九中学为例[J].上海教育科研,2014(4).
② 张明叁,孙世忠.以红养正 立德树人——构建"以红养正"课程体系、培养红色传人的探索[J].中国民族教育,2016,207(Z1).
③ 青岛市黄岛区滨海中心小学"以红养正"课程化[J].中国民族教育,2016,207(Z1).
④ 杨君毅,鲁俊业.整合"红绿双色文化"资源助力学校德育[J].中国教育学刊,2012,231(7).

据学校发展的客观要求,首先,确定校本课程开发的主题为:"走近毛泽东、构建红色文化";其次,构建良好的课程环境,成立校本课程开发领导小组、营造良好的校本课程氛围;再次,编写"走近毛泽东,构建红色文化"系列校本教材;最后,重视实施与评价,完善校本课程开发与管理,在整个校本课程体系的建构中,把握民主、规范、弹性三原则①。

从校园文化课程化的角度,前身是红军"川陕工农小学"的巴中师范附属实验小学实践探索了红色文化课程化。该校依据特殊的地域文化构建了以红色文化、先烈英模、行为习惯、军训活动、特色培训为一体的文化育人模式,并提出红色文化课程化的实践路径在于创建红色文化的课程形态、创建红色文化的主题活动课程、培育红色文化环境课程,以及注重校园文化课程的主题性、系统性、传承性。②

从区域的角度推进红色文化进校园,遵义市汇川区教育局以创建"红色德育示范校"的方式,全面推进"红色文化进校园"主题德育活动③。辖区内的各中小学积极开展"红色文明我传承"的社会实践教育活动。如遵义十六中与娄山关红色拓展园联手开展了以"长征故事进校园,革命历史记心间"为主题的社会实践活动;航天小学通过社校联动,开展清明踏青祭扫烈士陵园的社会实践课程学习、参观遵义会议会址等一系列活动,让学生以主人翁的身份学习、创造、传承革命精神,让红色文化走进校园,走进每一位学生的心中。

综观学界已有关于国家课程校本化实施和学校红色校本课程的研究,虽然在研究数量、研究主题、研究方法研究等方面都有很大的突破,但是还存在一些理论盲点和盲区,这一定程度上影响了学界对国家课程校本化实施和学校红色校本课程问题的全面而深刻的把握,这也是后续研究的突破口。概括起来,具体表现如下几个方面。

① 成星萍,欧晓玲.走近毛泽东 构建红色文化——韶山实验中学校本课程开发与探索[J].当代教育论坛,2006(14).
② 赵茂森,赵明.红色文化课程化的实践探索[J].教育科学论坛,2017(4).
③ 遵义市政府.遵义汇川区深入推进"红色文化进校园"活动[OB/OL].http://zy.gog.cn/system/2015/06/25/014400981.shtml.

第一,在研究数量方面,研究成果总量呈上升趋势,部分研究相对比较丰富。近几年关于国家课程的校本化实施和学校红色校本课程相关研究已经达到了研究高峰,相关研究成果从无到有,从有到多。特别是在新时代背景下,关于如何实施国家课程校本化和建设学校红色校本课程也成为研究热点。此外,教育政策的变动对这类研究具有显著影响,这也导致了相关研究缺乏稳定性和持久性。

第二,在研究主题方面,呈现出了多元化发展趋势,但某些领域仍需进一步加强。随着研究主题不断丰富与完善,关于国家课程校本化实施在内涵、特征、必要性、实践问题等方面已经得到了一定深化,学校红色校本课程主要是从课程或者活动的某个方面去论述开展红色文化教育,如校园文化课程化、综合实践活动途径为之后的研究提供了一些理论视角。但是经过对已有文献的整理和反思发现,目前对于国家课程校本化实施的重复率很高,尤其是关于内涵的研究多是从课程开发和重构角度探讨,缺乏突破性。对于学校红色校本课程,还缺乏整体思维和宏观建构,多是一些要素式的建构,缺乏整体层面的探讨。

第三,在研究方法方面,以思辨研究和案例研究为主,实证方法的运用程度还有待提升。以往的研究,要么从思辨角度对国家课程校本化和红色课程校本化的内涵、特征、实践问题与对策进行分析,要么总结目前做得典型的中小学案例,提炼它们的经验。目前关于国家课程校本化,还缺少实证研究,缺少来自家长、学生以及一线教师的多元主体的声音,同时也缺乏深度的访谈和田野观察,因此未来关于国家课程校本化和红色课程校本化的研究方法应该从单一走向综合,形成实证研究和理论研究相互补充趋势。

第四,在学科视角方面,以往国家课程校本化研究和学校红色校本课程主要以教育学为主,跨学科研究还有待加强。具体而言,研究主要从教育学视角对学校课程、课程改革、校本化、地方课程的角度探讨,少量研究从语言学角度对校本课程的不同版本的教科书内容的分析研究,另外,还有研究者从地理学视角根据地方特色探讨国家课程校本化和红色校本课程。总体而言,多学科的视角与研究丰富了国家课程校本化研究和学校红色校本课程的研究内容与领域,为后续的研究奠定了基础,但是,不同学科之间跨界融通有待进一步加强。

红色文化的知识体系是十分庞大的。根据皮亚杰的儿童认知观点,小学生的认知发展水平处于具体运算阶段。由于小学生各方面能力尚处在不断发展阶段,且历史、政治基础较为薄弱,因此,红旗小学"校本课程"的开发模式主要结合他们身心发展特点和规律,选择以"实践体验"为基本结构,走了一条具有红旗特色的红色文化课程构建的道路。学校开发的红色文化校本课程通过"红色知识分享"进行初步感知,培养学生"会学习"的能力,"红色劳动实践"激励动手实践,培养学生"会生活"的能力,"红色历史体验"促进情感升华,培养学生"会做人"的能力,"红色未来创新"引领不断探索,培养学生"会创新"的能力。以上四要素蕴含学校"四会"育人目标,充分支撑起了课程框架,如图1-1所示。

图1-1 红色文化校本课程四要素

第二章

使命传承

——红色文化课程的整体构建

　　课程设计与构建是一种特定的组织方式,涉及课程目标的确定以及课程内容的选择和组织,是红色文化教育的重要环节。在对红色文化课程构建与迭代的实际探索中,校内教学时间是有限的,而红色文化的内容却极丰富,因此要想最大限度地发挥红色文化在校本课程建设中的作用,就需要科学开发红色资源。在建设和实施中做到深入浅出,避免刻板讲述、避免空虚泛谈、避免枯燥乏味。红旗小学始终围绕"诚、志、勤、乐"四字百年校训,坚持立德树人根本任务,设计与实施以校训为主线的红色育人课程,不断提升教师队伍对红色文化的价值认同,在此基础上发展校本课程,遵循"实""动""活""趣"理念,依托已有的红色文化活动以立德树人为导向,以实践体验为途径,燃起学生对于红色文化的兴趣,提高他们对德育学习的主动性,凸显红色文化资源对少年儿童的独特教育价值,引导少年儿童从小树立正确的世界观、人生观、价值观,有助于小学生形成远大的抱负以及正确的理想,为他们往后的进步与发展提供更好的指引。

第一节　在行进中积淀：红色文化融入课程体系的总体设计

为全面落实《基础教育课程改革纲要》精神，红旗小学探索将百年校训的育人意蕴与五育并举培育时代新人的要求相结合，聚焦学生发展核心素养，弘扬红色精神，将红色文化与国家课程、校本特色课程、综合主题活动有机结合，逐步构建起"三位一体"的红色文化特色课程，充分展示学校的办学宗旨和办学特色，为学生终身发展系好第一粒扣子。

一、以校训为指引，明确红色文化融入课程体系的育人目标

（一）对曲江书院校训的内涵挖掘

"诚、志、勤、乐"既是红旗小学前身曲江书院的学生培养目标，也是学校的四字校训。在传承老一辈红色革命精神和教育思想的基础上，学校始终致力于将曲江书院的学生培养目标与新时代为党育人、为国育才的要求相结合，探索明确具有校史特色的新时代学校的育人目标。

根据各类志书以及《红旗小学校史》的记载，学校的历史最早可上溯至明嘉靖十五年（1536 年），嘉定知事李资坤注重人才，为筹办学经费，设置学田。江湾镇保宁寺创办"曲江书院"，这也是江湾地区有史以来的第一所启蒙识字的义塾。"诚、志、勤、乐"四字校训看似简单，但在特定时期有其特定的内涵，多方文献资料显示，"曲江书院"时期对学生培养目标大致围绕"诚、志、勤、乐"四个方面展开，从道德志向塑造、人格习惯养成到学习精神与方法的培养，体现着对中华文明优秀教育理念和情怀的坚守，如表 2-1 所示。

表 2-1 "曲江书院"时期学生培养目标

校 训	目 标
诚	大道至诚、诚实诚恳、信守诺言
志	有志有识、志向高远、进取向上的决心
勤	勤劳朴实、勤奋好学、不畏艰难
乐	乐观、自信、积极向上、对事物的发展充满信心

"诚、志、勤、乐"是学校百年校训,虽仅有四个字,但含义深刻,蕴含着持真诚之心对待教书育人之大业;传承老校创新发展之志;恪守勤勉敬业爱生之本;乐教善教、乐学善学为道的办学思想。四字校训还贯穿于"爱国爱校,勤学多思,文明守纪,自主自动"的校风,彰显学校办学传统、理念和核心价值指向。在高速发展的过程中,学校也积极吸纳专家、校友以及各级教育督导的建议,探索将"红色基因"注入校训精神,融入师生的学习方式和思维方式中,成为学校"承百年校训、扬红色文化"的时代标签和精神印记,最终形成了"爱国励志、诚实守信、勤劳合作、创新乐学"的新时代育人目标。

基于对百年校训的深入挖掘和对新时代育人目标的生动落实,红旗小学坚持立德树人根本任务,在社会主义核心价值观的指引下,依据《中小学生守则(2015修订版)》,围绕"诚、志、勤、乐"四字校训和会做人、会学习、会生活、会创新的"四会"学生育人目标,开发和设计了以校训为主线的多元多样红色育人课程,赓续红色文脉,传承红色基因。依托百年校史、虹口"文化三地"、各类场馆、网络等优质教育资源,学校着力推动学科教学渗透红色文化,设计社团课程弘扬红色文化,开展综合实践活动感悟红色文化,构建以"红文化"为特色的育人课程系统,建立"家、校、社"三位一体的"旗成长"育人共同体的教育实施系统,培养"四会""红旗好少年",逐渐形成了一套完善的红色文化课程体系和管理机制,将具有学校特色的红色文化课程作为推进实现育人目标的重要抓手。通过对百年校训的传承精神与时代新人培育要求的内涵挖掘，学校红色文化课程构建总体上应达成以下两大目标。

1. 配合新时代学校育人整体方案的有效设计和实施

整理、总结学校已有育人项目的目标、内容、方法和特色做法，围绕学校"诚、志、勤、乐"四字校训，根据"会做人、会学习、会生活、会创新"的"四会"育人目标，确立"爱国立志、诚实守信、勤劳合作、创新乐学"的内容系列、"红文化"育人课程系列、"旗成长"育人共同体的实施系列、"红旗好少年"的育人新模式展示与评估系列，形成"德育为先，五育融合"的新时代学校整体育人方案。

2. 百年校史、校训、红色文化等教育内容获得学生充分理解和认同

通过学校和各类场馆的"双场地"教学，提高百年校史、校训、红色文化等教育内容的现场感和情景感，拉近学生与传统文化、红色文化的距离。进一步强化"红文化"为特色的育人课程系统，结合项目化学习，推进实施"行走的'红'课程"与"红色走访"等"红文化"社会实践课程。推进"旗成长"育人共同体运行和实施，总结并提炼出"红旗好少年"的育人新模式。探索"双师制"教学，育人课程由本校教师与场馆教师共同承担，在共同育人目标指导下，通过教育内容、过程方法上互相补充、相互促进，共同完成授课，共同培养学生。探索以"学习手册"为指引的主题综合式学习、项目化学习、课题研究等学习方式，在场馆课程的真实情境中发现问题，综合运用习得的知识解决问题，探索"家、校、社"三位一体的"旗成长"育人共同体的实施。

(二) 确立校训指引下课程育人的目标

新课程标准提出要培养中小学生的爱国情怀，发扬革命传统，课程教材要发挥培根铸魂、启智增慧的作用，体现国家和民族基本价值观。红色文化是学校教育中历久弥新的现实议题，新时代青少年更需要传承和发扬老一辈革命家谦虚谨慎、不骄不躁、艰苦奋斗的优良作风。立足学校文化积淀、育人

目标、办学特色,体现新时代发展的需求的总目标,学校逐步探索"红色文化"课程育人的目标,设置了诚信课程、励志课程、勤朴课程、乐学课程等红色文化课程,如表2-2所示,将红色基因传承和红色精神追求内化成为百年老校红旗小学传承革命精神,弘扬民族文化的鲜明政治标识。"红色文化教育"已经成为学校教育发展的特色品牌。

表2-2 "诚、志、勤、乐"育人目标下的红色文化课程目标

校训	育人目标	课程	课 程 目 标
诚	诚实守信	诚信课程	培养学生热情真诚、以诚助人、志诚忠诚、言而有信、言行一致、为国家社会尽职尽责的品质
志	爱国励志	励志课程	培养学生爱党爱国、感悟明礼、传承立志,具有社会责任感,拥有感恩之心
勤	勤劳合作	勤朴课程	培养学生勤于自理、勤益助人、勤俭节约、热爱生活、乐于合作的品质
乐	创新乐学	乐学课程	培养学生启智增慧、探新求知、敏而好学、力学笃行、阳光自信、充满活力

1. 阶段目标

红色文化课程体系的建立,首先必须立足于小学阶段学生认识发展的规律,结合国家、地区德育指导要求及国内外相关理论研究,针对当前红色文化发展现状和需要进行开发,总体建设分为三个阶段性目标,如图2-1所示。

第一阶段的主要目标是提升教师对红色文化校本课程的价值认同及发展意识,培育志同道合的教师团队,引导教师掌握理解红色文化的丰富内涵,增强文化自信。第二阶段的目标是推进红色文化校本课程的建设、实施与评价,通过课程资源征集、师资资源培训、社会资源串联等形式梳理汇聚红色资源,建设课程实施及评价体系,提升课程质量和育人实效。第三阶段目标是在课程实施的基础上,进行理论提炼和实践经验总结,不断反思提升红色文化课程育人的实效。

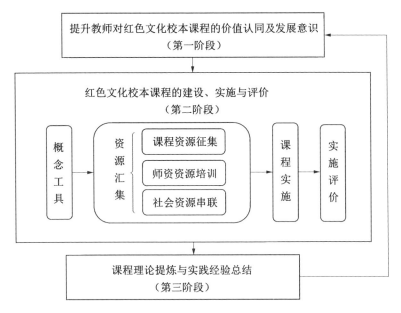

图 2‑1　红色文化课程体系的阶段目标

红色文化具有意识形态的鲜明特征,这也推动学校课程教学目标具有鲜明的德育特征,逐渐形成了包括课程价值、课程目标、构建路径与课程实施为一体的红色文化课程体系,形成教育闭环,达成育人实效。同时,学校以校训为支点构建红色文化课程体系,将校训精神融入师生的学习方式和思维方式中,有利于规范师生的行为,使之成为学校的文化标签和精神印记。

2. 目标框架

学校在校训"诚、志、勤、乐"指导下,构建"诚信课程""励志课程""勤朴课程""乐学课程",涵盖"学科拓展、限定拓展、自主拓展、专题教育、社团活动"五个方面的课程目标框架。我们通过理顺育人目标、课程目标、课程实施、课程评价之间的关系,依托学校课程共同体,完善校本课程体系,如图 2‑2 所示。目前,在语文、数学、英语等国家课程之外,学校建设了较为完善的校本课程框架。校本课程不仅包括教师自主开设的课程,还有家长课程、自然博物馆等专业团队合作开发的课程,共有 70 余门,涵盖科技、艺术、体育、人文等领域。学校还将学生的学习空间拓展到自然与社会中,开设"行走课程",设计跨学科的主题综合活动,提升学生综合素养,如图2-3所示。

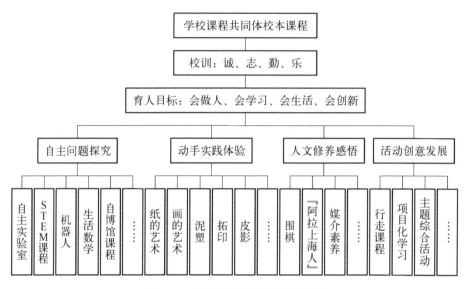

图 2-2 学校课程共同体校本课程

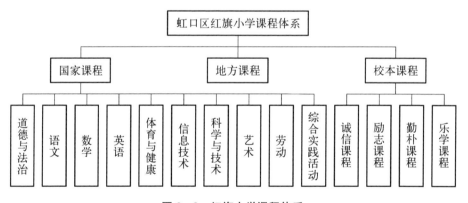

图 2-3 红旗小学课程体系

以框架完整、内容丰富的校本课程为依托,红旗小学进一步将红色文化教学融入国家课程和校本课程内容建设和实施体系中,遵循学生认知规律,增强学生对中华民族优秀文化的亲切感和使命感,学科教学渗透红色文化、学生活动感悟红色文化、社团课程弘扬红色文化、校本资源升华红色文化,构建了红色文化课程目标框架,如图2-4所示。

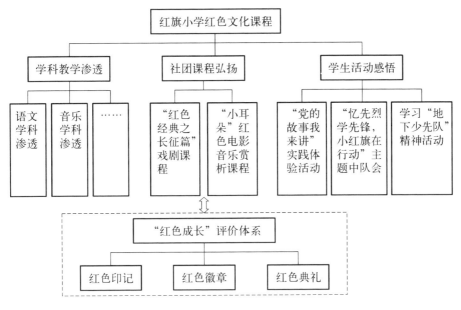

图 2-4 红旗小学红色文化课程

表 2-3 红旗小学红色文化课程列举

校训	育人目标	课程类别	课 程 主 题
诚	诚实守信	诚信课程	家风故事会
			诚信故事宣讲团
			……
志	爱国励志	励志课程	校史探索
			"红色经典之长征篇"戏剧表演
			探访"四大"纪念馆
			红色革命诗词诵读
			"五月为什么这么红"项目化学习
			"忆先烈 学先锋 小红旗在行动"
			……

(续表)

校训	育人目标	课程类别	课程主题
勤	勤劳合作	勤朴课程	红旗小当家
			"我是螺丝钉"午间劳动
			"美化校园"红旗小花园种植
			社区志愿服务课程
			……
乐	创新乐学	乐学课程	"小耳朵"红色电影音乐赏析
			创意邮园:"时代新貌"
			拓印新风尚
			"新江湾十景"剪纸
			……

二、以目标为导向,建构校本特色的红色文化课程育人体系

（一）坚持立德树人,营造校园育人氛围

在小学德育建设中,红色文化教育具有独特的作用,进行红色文化与人文素养教育的渗透,能够促使青少年传承和发扬老一辈艰苦奋斗、吃苦耐劳的优秀品质和革命传统,从而提升学校德育的实效性。为将红色文化教育更好地融入课程建设,发挥"大德育"的功效,红旗小学提出"人人是德育工作者,人人是行规指导者"的工作理念,成立德育工作团队,进行顶层设计,引导各部门通力协作。

1. 强化管理育人

学校通过构建完善的德育领导机制,形成管理机制、会议研讨机制、保障机制和奖励评价机制等,有序推进,全员落实,切实发挥好红色文化的育人功能,实现学校德育质量的有效提升。德育领导小组全面负责规划、管理、评估德育工作成效;党支部、校长室引领学校德育工作方向,建立健全德育规章制度,制

定师生德育规划,推动红色文化育人进课堂、进制度。同时在党支部的领导下,由工会牵头开展师德育人规范建设,面向社区挖掘社会红色文化育人资源,主动参与德育教育工作,发挥社会协调教育功能。学校建设三级家委会,发挥家长的育人作用,动员家长参与学校德育教育教学管理,重视家长需求及建议,共同开展学生德育。细化德育室工作职能,设计将红色文化资源融入学科、校本课程德育教学的目标和内容,组织检测,评价反馈,全面落实师生德育教育效度。教导处配合做好学科教学中行规教育训练的目标和内容的制定工作,将红色文化融入国家课程教学,如图 2-5 所示。

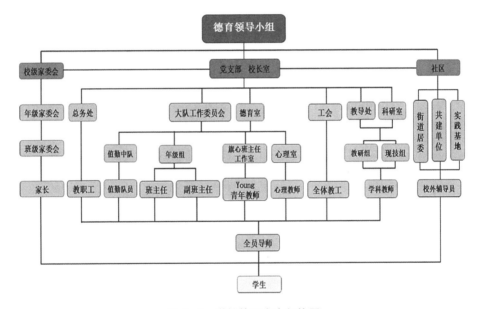

图 2-5　学校管理育人架构图

2. 推进文化育人

学校被世界卫生组织命名为"健康促进学校",同时也是上海市花园单位、上海市文明校园。学校以符合儿童需要为宗旨,在做好硬件改造和设施修缮的同时,积极将红色文化育人的内容融入校园软硬件文化建设中,让校园内一草一木皆传情,一墙一壁皆育人。

基于"四会"培育目标,学校从宣传阵地入手,通过两校电子屏、红领巾广播、电视台、校园公众号和交通体验馆等渠道,为学生打造看、听、说和实践的多功能平台,在硬件、软件和虚拟网络平台上营造氛围,文化育人,引导学生诚实守信,展现良好品行,不断涵养正能量。围绕红色教育的主题,学校把学生们优秀的作品在线上线下宣传阵地定期展出,如手抄报、书画作品、摄影作品、优秀作文等,把学校的墙壁布置成"红色画廊",无声地述说革命故事。各班级也结合学校德育要求,做到"五清一齐",在个性化班队布置的基础上,融入班队公约、争章评优、主题展示等具有鲜明班级特色的内容,营造教室"红色"环境。例如,在教室一角开辟出宣传革命事迹的黑板报,建立"班级红色图书角",引导学生学习革命历史,感召革命精神等,在环境育人中实现行规教育润物有声有形,营造红色文化教育氛围。

(二)细化学段目标,搭建课堂育人框架

学校针对不同学段学生特点,细化育人目标,融入课程开发和实施的全过程,为红色文化课程育人明确培育目标,夯实基础。依据《中小学生守则(2015修订版)》,围绕"诚、志、勤、乐"四字校训和学生"四会"育人目标,确立"爱国立志、诚实守信、勤劳合作、创新乐学"育人总目标和分年段目标及要求,学校构建方向正确、内容完善、学段衔接、载体丰富、适合常态开展和具有评价引领作用的学校德育工作体系,培养有理想、有本领、有担当的红旗学子,如表2-4所示。

表2-4 红旗小学德育目标体系

校训:诚、志、勤、乐			
育人目标:会做人、会学习、会生活、会创新			
德育内容	德育分年段目标		
	低 年 级	中 年 级	高 年 级
爱国立志	爱国识礼、学史向志	爱国守礼、感悟明志	爱国明礼、传承立志
诚实守信	热情真诚、言而有信	以诚待人、信受奉行	以诚助人、立身守信
勤劳合作	勤于自理、友好相处	勤学劳动、团结协作	勤益助人、集思广益
创新乐学	引新吐故、专心学习	探新求知、敏而好学	探索创新、力学笃行

在德育总目标和学段育人分目标的基础上,学校进一步将育人要求落实到每节课中,充分发挥课堂主阵地的德育功效。立足国家课程教学内容,紧扣培育核心素养,构建学科协同育人,我们以道德与法治为主要落脚点,在基础型课程、探究型课程和拓展型课程中,通过课程推进和课堂调研,要求每位任课教师在学科中落实德育,提高课堂浸润式德育的有效性,实现课程育人,如表2-5所示。学校在高年级开设"自我完善"微课程,培养学生自我意识与能力,如表2-6所示。

表 2-5　课程育人实施途径及教育要点

设计理念	实　动　活　趣				
课程育人实施途径					
道德与法治	政治认同	道德修养	法治观念	健全人格	责任意识
基础型课程	理想信念教育	爱国主义教育	核心价值教育	传统文化教育	公民道德教育	行为习惯教育
拓展型课程
探究型课程

表 2-6　红旗小学亮亮星"自我完善"微课程(高年段安排表)

序号	主　题	内　容　简　介
1	强身健体小达人	养成运动意识,培养良好运动习惯
2	均衡饮食"光盘"侠	均衡膳食,不挑食不浪费,做好"光盘"行动
3	社区实践志愿行	参与垃圾分类等社区活动,为社会尽一份力
4	勤俭节约不浪费	节约水电等生活资源,养成不浪费的勤俭习惯
5	自爱自护我成长	学习自我保护知识,培养自尊自爱心态
6	学会学习我进步	养成学习好习惯,建立时间观念
7	课外阅读护双眼	增强课外阅读,养成护眼好习惯

（续表）

序号	主　题	内　容　简　介
8	举止文明有礼貌	激发学生同理心，由己及人，养成礼貌好习惯
9	遵纪守法有规范	遵守社会公德，从小树立讲法治、有规范的意识
10	爱国立志心向党	爱国爱党爱人民，从小立志向未来；评选班级"爱国立志"亮亮星
11	诚实守信有正气	以诚待人守信用，胸有正气会做人；评选班级"诚实守信"亮亮星
12	勤劳合作学本领	勤劳动手学本领，团结协作力量大；评选班级"勤劳合作"亮亮星
13	创新乐学有担当	乐于学习长见识，勇于创造向未来；评选班级"创新乐学"亮亮星
14	筑梦未来"四会"人	综合学期课程内容，鼓励同学争做"四会"红旗人。评选班级"四会"红旗人

（三）联动第二课堂，构建协同育人场域

在课堂育人主阵地之外，学校根据《中小学德育工作指南》，制定校本实施方案，联动家庭、社会共同推动活动育人、实践育人，构建协同育人场域，立足思政主渠道推进课程育人，把理想信念、爱国主义、社会主义核心价值观、中华优秀传统文化、公民道德等教育内容融入教育教学全过程。

1. 实施活动育人

学校将"爱国立志、诚实守信、勤劳合作、创新乐学"德育内容和分年段目标有机融合于劳动教育、仪式教育、温馨班级创建、雏鹰争章活动、社会实践和行走课程等活动中，达到潜移默化，活动育人的目的。学校结合建党、国庆、重大庆祝日和民族传统节日，开展升旗仪式、少先队活动、成长系列活动和班队主题会。例如，邀请老干部讲红色故事，项目化学习中了解"五月"为什么是红色的，共同创作防疫歌曲为"逆行者"加油，大小粮票收集中懂得珍惜粮食等活动，不断强化爱党、爱国、爱人民、爱集体、爱社会主义的教育，培育家国情怀。

2. 深化实践育人

学校从社会实践入手,培养学生热爱劳动,善于合作的习惯,引导学生从小树立劳动观念,并在劳动中培养交往合作、团结互动的良好品行,达成知行合一、实践育人的目的。在职业体验和志愿者活动中,学生树立了用劳动创造幸福的价值观。在与虹口区江湾街道合作的"学四史"课程中,在"小手携大手、保护母亲河"行动中,在"学雷锋日"中,学生化身"李白事迹讲解员""图书管理员""禁放烟花爆竹宣传员""供电局美容师",学会与伙伴合作、与人沟通交流。假日小队里,孩子们走出校园亲眼亲身感知和实践,在"行体验之旅,铸劳模精神""党的故事我来说""童声为祖国歌唱"、中共四大纪念馆升旗仪式等活动中,学生真正了解国家的发展,形成了强烈的家国荣誉感。他们不但将自己的行走感悟、劳动心得在校园媒体平台发布,还用自己的所见所闻参与总支少先队行走课程制作,讲好红色地标背后的故事。

3. 实现协同育人

根据德育内容,学校分析学生行规现状,形成规范、系统的"家庭教育分年级德育目标及要点",为不同年级的家长提供有效的指导。融入家庭教育与社会教育,形成"'旗'心协力"家庭行规教育目标序列、课程系列、活动系列等家庭行规教育生态环境,建立起"家—校—社"三位一体的行规教育大生态品牌,如表2-7所示。

表2-7 "'旗'心协力"家庭教育分年级德育目标及要点

内容	年级	学 生 分 析	家庭教育德育指导目标	家庭教育德育指导要点
爱国立志	一	此阶段孩子刚刚入学,对小学生活既感到新鲜,又不习惯,因而一时难以适应,好奇、好动、喜欢模仿,但很难做到专心听讲,特别信任老师,有直观、具体、形象等思维特点	以适应过渡为主,帮助孩子做好幼小衔接,适应小学集体生活,培养文明礼仪习惯、学习习惯,生活习惯	1. 热爱学校,热爱班级 2. 真诚待人,主动与师长和伙伴打招呼 3. 自己的事情自己做,学会理书包,系鞋带,叠雨衣 4. 培养学习兴趣,上课专心听讲,乐于表达

（续表）

内容	年级	学生分析	家庭教育德育指导目标	家庭教育德育指导要点
诚实守信 勤劳合作 创新乐学	二	此阶段孩子学习习惯、学习态度从可塑性强转向逐渐定型，是小学生形成自信心的关键期，情绪不稳定，容易冲动，自控力不强	在已养成一定的行为习惯基础上，对其不良行为进行及时纠正，多鼓励肯定孩子，随时注意孩子心态的变化，注重习惯的培养和基础知识的把握	1. 热爱祖国，向往加入少先队，积极参加争章入队活动 2. 真诚待人，能对他人的关怀和帮助表示感谢 3. 做力所能及的家务，完成个人物品整理、清洗，进行简单的家庭清扫和垃圾分类等 4. 培养良好学习习惯，按时完成口头作业，经常进行课外阅读
	三	此阶段是孩子情感发生变化的转折时期，从情感外露、浅显、不自觉向内控、深刻、自觉发展，但在学习和人际交往中，情绪控制能力有限	家长悉心陪伴和耐心引导，纠正马虎大意，做作业磨蹭等不良习惯，及时帮助孩子解决问题	1. 热爱祖国，热爱集体，自觉维护集体荣誉 2. 以诚待人，能主动与客人热情打招呼并眼神交流 3. 参与家居清洁、收纳整理，制作简单的家常餐等 4. 课前做好学习准备，课后做好复习
	四	10—11 岁是儿童成长的关键期，生理和心理变化明显，是培养学习能力、情绪能力、意志能力和学习习惯的最佳时期。孩子已经从被动学习向主动学习转变，有了自己的想法，但辨别是非的能力还有限，社会交往经验缺乏，经常会遇到很多难以解决的问题	家长需要及时帮助孩子发现问题，解决问题，树立信心。注意孩子学习态度，注意力的问题，培养孩子书写习惯，演算、检查的习惯。通过正确教育，激发孩子对自然和社会的探索激情和求知欲望	1. 热爱祖国，了解中华民族优良传统，遵守社会公共秩序 2. 诚实守信，说的话要尽量做到，答应别人的事努力去做 3. 学会与他人合作劳动，懂得生活用品、食品来之不易，珍惜劳动成果 4. 养成良好书写习惯，及时、独立完成作业，自觉进行课外阅读
	五	孩子已经开始进入小升初的储备期，竞争意识增强，对学习优秀的同学开始产生敬佩之情。独立能力增强，喜欢自发组成小团体。不轻信吹捧，自控能力逐步增强	鼓励做事情的坚持性，帮助孩子建立进取的人生态度，促进自我意识发展。为孩子提供一些接触自然和社会的机会。	1. 热爱祖国，传承中华民族优良传统，自觉维护国家尊严 2. 诚实守信，悦纳自己，包容他人，学会合作 3. 主动承担家务劳动，体验种植、养殖、手工制作等简单的生产劳动 4. 寻找适合自己的学习方法，乐于学习，深入思考，及时、独立完成作业，坚持进行课外阅读

第二节　在浸润中厚植：红色文化
为主线的课程群内容建设

　　课堂是教育的主阵地，只有植根课堂，红色文化教育才能真正具有生命力和实效性。红旗小学以促进儿童的全面发展为目标、学科素养的培养为基点，将红色基因的传承贯通国家课程和校本课程，架构有逻辑、相统整的课程群。

　　以红色文化为主线的课程群建设，是整合多学科内容、联动校内外资源的系统性工程，内容建设是其中的重点。在学科教学中，红旗小学充分挖掘各学科育人底蕴，研究德育与学科教学有机融合、无痕渗透，将红色文化育人作为主线，实现教育教学与德育相统一。学校坚持立德树人根本任务，立足校训开发和设计以红色文化为主线的多元多样红色育人课程，遵循学生认知规律，帮助学生了解祖国历史、认识祖国文化，传承红色基因，激发学生的爱国热情和民族自豪感，厚植爱党爱国情怀，涵育时代新人，促进学校办学水平攀登新的高峰。

一、协同学科资源，探寻红色元素与国家课程的融合点

　　国家课程作为基础教育的必修课程，集中体现了国家的意志和教育的方向，教学内容和教材具有权威性和导向性，各学科所导向的学生核心素养培育必须是基础的和第一位的。如何在不同学科核心素养培育的基础上，将红色文化育人的目标进行深度融合是我们关注的核心问题。红旗小学依据不同学科的本质特点、学科的核心素养和学校文化，把各科目课程内容与红色文化融入的拓展内容进行有机整合，从而构建出有不同学科特点且融合红色文化基因的成逻辑体系的"群"课程。

　　（一）紧扣核心素养培育，学教材、品文化

　　各学科课程标准基于义务教育培养目标，将党的教育方针细化为本课程

应着力培养的核心素养,体现正确的价值观、必备品格和关键能力的培养要求。红旗小学通过对教材中蕴含的红色文化信息进行梳理,发现学校"诚信、励志、勤朴、乐学"校训与红色文化在课程中得到充分体现。在课程教学中,教师充分挖掘各学科红色育人底蕴,鼓励学生向英雄人物、杰出模范学习,通过形象感染、情感陶冶,潜移默化地与校训有机融合、无痕渗透,实现教育教学与红色德育相统一。

以教研组为单位,学校加强红色文化融入学科教学的内容设计。学科教研组是各学科单元教学设计的核心,是研究如何基于各学科教材推进红色文化育人融入学科教学,也是全面提升教师对本学科课程领导力的有效途径。学校通过推动教研组开展学科单元教学指南的编制,形成各学科红色文化融入教学研究的范本,寻找单元教学研究与红色文化育人相结合的突破点。

1. 把握学科核心内容,基于课程标准,活用教材

在实践中,各学科教研组致力于从"教教材"转变为"用教材",突出教学内容重点,在学科核心内容统领下,学会重组教材,使其更符合学情,更好地把握学科核心内容,更好地融入红色文化育人资源。例如,语文教研组关注单元课文中"精读"课与"讲读"课的关系。在单元中,教研组将部分课文作为精读课文,部分课文作为自读课文、练习检测课文,使语文学习既有方法的传授,又有练习实践,真正提高学生的语文素养。在此基础上,语文教研组以"单元教学目标下红色文化主题开放性作业制定"作为研究的主题,确定了"先明确单元教学目标,接着确定单元教学目标的侧重点,然后制定每单课的教学目标和作业目标,基于教学目标的侧重点,寻找红色文化教育融入开放性作业的切入点"的路径,推动了红色文化课堂教育与学生自身学习实践的深度融合。

2. 把握教学内容重点,基于学情实际,确定目标

教学目标可以分为"体验性目标"和"结果性目标",前者描述在学习过程中对知识的体验、情感感悟,或对某类学习方法的体验;后者描述学习之后的

行为表现结果,并且可以观测,可以被评价。数学教研组"聚焦单元线索,着力思维整合"为研究主题,摒弃"模仿—操练"的枯燥乏味的计算教学,探索让学生通过"联系生活,感知建模;类比归纳,验证模型;质疑联想,拓展认识;联系旧知,深化认识"的过程,探索基于思维导向的计算规则教学,培养学生积极参与、合作探究、勇于质疑、大胆表现、主动探索的学习精神和创新意识。

3. 把握学科育人特质,基于能力培养,设计活动

教研组深入学习和剖析各学科核心能力,聚焦培育目标设计育人活动。例如,音乐教研组将课程核心能力归纳为:① 音乐听觉与联觉反应,如听到音乐会用表情、肢体等表现对音乐的感受和理解;② 乐感与音乐美感表现,如进行音乐表演时能表现出一定的乐感和表现力,对老师的指挥做出正确的反应;③ 即兴编创与创作,如按照要求即兴创作节奏、律动,创编音乐故事、音乐游戏等。在活动设计中,教研组将活动分为体验性活动、表现性活动和创造性活动。其中体验性活动对应的是"音乐听觉与联觉反应"核心能力培养,"表现性活动"对应的是"乐感与音乐美感表现"核心能力培养,"创造性活动"对应的是"即兴编创与创作"核心能力培养。体育教研组开发体育单元教学资源,从"基本内容Ⅰ"相关资源、韵律操特色资源、综合活动类资源、师生特长资源包开发四大板块入手,以 10 名体育教师为主,依托课程共同体中的家长资源,共同开发了可在室内外进行锻炼的、结合体育单元教学资源的内容70 项,自制器材 28 种,知识性资源包 27 个,共计 126 项资源,以满足 43 个班级同时使用器材的需要。

4. 把握目标达成导向,基于学习改进,规划评价

课堂评价不应是教学结束后的即兴简单检测,而应在教学活动前就设计好,以便评价任务嵌入教学活动的设计中,通过评价促进学习达标,形成"教—学—评"的一致性。学校教研组根据教学情况设计单元整体评价设计和课时评价设计,既针对不同活动类型,以目标为导向根据活动特点确定评价内容与标准,也针对每一节课内的活动环节确定评价内容与要点。例如,

英语教研组着力探索高年级英语单元中运用的技巧，结合教材，通过"适当利用智能 App，优化诊断性评价；科学设计课时评价单，丰富过程性评价；综合考量各项评价，生成单元终结性评价"，对单元教学的前、中、后期的设置进行初步研究。

5. 以开发教材为抓手，推动专题教育融入学科教学的内容框架

学校重视思政课程建设，通过规范管理，课题研究，教学与评价的探索，以开发市、区主题性研修课程为契机，立足单元，深研教材，提升教师教学能力，提高课堂教学的实效。为深入推动《习近平新时代中国特色社会主义思想学生读本》（以下简称《读本》）进课堂、进学生头脑，学校探索以道法课内学习与专题教育课结合的形式开展《读本》专题教育，实现专题教育与学科教学的紧密联系，有效落实思政教育。学校将《读本》教学纳入学校教学计划，三、五年级每周利用半节道法课和一节午会专题教育课的时间进行《读本》的教学。我们将《读本》教学与《道德与法治》教材知识点相联系，依托书本架构起《读本》的知识体系，同时紧密联系时事政治，融入本土文化，丰富教学素材，贴近学生生活，真正将主旋律文化厚植学生内心。

道法教研组梳理了《读本》中适合开展主题教育实践活动的内容，将这些内容与学校德育活动相结合。例如，在学完低年级《读本》第 2 讲"一心跟着共产党"和第 3 讲"走进新时代"的内容后，我校队部带领班级结合国庆节开展了"红旗队员齐奋进、强国有我党放心"的中队主题活动。每周一次的午间红领巾广播活动中，大队干部组成的读本小小宣讲团认真准备，全校宣讲，让每一位孩子都能接受教育，培养民族自信，增强爱国情怀。

（二）建构学科协同链条，互相关联，互相统整

在小学各科课程中都有中华民族传统美德、革命传统和法治教育等红色教育内容。红旗小学尝试将红色文化和校训精神嵌入学科间认知协同，加强学科间相互关联，对红色文化课程资源进行统整与重组，形成红色文化知识体系再建构，融入课堂教学。这样不仅可以使红色文化校本课程与其他学科

相融合，打通各学科的联系，丰富教学内容，还能促进学生的知识迁移，提升育人实效。如"道德与法治"课程中"屹立在世界的东方""富起来到强起来"等内容与解数学应用题协同整合，通过查阅资料、解题过程、数据分析，进一步让学生感受先辈为建设中国的无私付出，深刻感受到祖国发展的日新月异，鼓励学生从小树立爱党爱国、报效祖国的责任担当。又如在语文学科教学中结合"家国情怀"主题，对美术学科展开传统水墨文化中的家国情怀主题研讨，不仅促进学生对传统水墨文化的认知与理解，更激发了学生的爱国热情。

更重要的是，在小学入学伊始，学校就通过多学科协同做好小幼衔接，为学生们埋下红色基因种子。为加强小学幼儿园教育的衔接，适当缓解小学一年级新生入学时的身心压力，帮助学生尽快适应小学学习生活，我们在一年级入学初设立 4 周的综合活动课，着重关注学生学习兴趣、学习习惯和行为习惯的养成，促进师生情感交流，呵护儿童对小学学校生活的美好憧憬。通过"我是小学生""来到新学校""温暖的新家""学校的一天""校园礼仪"等主题活动，引导一年级学生走入校园，熟悉校园环境，了解自己所在的学校，老师和伙伴，帮助学生们适应小学生活，并在心理、思想、学习、行为上为小学学习生活做好准备，促进其身心健康发展。引导学生初步适应小学的学习生活，能对学习产生兴趣，有求知的欲望，充满好奇心，养成良好的学习习惯，并能明确自己的学习目标。学校还制定了《红旗小学学生行为规范 50 条》，从"进校文明""礼仪文明""做操文明""课堂文明""休息文明""用餐文明""离校文明""社团文明""外出文明"几大板块对行为习惯提出了具体的、可操作的要求和行为准则，学生在严格遵守基本行为规范中，逐步养成良好的行为习惯。同时，学校积极倡导家校携手，共创学生美好未来的环境。召开入学新生家长会，介绍学校整体教学，学生常规；入学一月家长学校介绍"双减"工作、学习评价方式；入学百日课堂观摩等活动，让家长认识和了解学习准备期，参与和监督教学活动的开展。

二、整合校本资源,丰富情感实践与校本课程的延伸点

(一) 打造红色文化校本课程群,涵养爱国情怀

红色文化育人的阵地不仅是在学科课程中,还应在学校特色校本课程育人中发挥更重要的作用。校本课程的建设是一项科学、规范、有序进行的系统工程,需要学校各环节人和物的及时跟进与协调,需要学校领导的支持、参与成员的通力合作、必要的人力物力投入等一套良好的组织运转机构。

红旗小学根据校训精神,结合学科内容,进行内容拓展,自主开设大量具有学校特色的红色文化校本课程。例如源自美术学科的"创意邮园"课程,将祖国变化、社会新貌作为创作元素,感受祖国在劳动人民的勤劳与智慧下飞速发展,指导学生在邮票的方寸之间,展现社会繁荣富强、人民幸福的生活。学生在社会观察、作画构图中,激发出自豪感,产生立志为祖国发展做贡献的信念和决心。在"'小耳朵'红色电影音乐赏析"课程中,一首首红色经典乐曲,激荡人心。配合着电影画面,乐曲把学生带回革命战争年代,感受到现在的幸福生活来之不易,产生对老一辈革命家的敬佩之情。"上海的名人名处""拓印""篆刻""探寻航海博物馆"等课程,通过红色知识学习、红色动手实践、红色探寻体验、红色未来创新等不同领域的教学内容,丰富学生的精神世界,拨动学生的心弦。

学校在总结办学特色与以往探索成果及经验的基础上,以红色文化育人为底色,以"培养小学生创生品质"为核心,以校本课程建设程序为主线,设计了红旗小学"培养小学生创生品质校本课程"建设流程,如图2-6所示。通过这一流程,学校为培养小学生创生品质,传承红色基因的校本课程建设提供了科学、严谨、完备的操作程序,为校本课程的有序建设确定了清晰的路线,确立了有关的组织机构,明确了职责和目标方向,迅速开展红色文化校本课程的研发工作,并形成了明确的步骤,如图2-6所示。

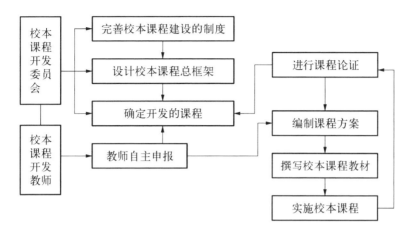

图 2‑6　校本课程建设流程

1. 成立校本课程建设委员会

校本课程建设委员会是培养小学生创生品质校本课程建设的领导机构，由校长任组长，市、区级专家、学校教师共同组成。其主要职责包括设计校本课程总框架、完善校本课程建设的各项管理制度并督促落实、对校本课程实施进行论证。

（1）设计校本课程总框架。校本课程建设委员会根据我校"培养学生创生品质"的核心办学理念，详细分析学校学生的学习现状、教师的教学能力、社会的发展需求，确立校本课程建设的基本框架。这一框架将培养小学生创新品质的校本课程分为四大板块，即自主问题探究课程、动手实践体验课程、修养活动感悟课程、活动创意发展课程。在深入调研的基础上，校本课程建设委员会还对不同板块的课程设置提出了不同的要求。

一是学生自主问题探究课程。学校将学生自主提出的、感兴趣的问题设置为课程，以学生自主探究为主要学习形式，教师提供"导学案"进行指导，引导学生运用课堂学习中习得的方法，进行课后自主拓展学习，在探究中培养创新、合作和反思能力。

二是学生动手实践体验课程。这是指导学生进行动手实践操作的课程，让学生在动手实践中体验创造的快乐。

三是学生修养活动感悟课程。这是根据学生不同的特长、个性制定的修养课程，以个性化的课程帮助学生创生品质的形成与发展。

四是学生活动创意发展课程。引导学生在活动中充分发挥其创意，体会创造的快乐，感悟创新的价值，分享创新的自豪与幸福。

（2）完善校本课程建设的各项管理制度并督促落实。完善的制度是校本课程建设的基本保障。为此，校本课程建设委员会参照本校教学流程管理的经验，在校本课程建设的初期就致力于相关制度的建设与完善。通过努力，校本课程建设委员会先后建立起了校本课程申报制度、校本课程培训制度、校本课程奖励制度、校本课程教学制度、校本课程评价制度等一系列基本的制度，为校本课程的建设提供了必要的规范，也成为校本课程建设过程中管理的基本依据，对校本课程建设的有序开展发挥了积极的作用。

（3）对校本课程实施进行论证。在校本课程实施的过程中，校本课程建设委员会至少要进行三次论证，然后根据论证的结果，对符合要求的课程设想、课程方案、校本教材，允许其进行下一阶段的实施，不符合要求的进行修改、合并或取消。

2. 组织动员教师自主申报

根据校本课程委员会制定的校本课程框架，教师明确各课程的不同要求后，校本课程建设委员会组织动员教师自主申报课程，分两次完成。

第一次申报为课程设想申报。此阶段要求教师对照学校校本课程建设要求，先自主选择一个课程板块，自己设计课程名称、课程主要内容等并填写申报表，向校本课程建设委员会提出申请。校本课程建设委员会整理、统计教师申报的课程后，根据"培养学生创生品质校本课程"的总体目标、具体板块课程的要求，确立初步的校本课程名录，组织教师进行第二次申报。第二次申报的要求更为细致，要求教师根据自身的兴趣、爱好、教学能力和主题等，详细撰写所申报的课程内容，然后由校本课程建设委员会最终认定，是否同意立项。

3. 编制课程方案

课程方案是课程开发教师所开发的某门校本课程的基本标准,它以方案的形式呈现某门校本课程的各种课程元素。在充分论证的基础上,学校明确规定"培养小学生创新品质的校本课程"的课程方案至少包括 5 个基本要素:科目开发说明、课程目标、科目内容、课程实施和课程评价。其中科目开发说明主要是介绍该校本课程的课程背景,详细进行学生情况分析,介绍该课程的教育价值等;课程目标则要求介绍该校本课程设计的原则与要求,并要详细介绍该课程的三维目标;科目内容要求要详细介绍该课程的体例,包括课程单元安排、每课题目、每课内容要点和目标指向等;课程实施则要求介绍该课程的课时安排、组织形式、课程的实施原则等;课程评价主要是介绍该课程的评价方式、评价内容等。

4. 撰写校本教材

学校为课程开发教师明确了校本教材撰写的要求和步骤。首先,要明确校本教材的编制原则。一是创新原则,教师根据已有的校内外资源,自身的特长,进行创造性课程开发。二是小课程原则,包含两层含义:一方面课程整体量小,每门课程总量控制在 8 课时;另一方面切入点小,从小的切入点入手,针对一项内容做深、做实。三是学生本体原则,从学生的实际出发,考虑学生的需要、兴趣与经验,尊重学生的自我选择,发展个性,开发潜能,培养能力,充分发挥校本课程的最大育人功能,让每一位学生的潜能都获得充分和谐的发展。四是激发兴趣原则,注重吸引学生,激发学生学习的兴趣。编写的教材运用儿童化的语言,做到图文并茂。五是资源整合原则,要充分利用可借鉴的资源,进行整合、增补。

其次,要掌握校本课程编制的程序。一是明确本课程的定位。课程定位不同,其关注点也不同。自主问题探究课程,应关注其探究性,提出的问题有探究性,可供学生探究学习;动手实践体验课程,注重对学生动手能力的培养;修养活动感悟课程,定位在活动感悟,因此在编写的时候,要注重其综合性,其中可以有探究,有动手,也可以有各种活动;活动创意课程,重在活动创意的指导。二是确定本课程的基本内容。三是确定课程内容的编制顺序。课程内容遵循由易到难、由简到繁、由单一到综合的顺序编制。

最后，搭建校本课程教材的基本框架。校本教材总体分目录和具体教材两部分。教材部分由知识的准备、材料的准备、探究、我的实践、我的探究等几部分构成。

5. 进行课程论证

课程建设委员会在校本课程建设过程中实施三次论证制度。第一次论证是对教师申报的校本课程课题进行设想合理性论证。论证的对象是：课程开发教师对应校本课程总框架下四类课程，申报的校本课程。论证的依据一是密切度，根据"培养小学生创生品质校本课程"的四类课程总目标及课程要求，分析设想的课程与其密切程度。二是可行性，根据学校的学生学习情况、教师教学能力、综合教学环境，考量设想课程的可操作性。第二次论证是对校本课程的课程方案进行论证。主要论证其课程目标制定得是否准确、适度、适切，论证其课程内容安排是否具有合理性、丰富度，评价的多样性等。第三次论证是校本课程经实施后的可行性论证。论证的对象是已编制好的校本课程教材。论证的依据主要有两项，一是学生的反馈，根据课程实施过程中学生学习的积极性、参与度等指标对编制的校本教材进行论证；二是教师的反馈，根据执教教师教学实际情况，对课程进行可行性论证。论证的结果将是校本课程建设的直接依据。符合要求的课程就可进入下一阶段的相关步骤，不符合要求的则会要求进行修改、合并或取消。

经过教师自由申报、学校校本课程建设委员会严格评审、专家和指导教师反复论证修改后，校本课程目前已建设完成40余门，并建设完成以红色文化系列行走课程为代表的精品课程。

（二）开展红色主题项目化学习，立志革命传承

红色文化蕴含丰富的精神财富，结合四字校训和校史学习，学校开展红色讲坛、观看红色影片、唱响红色歌曲、征集作品等主题化、系统性的项目活动，让红色故事"育红心"，帮助学生传承红色基因。例如，依托"开学第一

课"、少代会、红领巾广播、小红星电视台和少先队活动课,学校组织了"红领巾心向党"和"红领巾相约中国梦"等活动。邀请虹口区新闻中心、虹口区委老干部局宣讲团的老党员张林凤奶奶来到学校,为队员们带来红色故事《黄圭彬在迎接上海解放的日子里》,讲述革命前辈在上海解放前为革命不断奉献,在解放后为少先队员开展革命传统教育的故事。这让队员们产生了浓厚的兴趣,更激发了他们爱党爱祖国的决心。

在以"传承红色基因:五月为什么这么红"为主题的项目化学习活动中,各年级围绕和聚焦红色教育主题,以红色故事宣讲员等身份,在讲故事、做名片等活动中,提高了学生综合运用学科知识的学习能力,进一步了解了革命先辈的奋斗历程,坚定了做共产主义事业接班人的决心。

师生共同创编"新三字经红旗谣"的项目化活动,从另一个角度给师生们带来了红色文化教育沉浸式体验。在收集素材和创编过程中,师生们深刻了解百年老校的校史历程和校训精神,带领学生在追寻红色足迹里找到"诚、志、勤、乐"的校训魂,将"立德根"深扎入心里,体会中国共产党人的奋斗历程,牢记中华人民共和国成立过程的艰辛,激发学生对党和国家的真切热爱,产生情感共鸣。

学校也注重建立专题项目化学习教育活动,发挥重要时间节点红色文化育人功效。在清明节、抗战纪念日、反法西斯战争胜利纪念日等日子里,开展了"忆先烈学先锋,小红旗在行动"等活动,将祭奠缅怀先烈教育纪念活动落到每位队员的心中,帮助他们长大后做一个有智慧、有担当,有责任感和使命感的中国人。结合建党节、建军节、国庆节等重要时间节点,充分利用国旗下讲话、校园广播站等途径对学生进行爱国爱党宣传教育。同时,学校在一年级入学、二年级入队、三年级十岁生日、五年级毕业典礼这些孩子成长过程中具有里程碑意义的时刻,开展红色文化专题教育活动,帮助他们建立远大志向,规划未来成长。

劳动教育也是推动红色文化传承的重要方面。学校制定劳动教育三年发展总目标和实施目标,根据学生年龄特点,分年段落实劳动教育细化目标,建立阶梯性培养目标,落实劳动项目。结合少先队劳动教育主题活动,每月有热点,如劳动最光荣、劳动创造伟大成就、我是劳动小能手等,每周有进步,每日有实践,通过午间劳动课、红领巾广播、小红星电视台、少先队活动课和线上线下教学相结合,开展劳动技能教育指导活动。结合中秋、重阳、腊八和元旦等传统节日,利用大队部设计的学习任务单,在不同年级开展整理、烹饪和家用小电器使用的学习。在家校合作教育中,越来越多的孩子能自己整理书桌、床铺,使用电饭煲、烤箱、炉灶制作简单的食物,使用洗衣机、熨烫机清洁整理衣物。通过丰富多样的劳动教育活动,培养学生正确的劳动精神、劳动情感、劳动态度、劳动技能。

(三)联动学校周边红色育人基地,熔铸忠诚信仰

红色是上海这座城市永恒的底色。上海的每一处红色资源,每一段红色足迹都凝结着革命先辈艰苦卓绝、荡气回肠的动人故事,值得学生深入走访。通过先进典型的引导、塑造,向学生展示爱党爱国情怀并非抽象的,而是时刻以使命担当闪烁着现实的光芒。依托上海这座红色记忆之城,红旗小学发掘联动红色文化资源,规划红色寻访路线,开展了各类教育寻访活动,如表2-9所示。

表2-9　红旗小学校外红色文化教育基地指南

校外资源	活　动　内　容	备　注
中共一大会址	为庆祝中国共产党成立100周年,学校在团市委的推荐下与中共一大会址开展红色行走活动	
中共四大纪念馆	学校多次参与中共四大纪念馆"升旗仪式"活动,并在"国旗馆"成立之际,特别邀请红旗学生参与宣传片拍摄	长期共建
李白烈士故居	学校与李白烈士故居长期合作,签有共建协议。在2023年学校行走课程中,特别走访了李白烈士纪念馆	长期共建
淞沪铁路旧址	学校少先队与江湾镇街道党委合作,在建党百年来临之际,在淞沪铁路旧址直播开展"微党课云队课"	
江湾镇儿童友好园区	学校携手江湾镇街道,共创江湾镇街道儿童友好园区,获颁江湾镇街道"儿童友好大使"奖章	
......		

1. 在校外场馆专业团队引领下共同开发课程

（1）本校教师参与各类场馆基地提供的培训课程，储备专业知识。学校组织教师参与各类红色育人基地场馆的培训，深入了解馆内展示的藏品、模型、图片，系统地学习红色文化知识内容。深入了解场馆内可供学生体验使用的红色文化传承游戏、内容等，发掘受学生喜爱的表演、视频资源。通过参与场馆的培训，相关教师对各类育人场馆的资源有了比较全面的了解，也增加了红色文化的知识储备。

（2）深入系统了解校外场馆的育人资源，寻找课程开发资源。本校教师在自然博物馆馆员的协助指导下，以各类红色场馆的馆藏资源为主要素材，充分考虑学生的需求、学习动机、兴趣、知识结构和心理特点，对场馆教育资源进行归纳，整理出不同系列的课程资源。教师通过梳理小学各年段学科相关内容，发现红色文化资源学科教学的逻辑性，审视当前学科教学思政育人方面的不足，结合各场馆的资源，寻找、挖掘校本课程的资源。

（3）与校外场馆共同确定课程主题，提升课程的适切性。结合场馆方专业人员提供的有针对性的资源建议，学校教师根据相关场馆的红色教育内容和素材，从本校特色、学生需求出发，对照小学阶段各学科相关知识点，选择与相关场馆教育主题适切的内容申报选题。馆方专业人员以场馆丰富藏品与展览资源为基础，借助自身专业知识，对教师选题提出意见和建议，与教师共同修改选题，确定选题内容。

（4）本校教师开发校本自然博物馆课程。本校教师根据选题，结合场馆资源，确定活动板块；依据学校育人目标和校本课程教学目标，确定各活动板块目标与课程授课地点，编写活动方案，制作活动手册。在此过程中，各校外场馆的馆员团队共同服务于课程教学，共同探讨课程内容、设计教学方案、探索教学形式的创新。

2. 在校外场馆专业团队协助下实施课程

（1）双场地学习。学校与校外场馆联合编制的红色文化育人课程有两个学习场地。一个场地是学校教室，可以进行书本知识的学习、总结，能对收集的资料进行汇总、介绍，能开展学习的讨论，实现知识迁移等。第二个场地是相关校外场馆的展览现场，利用视频、新媒体、影院技术等，增强学生对革命精神场景的理解，利用各展区的展品、文字、动画、视频等资料，让学生有更形象和深刻的认识。

（2）双教师授课。双教师授课，即由本校教师与相关校外场馆馆员（教师）共同完成拓展型课程的授课。学校教师主要负责课程前段知识的准备，包括学生课内知识的梳理，相关资料的收集与交流，组织学生学习过程中的讨论、展示等。校外场馆馆员教师主要负责场馆内现场教学，讲解展品知识、组织学生完成校本课程内容的探究活动。

（3）驻校服务。驻校服务是由自然博物馆指派专业人员，配合课程进度，进入班级，对师生提供长期实践指导、服务。其特点是投入程度深、时间长。校外场馆专业人员进驻课堂协助学生进行后续研究，组织、整理研究成果，指导学生设计制作研究展览，评估学习成效等，同时建立与学校分享学习成果的环境。

3. 在专业团队的参与下评价课程

学校与校外场馆专业人员根据学校拓展型学科的教学目标，逐项编写评价细目，完成配套的课程评价手册。评价团队包括参与学习的学生和授课教师，还包括参与开发、讲课的馆内教育人员，会根据学生的实际学习情况，对照课程评价手册进行评价。

第三节　在变革中跃升：建构具有学校特色的教学实施方案

课程实施就是课程方案实际展开的过程，也是课程与学生之间的中介。课程能否达成课程设计者预期的教育效果，关键还要看课程的实施结果。因此，红色文化系列课程的建设，关键是实施。但是，创生性的校本课程实施与国家课程有所不同,它更突出在教育情境中,教师与学生要根据自己的实际情况与需要,在已有知识、经验、能力、技能、智慧的基础上整合既有的课程变革计划,联合发明、建造、创造并自然生成新的教育经验。因而不是一个简单的学习过程,而是"经验创生"的过程。这就意味着教师必须要改变过去的课程认知,要增强自身对创生课程实施的认同,使自身在实践中能够积极主动地进行创生课程实施。为此,红旗小学通过不断完善课程结构、优化教研流程等形式,提高红色文化课程的育人成效。

一、完善课程结构,提升红色文化课程开发与实施的品质

(一) 以学生为中心,拓展互动体验教学新模式

红色文化课程建设的最终目的是要实现运用好红色文化资源育人的教育目的和培育新时代社会主义接班人的目标。因此,学生的需求和兴趣应该成为学校编制红色文化课程的首要考虑因素。除了国家课程之外,红旗小学通过将红色文化校本课程安排在限定拓展课和"快乐活动日"中开展,并采取了"推介会""双走班"等多种措施,有效推动红色文化校本课程的实施。

1. 增强认同感,举办"推介会"

红旗小学"培养小学生创生品质校本课程"推介会是向学校教师、学生介绍校本课程的活动,是校本课程开始实施时非常重要的前期工作,旨在向校本课程建设委员会、教材开发教师、执教教师、学生等宣传将要实施的校本课程的特点、内容,促进师生的了解,激发师生参与执教、学习校本课程的热情。学校目前的推介会根据出席的对象可以分为面向全体教师的推介会和面向四、五年级学生的推介会两类。

(1)面向全体教师的推介会。由教材开发教师向全体教师进行教材推介,主要介绍教材编写的目的、教材的基本结构、课时的具体要求和安排。推介会旨在让全体教师对该教材有全面的了解,便于执教教师准确把握教材,便于班主任指导学生在面向他们的推介会后进行课程选择。

（2）面向四、五年级学生的推介会。在四、五年级学生中，校本课程进行"走班制"学习，为了让学生更好地了解该年级开设的课程，学校在学期初，面向两个年级学生分别召开推介会。在推介会上，执教教师通过各类新媒体宣教手段，运用富有感染力的语言向学生介绍课程的主要学习内容、预期学习成果，激发学生学习校本课程的热情。学生根据自己的兴趣爱好，自主选择课程学习。

2. 突出主体性，实行"双走班"

"双走班"是红旗小学校本课程实施过程中根据学生不同年龄、学习能力、兴趣特点，在不同年级实行的不同的教学管理形式。分为"教师走班"和"学生走班"两种。"教师走班"指1—3年级学生学习校本课程时，学生固定教室，执教教师每半学期轮换一个班级上课。"学生走班"指在四、五年级学生学习校本课程中，学科教室和教师固定，学生根据自己的兴趣愿望每半学期选择一门符合自身发展需求的校本课程上课。

"双走班"的教学形式既能彰显学生的主体地位，又充分考虑到学生的年龄特点、学习能力等因素。它可以充分调动学生学习的主动性，使学生的自信心得以提升，扩大了学生的交往范围，加大了同学间的相互影响，有利于增强相同兴趣学生之间的合作。为保证"双走班"中四、五年级"学生走班"的顺利开展，课题组还组织了各班主任进行前期准备工作。各班各课程选出学习组长，管理走班时的纪律；班主任进行专题行规训练，提高学生走班的能力；第一次走班，根据广播指令，集体排队、分批进班，通过学校实时监控录像进行调配。通过一系列细致扎实的工作，有效克服了"学生走班"时可能出现的问题，保证了校本课程的教学质量。

（二）新课标为引领，探索课程共同体新样态

新课标的实施，对培养学习共同体，提高课堂教学效率提出了新的要求。红旗小学构建由校长、教师、家长、社区人员及课程专家等参与校本课程开发的相关人员组成的"学校课程共同体"，联动学校、家长和社会资源，以"关注学生全面发展"为共同愿景，共享资源、沟通协作，共同参与学校红色文化校

本课程的设计开发,形成课程共同体运作机制,增强课程建设的科学性,提升红色文化育人的实效性。

1. 课程开发模式多元化

在校本课程建设流程的基础上,学校进一步探索依托课程共同体开展多元化的红色文化课程建设。根据课程资源的特点,按照课程共同体成员开发的能力及对学校育人目标的理解度,课程共同体设计团队在编制拓展型课程教材时采用多种组合方式。一是独立研发团队。课程共同体决策团队分析、确定课程共同体设计团队成员中对学校育人目标理解度高的、开发能力强的成员,鼓励他们独立地整体更新一门或多门拓展型课程。二是合作研发团队。课程共同体设计团队在更新拓展型课程过程中,运用最多的是合作开发拓展型课程。

根据设计团队成员对学校课程育人目标的理解、课程开发能力等进行考量,立足一门课程研发的实际,运用以下 3 种合作开发形式。

(1)"教师＋教师":拓展型课程设计团队由多名教师组成。设计团队内的教师们共同讨论、制定课程目标,确定课程内容,教师发挥各自特长,完成课程中一部分内容的开发,合作完成一门课程的开发。

(2)"家长＋教师":拓展型课程设计团队由家长和教师共同组成。拓展型课程由家长和教师共同讨论,制定课程目标、确定课程内容,由教师、家长合作完成一门课程的开发。

(3)"社会＋教师":拓展型课程设计团队由社会专业团队与教师组成。拓展型课程由社会中的专业团队与学校教师共同讨论,制定课程目标、确定课程内容,共同开发。

课程共同体研发团队,根据学校育人目标,先确定课程目标,再构建课程总体框架、完善课程内容,形成评价方案,开发学校拓展型课程。近年来,课程共同体研发团队,共开发覆盖校本课程四个课程类别,涵盖"学科拓展""限定拓展""自主拓展""专题教育""社团活动"五个方面 20 余门课程,极大拓展了红色文化育人的载体平台。

2.课程实施形式多样化

依托课程共同体实施团队成员的教学经验、能力、社会资源,组成实施项目小组,通过不同方式多样化进行课程实施,赋能红色文化课程铸魂育人。

(1)"合作式"实施。指学校课程共同体中的不同成员,根据自身特长,各自负责课程中的一部分内容的实施,通过合作的形式实施一门课程。例如,"光影实验室(皮影)"课程,由教师介绍皮影的历史,教授皮影的制作,家长进行皮影表演的教授。又如"探秘鸟的世界"由学校教师和自然博物馆馆员一起实施。教师在校内帮助学生梳理课内知识,交流相关资料;自然博物馆馆员教师在自然博物馆内现场教学,讲解展品知识;再由教师组织学生后续的学习讨论;自然博物馆馆员教师指导学生进行学习展示。

(2)"见习式"实施。指学校课程共同体成员进行课程实施时,学校教师进行全程见习,整体了解课程的内容,学习课程共同体成员的课程实施方式。例如,"长征水火箭"课程,由共同体成员中的专业团队进行执教,学校教师进行浸润式学习。

(3)"接力式"实施。指学校课程共同体成员,在不同学期内先后执教同一门课程。例如,"吸管 STEM"课程,先由专业团队教师进行授课,学校教师通过浸润式学习后,由教师进修教学。又如家长开发的"科学小常识"课程,由于学生毕业,开发课程的家长不再进行课程实施。后续再实施此门课程时,由具有相同专业知识、授课能力、兴趣爱好的家长,根据已开发的课程,继续进行实施。

在课程的实施过程中,每一门课程均由学校教师参与课程教学,协助学校课程共同体成员一起实施课程。在此过程中,教师主要完成两部分工作:其一,协同共同体成员维护课堂纪律,弥补课程共同体成员缺乏组织课堂教学经验的不足。其二,全程记录课堂教学情况,及时总结教学实施的亮点,注意发现教学设计及实施的问题,以便进一步反思和改进。教师在课程实施过程中,既要参与课程的教学,提升自身的专业能力,又要协助共同体成员,更高质量地、有效地实施课程,不仅是对教师各项能力的全方位锻炼,也能够多方协同提升课程实施的水平。

（三）技术赋能成长，打造数字智慧学习新课堂

红旗小学一贯以来重视推进学校数字化转型发展为教学服务。近年来在重视数字化转型发展上，学校形成了明确的目标，建构了整体系统和切实可行的顶层设计，每年都制定学校的数字化建设工作的计划、总结。学校专门成立现代信息技术组，设组长一人，组员四人，负责学校的日常信息技术设备的巡查、维护管理工作，保障数字白板在教学中的使用率，为红色文化育人提供了现代化技术支撑。

1. 推广应用软件，助力班级管理

学校鼓励教师通过数字化软件实现班级日常管理，班主任在导入班级名单后，设置相应的管理项目（行为规范、学习习惯、作业习惯、卫生习惯），教师可以在课堂上或课间通过教师管理、小组管理、个人管理等形式，实现班级日常高效管理。家校沟通也通过数字化软件实现，在平台上进行各项活动展示、家庭教育指导、各科作业公布等，让家长更深入地了解孩子在校情况，提升协同育人的实效。

2. 运用媒体设备，助力课堂教学研究

学校运用智能软件"云备课""云录制""云评价"，助力课堂教学研究。在"云备课"的过程中，随着教师对平台的操作技能越来越熟悉，在自主制作课件的过程中，进行有效方法的研究，将功能发挥最大的效用。"云录制"过程中，教师对自己的学科专业知识有了更高的要求，逐步熟练运用教育数字化转型下的教学平台，以此更好地紧跟时代变化的脚步，适应时代发展的变化。另外学校通过数字化技术平台，把教师的组内交流课、教学研究课、青年教师比武课、星级教师展示课、组长课题汇报课和教研组研讨活动、外聘专家讲座等拍摄成录像，通过数字化平台实现教学过程的数据分析、教学诊断、结果反馈、反思调整，形成闭环管理的课堂教学研究流程。

3. 实施智能分析，助力学生全面评价

学校通过第三方数字化技术平台，在各学科的口头测评、单元纸笔测评、期终纸笔考查时引入学业质量智能分析系统。通过基于数据驱动的测评卷

采集和统计,实现数据收集完整全面,数据分析精准客观,学业管理及时高效。这些终结性评价数据对学科教师而言,可以形成班级、年级的错题库和质量分析报告。对学生而言,能够得到专属于自己的学科"终结性评价雷达图"数字画像,真正实现学科基于素养的"一对一"评价管理。智能软件的"班级优化大师"功能为课堂中的过程性评价提供了技术支持,通过针对学生的课堂表现,在不同的评级标准中进行加分,可以及时记录学生的学习情况和课堂表现。学校参与市级课题"学习数据分析支持下的精准教研"项目组,实现了基于课时作业反馈研究的精准教研,智能分析体系,助力学生全面评价。

4. 搭建云端平台,助力教育教学资源建设

学校通过校级网盘、云平台等把学校各学科课堂教学研究资源、各学科题库更新与建设、少先队活动资源、优质红色文化校本课程资源等纳入数字化建设,逐步实现学校各类数字化资源有差别地"共建""共研""共享""共学",在教育数字化转型背景下的学与教研究中取得了一定的成绩。

二、优化教研流程,积极探索教与学实施方式的创新转型

(一)着力以研促教,助推校本教研提质增效

教育科研是学校发展的原动力和生长点。近年来,红旗小学不断增强教科研意识,努力构建教科研制度,积极营造教科研文化,注重研究过程对学校教育提升的引领,注重研究经历对教师专业成长的促进,注重研究成果对学生全面发展的作用。学校以"双减"为着力点,关注教师的发展需求,制定校本研修方案,推进教研组高位建设。相继以"基于课标的教学与评价,落实关键能力,提升学科核心素养"和"双减"背景下高质量作业设计与实施的实践研究"统领性课题,以"四步两省"为主要研修方式,开展有效的教学与课题研究联动的校本研修活动,提高教学实效。目前,学校形成了由科研室负责管理、课题组实施研究、广大教师积极参与的校本科研操作体系,建立起"课题申报—专业培训—成果展示"等一系列学校科研制度,引导和鼓励教师结合

教育改革和自身专业发展确立课题,进行实践研究。

1. 实施市课程领导力项目,激发全体教师教育改革主动性

学校参与上海市课程领导力项目(第二轮)研究,确立了"学校课程共同体建设的实践研究""基于'四会'培养目标的拓展型课程完善研究"和"小学音乐学科单元教学指南的编制"研究项目。其中"课程共同体建设的实践研究"属于管理类的研究。侧重在学校课程共同体建设、实践过程中,学校管理规律和方法的总结与提炼,从而增强课程领导力的自觉和有规可循。课程共同体在这个研究中,为学校拓展型课程建设补充丰富的课程资源,拓宽拓展型课程实施、评价的渠道和方法。"基于'四会'培养目标的拓展型课程完善研究"和"小学音乐学科单元教学指南的编制"是围绕学校的"四会"育人目标,完善学校拓展型课程建设,丰富基础型课程的校本化建设,进一步增强课程的层次性和可选择性,提高课程编制的科学性、适切性,促进学校课程管理的可持续发展。

学校以三个项目研究为支点,带动教师们投入课程领导力的研究中。通过实践研究,真正理解并切实提升课程价值的领导力、课程规划的设计力、课程组织的实施力、课程评价的改进力。三项课题均在上海市课程领导力终极评审中得到专家的一致肯定,获优秀等第,"学校课程共同体建设的创新与实践"研究成果已出版。

2. 凝练教研意识,带动教师提升教研品质

(1)问题意识——以问题为导向,确定教研的目标。各教研组确定的项目或课题的研究主题都来自课堂教学中发现的问题、单元教学中遇到的困惑,以此来确定本学年研究的目标,如单元目标的制定,单元评价设计等。

(2)研究意识——以项目为抓手,厘清教研的路径。各教研组在确定研究项目主题后,进一步厘清研究的路径,制定研究方案、着手前期准备、实施研究过程等。

(3)团队意识——以群体为资源,凝聚教研的智慧。"四步两省"的教研模式是以校为本,经过多年的实践—修正—再实践,形成的在群体磨课过程

中,凝聚团队智慧,满足教师发展需求的一种具有我校特色的教研管理模式。

"四步两省"模式关注共享,它是教研组文化的"酵母",是课程共同体的内涵所在。共享让教师自觉融合到团队中,交换资源、交流思想、相互促进,真正发挥共同体智慧,催生共同体的力量。

(4)创新意识——以教改为动力,拓展发展空间。随着课改进入深水区,教研组活动更要用科研的眼光反思教学,领跑在教学研究的前沿。学校采用项目引领使教研组建设寻找到了新的增长点。组长确定单元教学与探究的方案,组员分领任务,在发挥各自特长进行研究时,每个人已在不知不觉中被卷入项目中,提升了教研层次,实现了教研的成效,拓展了教师的发展空间。

3. 聚焦教学,提升教师教育科研能力

一是开展教育科研培训。根据教师教育科研的现实需求,学校聘请专家为全体教师从科研写作、课题的选择、课题的研究趋势等方面做科研讲座,拓宽教师研究的视野,提升教师的研究能力。二是探索科研培训路径。学校根据青年教师研究能力现状,开设面向"Young 红旗"青年团队开展系列活动,探索了"专家引领—个人学习—团队研修—个人提升"的科研培训路径,以提升青年教师的科研能力。近年来开展的科研活动有教育案例的撰写、文献综述撰写、教育论文撰写、课题情报综述撰写等。三是建立校级课题申报平台。学校的课题分教研组集体课题、青年教师个人课题等类型,课题研究周期一般为1年。经过申报、立项、开题、实施研究、专家指导等过程,确保研究规范性、科学性。学校以多种形式展示教师课题终期研究成果。学校将有质量的课题推荐市区两级科研课题申报。近几年来,学校教师聚焦教学改革,研究"课堂教学""作业设计""项目化学习"等内容,在市、区级共有53项课题立项,并获区级科研成果奖项。

(二)教师示范带动,激发育人方式灵活创新

教师是课程实施过程中重要的组成部分,教研组是学校教师成长的摇篮与土壤,是学校中自然的课程共同体。建设好教研组,凝聚教师集体力量,是

开展红色文化融入教学设计与探究的基础。红旗小学在红色文化校本课程实施的过程中,积极搭建三个平台,发挥教师示范带动作用,力图锻造一支各具特色、各有风格的教师队伍,不断探索创新育人方式。

1. 重视发挥"三星教师"示范引领作用

学校"三星教师"每学年通过全教会开设一节公开课或微型讲座,展示、分享各自在教与学方式上的转型,提升课堂实效的实践成果;通过说课,分享自己的设计意图,处理教材的方法和目的,让听课教师明白应该怎样去教,为什么要这样教,从中体会改变教师的理念、转变教师的课堂行动力对提升教学实效的重要性与对培养学生核心素养的重要性。全体教师通过听课,撰写观课报告,与上课教师进行互动交流,在"三星教师"的引领下,提升自我专业修养。

2. 开展沉浸式教学评比(展示)活动

学校将校本课程编写、说课及上课列入"一二·九"青年教师比武之中。校本课程编写比赛,要求参赛教师就某一育人专题进行开发,结合自身特长,跨学科进行课程开发;注重对学生"创生"能力的培养;体现红色文化育人特色。通过编写校本课程,考察教师的创新能力、语言文字组织能力、电脑运用能力等综合能力。校本课程说课比赛,要求参赛教师针对自己编写的教材进行说课,要求说清楚课程的实施方案,能够凸显该课程的亮点。校本课程上课比赛,由参赛教师执教所编写的校本课程,在执教过程中,力求突出培养学生"创生"的能力,注重课堂教学的有效性。通过上课,考量教师的课堂组织调控能力、课堂语言运用能力等多项教学能力。在这个过程中,一部分教师脱颖而出,成为校本课程执教骨干。

每年9月、10月,学校举行"绿叶杯"青年教师教学评比和"枫叶杯"中年教师教学展示活动。通过"全员参与的学科本体知识/专业技能初赛""择优上课的决赛""精彩呈现的展示课"三阶段,教师们人人参赛、听课、评课,沉浸于提升个人学科教学素养、取长补短、共同进步的氛围中,胜出者备课、上课、展示,沉浸于实践中提升自我的喜悦之中。

3. 搭建校内、校际交流课平台,建设优质课程视频资源库

由学校整合资源搭建平台,由课题组组织教师对成熟的校本课程进行听课、评课、再上课,经过反复推敲、修改,打造精品课程。这些课程,在全教会科研"智慧维生素"学习时段,向全校教师展示、推广。在"快乐活动日"学区校际交流活动中,与兄弟学校交流,取长补短,引领全体教师提升教学水平。

遴选录制优质校本课程教学视频。由校本课程执教教师在执教的内容中,自主选择一节课,进行详细备课、精制媒体,通过录播室录制精选课程视频。通过录像课的备课,教师认真分析教材,选择教法,提高执教教师准确把握教材的能力。通过录制校本课程,校本课程执教教师的上课能力不断提高,逐渐锻造出一支基本功过硬、有各自风格的执教教师队伍,积累形成优质校本课程视频资源库。

(三) 规范教学管理,实现教学过程减负增效

1. 健全管理规程,监控教学质量

学校不断健全教学管理规程,规范执行教学计划,通过磨课、研课等途径,切实提高课堂教学质量。

(1) 完善备课制度。针对国家课程,学校制定了"个人精备＋资源共享＋个性修改"的三步共享备课制度。个人精备是指同一年级学科组内教师分工,每人在学习新理念、新课标的基础上,聚焦学科核心素养,精备一单元(一个主题)。资源共享是指通过校内平台共享个人精备教案。个性修改是指在资源共享的基础上加强二次备课,要求每课时进行一到两处个性修改,使备课更能切合学生和班级的实际,张扬教师的教学特点。

同时,针对红色文化校本课程,学校参照日常教学上课管理制度,制定了"提前备课制度""每月交流制度"和"听课评课制度"来规范校本课程实施。提前备课制要求校本课程执教教师,提前两周进行备课、媒体制作等教学准备工作,在学期初、学期末两次检查。每月交流制要求校本课程执教教师,每月进行一次交流研讨,集中交流执教过程中发生的问题,集思广益,共同解决。同时交流教学中的经验,取长补短,共同提高。听课评课制是指课题组

实行随堂听课和预约听课制度。随堂听课,旨在了解教师的教学进度、教学准备落实情况,观察师生两方面对校本课程的反应,及时修正校本课程。预约听课,旨在发现执教教师在校本课程执教过程中的亮点,加以总结,及时推广。评课实行即听即评和书面评课两种方式。即听即评能及时反馈教师教学的优、缺点,提出教学修改意见。书面评课通过书面形式,总结课堂,反馈意见。两种听课方式共同运用,有效帮助教师提高校本课程执教能力。

(2)实施磨课。学科备课组以"四步两省"模式开展的磨课,即由主备课教师先进行第一次备课,组内通过"传话筒"的形式,共同探索解决问题的预设教学策略,主备课教师进行第一次省察反思,形成二次备课后,进教学班执行教学策略,课后组内采用"三个一"评课模式,即发现一个亮点、提出一点不足、给出一条建议,完善教学策略,最后由主备课教师再次省察反思,撰写教学反思,形成精品课教学设计。

(3)推进"三线四步"一日调研。每三周一次以教导处确定的班级为样本的一日调研,由行政、年级组长、教研备课组长"三线并进"进入班级,通过"看""听""查""反馈"四步法,了解教学情况,掌握第一手资料,进行综合分析,及时有利于为以后改进课堂效率提供依据。

一是看——教师的课前准备、课堂纪律、学生的情绪,查看教师当堂课的备课笔记,是否与课堂教学相吻合。

二是听——教师的提问、学生的回答是否有价值,教师的引导是否能激活学生的思维,教师课堂即时评价情况。

三是查——语数英教师的作业布置和批改情况,综合类学科根据学科特性,进行多种形式的抽查。

四是反馈——分管领导及时做好反馈、指导和评价工作。

2.加强研究管理,落实作业效能监测

一是前置管理,有效把控。为扎实、有效地落实"五项管理""双减"政策,学校严格执行作业管理要求,提出"三时段、四公示",通过前置性管理,推行作业公示制度,有效实现量的把控与时间的把控,为作业做"减法"。

二是课题统领，提升品质。为提升作业品质，学校通过"'双减'背景下高质量作业设计与实施的实践研究"统领性课题，在单元视域下，基于目标，以选编、改编、创编等方式，盘活作业资源，并根据本校学生学习基础和发展需求，设计难易适中、体现梯度的校本化作业设计。

三是改编作业。教师从目标出发，研究配套练习的题量、题型、题目构成；再从学生的能力基础、素养发展出发，打破原题的思维禁锢，进行微调或重组。这样能有效避免机械练习、重复练习，让学生用在作业上的时间有更高的价值。

四是创编作业。通过布置长周期作业，联结课堂与生活，帮助学生运用学科知识，解决生活中的问题。

【案例展示】

四年级道德与法治学科，其中《弘扬优秀家风》一课，教师设计了这样一组长周期作业：荟萃家风我能行、了解家风扬美德、传承家风我当先。其中，作业一：要求学生合理分工，收集有关"家风"的成语、谚语、格言、诗篇或者故事，小组合作完成一份小报。作业二：要求对家里的长辈做一次访谈，了解家风，并分析蕴含于其中的中华民族优秀传统美德。作业三：则是要求给未来的孩子写一封信，说一说自己家传承的家风以及希望孩子能够传承的新家风。

案例中三项作业的设计在难度上层层递进，对应的作业水平分别是"知道""理解"和"应用"。不同于往常的当日作业，学生在为期两周的时间内，经历查阅整理资料、采访调查、撰写文案等实践，信息素养、文化素养、合作能力与思维能力都得到了不同程度的提升。

五是实施综合实践作业。新的课程方案要求强化学科实践，注重"做中学"。教师精心设计，引导学生积极参与学科综合实践作业，在发现问题、解决问题、建构知识、运用知识的过程中体会学科思想方法。

以数学五年级第一学期《几何小实践》单元的作业设计为例：在学习了"认识平行四边形""梯形的认识""特殊四边形之间的关系"后，分别设计了

"数学小制作""数学小调查""续编绘本"综合实践作业，创编后的作业不再是单一的知识巩固，而是通过制作、调查、创作等"沉浸式体验"活动，在实践中发现知识、运用知识，在解决问题中体验学习的价值。在完成作业的过程，发展了"几何直观"这一学科思想，完善了知识结构体系，形成问题解决的意识。

六是开展跨学科作业。在一个主题的统领下，各学科在作业形式、作业内容适合其学科特性的基础上，跨越学科界限无痕融合。通过学科间的横向衔接，形成合力，让学生的核心素养处于"持续充值"状态。学校以语文学科活动、少先队教育为主导，与多学科联动，设计了以"五月为什么这样红"为主题的跨学科作业。语文学科结合教材中单元要素、课后作业、综合性学习活动等内容，围绕主题设计各年级的活动作业。学生分别以"红色故事宣讲员""英雄名片制作人""红色小报创刊人""红色诗集小编辑""红色场馆讲解员"的身份体验综合活动。在完成作业的过程中，发展合作解决问题的能力、综合运用信息技术的能力、审美能力等跨学科学习力。围绕"五月为什么这样红"专题，道德与法治、音乐、科学与技术等也设计了相应的跨学科主题性作业。

第三章

以 文 润 心

——红色文化融入国家课程教学实践

　　义务教育阶段的国家课程方案始终坚持德育为先,提升智育水平,加强体育美育,落实劳动教育,通过聚焦中国学生发展核心素养,培养学生适应未来发展的正确价值观、必备品格和关键能力,引导学生明确人生发展方向,成长为德智体美劳全面发展的社会主义建设者和接班人。用活用好身边的红色资源,有机融入国家课程各学科的课堂教学,推动红色基因传承,是新时代大思政课改革创新的重要课题,有助于进一步明确"为谁培养人"这一根本问题。

　　红旗小学坚持弘扬红色文化、渗透红色精神,积极推动红色文化融入国家课程教学实践,坚持各个学科相互联系,将红色文化元素嵌入各学科课程资源、课程要素和课程环境,促进教学和学习方式的根本变革,更大力度地落实红色教育,传播红色文化,让红色文化走进课堂,营造更加浓烈的红色氛围,坚持以文润心,努力激发学生的爱国情怀和民族自豪感。

第一节 祖国至上：红色文化融入德育课程探索

德育课程是培养青少年正确的价值取向、"扣好人生第一粒扣子"的奠基工程，是培养合格公民的重要起点。红色文化资源在小学德育课程中具有无可替代的重要价值，能体现我国民族文化的时代诉求，丰富德育形式，扩充德育内容，也是新时代落实立德树人，弘扬时代基因的重要保障。如何将红色文化更进一步融入德育课程教学，构建与小学生认知能力相适应的教学模式，是红旗小学的重点研究方向。

一、着重课程核心素养培育，涵养学生自觉意识与思考

（一）小学《道德与法治》教学难点与思考探析

红旗小学教师围绕核心素养下小学《道德与法治》课堂教学展开积极思考，进一步认识到小学《道德与法治》教学相较于其他教育阶段有着明显的差异。这种差异具体表现在以下两个方面，其一，小学生成长特点不同。小学生充满好奇心、认知能力和接受能力较低而可塑性较高。其二，小学生学习道德与法治观念的能力低下。道德与法治皆是高级形态的社会意识，而小学生认识客观世界的水平还较低，难以形成深刻的认知，教师教学工作的重要性更加凸显。当前，道德与法治教育活动的开展尚无完善的教育理论支撑，小学教师开展相关工作时还需要自行摸索积累经验。这导致在具体教学实践中，教师的教学理论落后于时代，教学内容设置难度超出学生认知能力和理解水平，或者仍以说教为主，缺乏情感共鸣。上述各种教学问题制约了小学《道德与法治》教学的开展。

教育部于2016年颁布的《青少年法治教育大纲》，明确指出了小学阶段道德与法治的教育目标，强调了让学生从生活中、从身边感知法，逐渐树立

国家观念、规则意识、诚信观念,养成遵纪守法的行为习惯。这就给教师提出了更高的要求,停留在课堂理论教学阶段的教学方式必须改变,教学内容需要更加贴近学生日常实际生活,而要在短短的课堂时间中加深学生认知,必然需要其他学科的参与,因此开展跨学科整合教学和扩大覆盖面积尤为重要。

【案例展示】

在开展《美丽的校园》教学中,教师带领孩子结队参观校园,而后鼓励他们画一处学校最美的地方,有效利用美术教学的方式,丰富孩子的体验,激发学生的学习兴趣,引导学生形成保护校园环境的优良品质,达到更加良好的教学效果。可见整合学科内容,实行跨学科教学是开拓教育视野、创新教育模式的有力手段。

(二) 坚持新课标,实现《道德与法治》高效教学

1. 实施体验式教学,促进素养养成

体验式教学的内涵是尊重学生的认知特点和规律,通过还原情境、创造情境等方式使学生在亲身经历中理解并构建知识,产生情感,体会意义,在反思体验过程中将其内化为个人的道德意识,并积淀成自己的道德行为,因而具有更高的人文价值和生命价值意义。小学生由于自身认知能力的局限,说教式的理论教学难以达到教学目标,且容易受到多动好奇的低年龄儿童排斥。将体验式教学融入《道德与法治》课堂教学之中,其优势是真正以学生发展为中心,尊重儿童的人格,关怀儿童的心理,拓宽儿童生命视野,提升儿童生命价值。因此在实际教学工作中,教师可以通过组织游戏合作小组、拓展训练来培养学生的团队意识、协作能力、发散思维等,而在游戏过后,请学生发表感受。通过营造活跃的课堂氛围,让学生乐在其中,在游戏中体会协作的重要性。与此同时,体验式教学需要学校、基地、家庭、社区等教育机构合力开展,共同促进道德素养和法治观念的形成。在学校、家庭、社区整合教育资源,打造学习共同体的过程中,特别应该重视发挥如爱国教育基地等体验

基地的作用。

2. 从学生视角出发,激发学习兴趣

在传统的小学《道德与法治》教学中,教师通常采用讲解和说理的方式,枯燥的内容不能提高学生的学习积极性,他们对被动接受的知识缺乏深刻的理解,达不到道德与法治教育的真正目标。在核心素养下开展的教学,教师要从学生的视角出发,设计创新有趣的教学内容,使所学内容符合学生的认知,吸引他们的注意力,让他们在认真思考中理解所学知识,实现高效的道德与法治教学。

【案例展示】

在教学《学习伴我成长》时,教师利用直观图片进行导入。图片上一名小学生在写作业,作业本上涂改很多,最后他干脆把作业本一扔,跑到外边玩去了。教师让学生认真观察图片内容并提问:"图片上,小朋友在写作业时是怎么做的,你和他一样吗? 你在写作业时是如何表现的?"通过观察和思考,学生说出了自己的看法。在积极发言和认真倾听的过程中,学生明白了学习的重要性。教师通过分析教材内容,使学生懂得珍惜时间,养成良好的学习习惯,认识到学习对自己成长的促进作用,积极投入到学习中。

3. 开展合作学习,促进教学的深入进行

有效的教学方法可以提升教学质量,使学生更好地理解知识。在小学《道德与法治》教学中,教师可以根据教材内容设计合作学习任务,让学生分成小组,针对所学的知识进行交流讨论。在交流中拓宽他们的思维,增强他们的道德意识和法律意识。在合作过程中,教师要根据学生的特点和能力进行合理分组,把性格活泼和性格内向的学生分在一组,使内向学生在外向学生的带动下积极参与合作讨论,通过积极发言和深入讨论完成学习内容,加深他们对知识的理解,促进教学的深入进行。

【案例展示】

在教学《走近我们的老师》时,教师组织学生进行合作学习,让他们在小组中讲一讲自己和老师之间发生的故事。在交流过程中,有的学生讲了生病时老师对自己的关怀;有的学生讲了遇到学习上的难题时,老师耐心地进行讲解;还有的学生讲了自己犯错时老师对自己的悉心教导。通过具体故事,引导学生感恩老师、理解老师,学会处理和老师之间的小矛盾和小误会,建立良好的师生关系。在合作过程中,教师对各小组的学习情况进行巡视,了解他们在合作中的问题,在意见不统一时提出指导性的建议,对他们的思维进行启发,使他们能继续进行深入的交流讨论,在思维深入的过程中,他们能够深刻理解所学知识。

4. 结合信息技术开展教学,丰富教学内容

在小学《道德与法治》教学中,教师可以充分利用信息技术的素材以及网络资源,给学生提供丰富的学习内容,激发他们的学习兴趣,让他们积极主动地投入到学习中,通过直观情境了解道德与法治知识,培养他们的道德意识和法治意识,推进教学的深入进行。

【案例展示】

在教学《安全记心上》时,教师给学生播放道路上的交通事故视频,让他们观看不遵守交通规则造成的严重后果。然后让学生说一说自己在生活中见到过哪些交通事故,分析造成交通事故的原因是什么。播放小学生在河边玩耍落水溺亡的新闻。通过观看视频和新闻,学生在视觉的刺激下对所学内容产生了兴趣,他们积极探索教材内容,认识交通事故和溺水带来的危害,通过学习掌握交通规则和溺水自救常识,增强他们的安全意识,使他们懂得珍惜生命。

5. 设计开放性的课堂,提高道德与法治意识

在素质教育过程中,教师在开展小学道德与法治教学时,不仅要让学生掌握教材中的知识,还要通过引导让他们把学到的知识运用到生活中,起到真正教育的作用。在教学过程中,为了让学生理解教材中的知识点,教师可以结合学生熟悉的生活,设计开放性的道德与法治课堂,让他们在生活中的

课堂上理解道德与法治知识点,提高他们的道德素质和法治素质。在开放性的课堂中,学生可以进行多维度的思考,有利于促进他们思维的深入发展,让他们能够深刻理解所学知识。在道德与法治教学中设计开放性的课堂,让学生从教室走入生活、社会,让他们用心观察和体验,在生活和社会中进行学习,提高学生的道德和法治意识。

【案例展示】

教师尝试把学习课堂设在校园中,让学生认真观察校园环境,了解教师和学生在维护校园环境中做出了哪方面的努力。教师把学习课堂设在马路上,让学生在马路边认真观察行人,学习行人在过马路时助人为乐的行为。教师把学习课堂设在旅游景点门口,让学生观察排队买票和插队的现象,认识到遵守秩序的重要性。生活中有丰富的教育素材,教师在设计开放性的课堂时,注意引导学生认真观察、用心体会,使他们能够看到生活中好的一面,也能观察到生活中存在的不良现象和行为,在生活中受到道德教育和法治教育,提高他们的认识,促进他们道德和法治意识的提高。

6. 设计实践活动,深入理解所学知识

实践活动是小学道德与法治教育的延伸环节,在实践活动中,学生既能运用掌握的道德与法治知识,又能从中受到教育,提高道德素质和法律素质,使他们的学习活动成为良好的循环。通过实践活动,学生亲自去参与、感受,可以让他们深入理解道德与法治的理论知识,促进教学的深入进行。

【案例展示】

教师组织学生到敬老院为老人献爱心,让他们帮助老人洗头、洗脚、剪指甲与打扫卫生,培养学生尊老、敬老、爱老的精神。教师组织学生观看同龄人打架、吸烟、上网过程中暴力事件的视频资料,让他们看到不良行为造成的危害,增强他们的法律意识,让他们知道哪些事是不可以做的,提高他们的自制能力。教师组织学生清除马路电线杆上的小广告,增强他们保护环境的意识。通过丰富的实践活动,学生能够在活动中受到教育,增强道德意识,成为独立自主的个体,学会感恩,懂得付出。同时,在活动中还能提高学生的法律意识,增强他们辨别是非的能力,加深他们对所学理论知识的理解,实现"知行合一",促进他们综合素质的发展。

综上所述,在小学道德与法治教学中,教师要坚持新课标的教学要求,以发展学生的核心素养为教学方向,选择创新的教学模式设计教学内容,让学生在生动丰富的课堂上深入思考、积极讨论,有效培养他们的道德意识和法治意识,并能在生活中用学到的知识约束自己。在教学过程中,教师要改进师生关系,加强与学生的交流互动,引导学生积极参与到学习活动中,获得深刻的学习体验,实现道德与法治的高效教学。

二、推动爱国主义教育实践,孕育学生爱国精神与情感

红旗小学坚持把爱国主义教育思想付诸课程实践,通过对政治理论的研究,学校认识到爱国主义教育作为我国思想品德教育核心的重要性,相关思想道德教育教师有义务向学生传授爱国主义知识,培育他们的爱国主义精神。为了更好地帮助学生从小就打下扎实的爱国主义基础,向他们传递正确的世界观、社会观、自我观,为将来的发展打下基础,教师格外注意向学生传授理论知识。通过理论知识教育学生,能够引导学生理解爱国精神的重要性、爱国与爱家的本质联系以及国家富强对我们生活和学习的影响,有助于培养学生爱国意识。

（一）课内学习,培养学生爱国主义精神

1. 重视"正能量"通过课堂通道的传递

在道德与法治教育课上,红旗小学教师善于抓住课堂,契合学生的认知水平,实现传递爱国主义教育"正能量"的任务。"模范"教学模式得到广大教育工作者的支持,是一种更广泛的教学方法。从小学思想道德教育的角度来看,示范法是课堂教学中不可缺少的有效方法,特别是在以下方面:一是关于学生的爱国主义教育;二是爱国主义精神的教育必须与政治事实以及历

史上的典型事件密切相关;三是通过先进人物、典型事件的宣传等,激发学生的爱国主义意识,树立正确的爱国主义价值观,从而完善学生的爱国主义理念。

2. 深入学习教科书,从中汲取爱国主义精神

道德规范和法治内容扎实丰富,不仅包括道德文化教学,还包括法治课程,以及"道德和法治"教科书。因此,教师必须能够使用和掌握有关道德和法治的教材,深化教材内容研究,从中汲取爱国主义知识和爱国主义思想。教师在分析和发展教材内容的过程中,应以生活为中心,以尊重学生学习意愿为前提,引导和规劝学生做出合理选择,加强学生的民族精神和爱国文化的建设。为保证教育资源的合理配置和优化,教师可以从学生实际生活中获取相关资料,从中分析爱国的体现,讲典型案例让学生在情感上产生共鸣,激励学生充分理解民族主义和爱国主义。

3. 创造学习环境,让学生感受爱国主义的魅力

目前,小学最常用的教学方法是情境教学,教师亦可通过情境教学,增强学生的爱国主义意识。教师可以为学生提供创新和有趣的学习活动,吸引他们积极参与。在教学中,红旗小学教师向学生们描述我国家喻户晓的爱国志士,如屈原、戚继光、文天祥、林则徐、邱少云等,老师在课堂上以情感的烘托和生动的语言描述,带领学生走进活生生的历史,加深他们对爱国主义者的印象和对爱国的理解。

在教学中,教师还结合时事热点进行爱国主义教育。时事热点反映当前的社会思潮,而通过时事热点可以将扩大学生的知识面与丰富学习内容两者完美结合,培养学生的社会责任感和担当精神。因此,在课程中关注时事热点意义重大。教师鼓励学生多关注时事新闻,在看新闻的过程中了解了国家的进步,见证了祖国发展的历程,唤起学生的民族自豪感和爱国主义意识。

4. 通过影视剧讲述爱国事迹,激发学生爱国热情

多媒体教学是小学最合适的教学方法之一。多媒体包含了很多丰富内

容,具有有趣和动态的特点。在多媒体课程中,丰富和有趣的文本内容结合美丽的图片和画面能够让学生从中深刻感受爱国理念的传递,使学生对爱国主义有更深的理解。在学生学习动机的基础上提高他们的思考能力,让他们能够独立分析问题并解决问题。由于年龄小,学生更容易在视听方面产生共鸣。在多媒体教学中,红旗小学教师凭借动画、图像和声音刺激听觉和视觉的方法,激发学生的爱国情怀。例如播放电影《南京,南京》《上甘岭》《狼牙山五壮士》等影片,让学生意识到落后就要挨打。同时让学生明白,我们之所以能活得那么安逸和平,那么幸福,是因为有无数革命先辈献出了宝贵的生命,为我们换来了如今的安全祥和的盛世,通过这一过程中情感的变化激起了学生的强烈的爱国热情。

（二）课外实践,增强学生爱国主义情感

爱国主义是道德与法治教学的重点和内容之一,其在整个教育体系均有体现。教师必须以爱国主义作为道德与法治教学的基础,培养学生爱国主义思想,增强民族认同感和爱国主义意识。而爱国主义实践机会对每个人都很重要,更有利于获得爱国主义精神。如在每周一升旗时,红旗小学教师和学生在五星红旗下高唱着嘹亮的国歌,在这种环境下感受爱国精神,学生更能被爱国主义思想感染,更能锻炼爱国意识和爱国情怀。因此,作为一个优秀的教育工作者,必须能够利用各种校园活动和布告栏、海报等各种校园设施来宣传爱国主义精神,学生有听有看有思,爱国意识与情怀才会自然而生。

1. 开展体现爱国主义情怀的文化活动

在学校精神文化建设的过程中,红旗小学通过开展体现爱国主义情怀的文化活动来引导和建设,如红歌比赛、爱国诗词朗诵、爱国主义内容作文比赛等,以爱国主义为中心,不仅能教育学生爱国主义情感,为他们营造良好的爱国主义氛围,更加有利于思想品德渗透,进行爱国主义意识教育。

2. 重视教师的模范作用

教师作为班级建设的领导者,与全班学生共进退。尤其是处于模仿学习阶段的学生,对教师尤其是自己敬重的教师的行为,总在有意识或无意识地进行模仿。因此,为了更好地教育学生爱国主义意识,教师必须对自己的模范作用给予应有的重视,用自己的实际行动影响学生,让学生了解教师的行为,激发学生主动关心国家的热情。

3. 通过爱国实践,培养学生的爱国主义意识

作为拥有 5 000 年历史的文明古国,中国有许多传统节日,如清明节、端午节、重阳节、中秋节等,作为小学道德与法治老师,要善于利用这些假期,组织社会实践活动,让学生积极参与。学生会在社会实践中感受我们优秀传统文化的魅力,亦将唤醒他们自身的爱国情怀。

红旗小学教师把小学阶段视为理解和发展学生个性的一个重要阶段。正如人们常说,孩子的灵魂就像一张白纸,老师就像一个画家,他在白纸上写什么,白纸上就会直接出现什么。因此,教师应该重视学生的爱国主义教育,把学生培养成为高素质的爱国者。只有真正把爱国主义和爱国主义教育的思想付诸实践,小学教育才会向培养全能人才的现实方向迈进,这是实现小学教育可持续发展的必要步骤。

三、丰富学习活动精神内涵,激发学生报国意愿与志向

"巧设学习活动,体会精神内涵,增强爱国情感——《致敬! 最可爱的人》"和"感受国家发展,厚植家国情怀"两个教学案例集中体现了红旗小学开展爱国主义思想教育的生动实践,展示了新阶段学校爱国主义教育的推进情况和积极成效。

(一) 巧设学习活动,致敬保家卫国

《致敬! 最可爱的人》是红旗小学教师参加"2021 年上海市中小学(中职校)时事课堂教学展示交流活动"的一节比赛课。在比赛前的预备会上,《上海中学生报》调查团队公布了八条由抽样调查产生的学生时事热点排行榜,所有参赛老师以类似"开盲盒"方式随机抽取排行榜上的一条时事热点,以此设计教学内容。红旗小学教师抽取到的时事是"《长津湖》上映,掀起全民致敬最可爱的人热潮"。

首先，想清楚对于一堂课来说，教师想解决的主要问题究竟是什么。因为素材丰富，所以可展开的问题太多了，让人很难取舍。如果是在日常的教学过程中，这个主题可以系列化，但是在有限的35分钟里面，不可能做到面面俱到，只能抓住一条主线、一个大问题贯穿全课。于是在进行教学设计前老师开始尝试理清思路：电影《长津湖》给自己留下了什么样的印象？它为什么会热播？这反映了什么？然后在价值判断上，这堂课的教学内容的主流观念应该是很清晰的。电影热映不仅是因为电影的情节感人、画面直击人心，更是因为电影把人们带回到"抗美援朝，保家卫国"的年代，还原了长津湖战役中，中国人民志愿军英勇顽强、无私奉献、以弱胜强的光辉历史，形象地诠释了伟大的抗美援朝精神，激发起人们的爱国情怀。所以保家卫国、家国情怀、不畏强暴，这些才是这节课要讲的。

其次，话题热度带来的学情复杂性。任课老师要在有限的时间内达成有限的目标，就要明确学生已知什么、他们知道的程度如何、他们现有的见解有没有冲突等等。于是老师通过几个方面摸清学情，以进一步为做好教学设计打好基础。一是通过"问卷星"开展小调查。老师发现班级中大部分学生以及不少家长已经看过电影《长津湖》，认为电影热映的主要原因是情节感人，但学生对抗美援朝精神不甚了解。二是再次梳理《道德与法治》教材。学生在学习《道德与法治》五年级上册"屹立在世界的东方"第二课时"保家卫国 独立自主"中对抗美援朝战争的基本历史和中国人民志愿军是"最可爱的人"已经基本了解，只是没有就这个知识点具体展开。在学习第三单元《百年追梦 复兴中华》时，对鸦片战争、甲午战争及不平等条约的签订等也有所了解，知道落后就要挨打的道理。三是联系当时的其他相关时事背景。抗美援朝精神正好是习近平总书记在纪念抗美援朝胜利70周年的时候专门讲的，其中也具体提到了"五大精神"。综合以上几点，本节课的主题就聚焦到了抗美援朝精神。四是基于平时对学生的观察和了解。课外收集信息、课前交流信息是学校三年级以上学生在道德与法治课中的常规学习活动，他们会通过信息收集主动关注、了解一些时政信息，并能做出基本评价。因此已经初步掌握了收集相关信息,了解时事内容的方法,但他们运用相关信息,对时事、时政的本质进行分析的能力不强,对电影热映掀起全民致敬热潮背后的真正原因缺乏深入思考。

红旗小学教师在进行学情分析后,思考这堂课需要解决的具体小问题,也就是这节课的教学目标,然后开展具体的教学设计。

【案例展示】

环节一:交流信息,关注《长津湖》热映的时事

1. 组织交流信息册。

学生交流信息册,分享自己的感受和体会。【随机板书:最可爱的人】

2. 小结:通过信息的收集,部分同学已经关注了电影《长津湖》热映这一时事热点,并且有了自己最初的看法。【出示:收集相关信息,了解时事内容】

环节二:调查统计,初步探究掀起热潮的原因

1. 揭示时事热点话题。【出示:相关数据信息】

学生观察表格,结合数据,感受电影《长津湖》的热映。【板书:致敬!】

2. 引导学生了解大众观影原因。【播放观众谈观影感受的视频】

3. 组织学生观察调查统计图,说说自己的发现。【出示课前小调查问题及调查结果统计图】

4. 小结:刚才我们通过对身边人的调查以及社会大众观影后的评价,初步了解了电影《长津湖》热映的原因,这是学习时事的很重要的方法。【出示:多方调查了解,形成初步认知】

环节三:探究质疑,体会抗美援朝精神的内涵

过渡:接下来,让我们试着运用更多的信息,深入探究电影《长津湖》掀起热潮的原因。【出示:运用相关信息,探究时事本质】

1.【播放美军与中国人民志愿军武器装备、后勤补给对比视频】

学生观看视频,在美军与中国人民志愿军武器装备、后勤补给的比较中,在吃"冻土豆"的体验中,初步感受美军装备补给强,中国人民志愿军装备补

给弱,但志愿军战士不畏艰难的精神。

2. 回顾中国屈辱史得出的教训——落后就要挨打,引导学生思考、质疑。

学生质疑:志愿军在武器装备和后勤补给方面都很落后,但为什么最终还是取得了胜利?

3. 小组合作:学习资料包中内容,探究抗美援朝战争取胜原因。【随机板书:保家卫国、不怕牺牲、舍生忘死】

4. 组织学生交流课前收集的抗美援朝战争中的感人故事,体会抗美援朝精神内涵。【播放数字故事视频】

【随机板书:不畏艰难、积极乐观、英勇顽强、热爱祖国、保卫和平、无私奉献……】

5.【播放习近平总书记重要讲话节选视频】进一步感受抗美援朝精神内涵。【板书:伟大的抗美援朝精神】

6. 组织学生释疑并小结。

环节四:观看视频,致敬最可爱的人

1.【播放《英雄回家》视频】学生观看视频,写下最想对英雄们说的话,并交流。【板书:珍惜和平、传承精神、铭记历史】

2.【出示时事热点学习方法】总结:同学们,今天我们运用了以上方法,探究了电影《长津湖》掀起致敬"最可爱的人"热潮的真正原因,从中感受伟大的抗美援朝精神。让我们铭记这段历史,继承和发扬伟大的抗美援朝精神,珍惜今天的山河无恙、国泰民安。

围绕课堂教学分析,红旗小学教师展开了思考和探索。第一,以时事学法指导的形式开展课堂教学。在带领学生看新闻、多种角度分析新闻,在发现新闻背后实质的同时教给学生分析时事热点的方法。通过学生质疑、小组讨论、情境体验等多种方法,引导学生学习运用分析时事、把握时事本质的方法,同时探究了《长津湖》热映的本质原因,激发了对志愿军战士的敬仰之情,增强爱国情感,有继承伟大的抗美援朝精神的意愿。

第二,结合已知在引导质疑中激发学习兴趣。这节课中,教师引导学生结合了道德与法治五年级教材中的相关内容——"落后就要挨打"的历史教训,通过了解长津湖战役中敌我双方武器装备等敌强我弱的对比和敌负我胜的结果,引导学生思考和质疑。然后通过资料包学习、小组讨论等方式来探究我军胜利的原因,培养学生思考探究的能力。

第三,课堂教学的素材来源于学生,提升了学生参与度。一是学校道德与法治课常规活动——结合时政和道德与法治课堂教学内容进行信息册的收集、制作、交流,为时政学习提供深度。二是数字故事中感人的英雄故事和照片来自学生的收集,更容易触发学生的情感体验。三是课前开展小调查,并在课堂中让学生解读调查结果的图表,提高学生分析能力。

第四,还原真实生活环境,培养接收处理信息的能力。这堂课运用的新闻、数据、图表、故事等各种信息资料,分别来自学生自己、老师、网络等,还原了学生实际生活中接收信息的真实环境,更有效地培养学生分析、运用信息的能力。

围绕"到底什么是时政课? 我们在日常应该怎样来设计一节时政课?"红旗小学教师在接下来的教学工作中开展了继续思考和探索。

在生活中听到过很多相类似的名词,比如"新闻""时政""时事政治""时事热点""时政热点"等,这些其实都属于时事。红旗小学教师一直在跟学生强调:"要注重新闻的摘抄,要多看新闻。"但有的时候,我们发现学生们在制作信息册时选择摘抄的内容完全不是我们预设的。这是为什么呢? 这说明在给学生布置任务之前,关键是要先自己想清楚需要学生摘抄的具体是什么,然后想办法对学生说清楚。在道德与法治课堂中,我们经常会抓住一个时事新闻作为素材去推进教学活动。但时事课堂与之不同的是"它更像是一种专题化学习,让学生能够借助于我们的学科知识技能、学科思维方法,我们的情感态度价值观等进行正确的价值判断和行为选择"。何宁老师曾提到过时政课的特点:"它是将时事教育与解决学生实际成长过程中遇到的问题相结合,提高时事教育的吸引力和针对性,引导学生理性思考问题、辩证分析问题,客观、全面、深入地认识周围事物和世界,形成正确的世界观、人生观和价值观。"简单来说,在道德与法治课堂中,时政材料是为知识点服务的,而在时政课堂中,时事中穿插着知识点的传授,渗透着情感的浸润。

在学习活动设计的过程中,其实会遇到很多难题。

一是准确选材,让教学更规范。无论是我们日常的道德与法治课,还是时事课堂,在设计时都要优先考虑教学的规范性。教师在抽到"《长津湖》上映,掀起全民致敬最可爱的人热潮"时,原来心情非常激动,因为电影的热映意味着网上会有很多资源可以运用。但这其实牵涉版权问题。教师备课时电影还在上映,而电影上映期间网上是找不到正版片源供下载使用的。作为道德与法治教师更要具备基本的法治意识,所以最后教师还是割舍了许多片段及相关设计,选取部分影片预告片、历史真实照片等规范的资料。当然同样的,教学资料在整个教学设计的过程中都要经过非常准确的筛选,不仅是放到 PPT 上的内容,还有教师在教学语言上的规范性等很多方面。

二是摸清学情,把时事讲清楚。教师在调查、分析学情时可以考虑得更广泛一点。就拿这节课来说,这条时事本身是学生们投票选出来的,那也就意味着相关话题已经受到学生的普遍关注。调查下来,红旗小学五年级的学生也是如此,对时事内容或多或少已经有所了解,有自己的想法和判断,有自己感兴趣、想知道的内容。教师这时候就更要调查清楚学生是否真的了解,了解到什么程度,然后基于此再制定教学目标,目标的深度一定要高于学生已有认知。同时教师还要摸清学生是否存在个别的认知偏差,及时引导,这样这节课才是有价值的。反过来,教师还要关注到学生不知道、不感兴趣的是什么,这些内容会不会反而关系到对时事内容的准确看待和把握。只有这样把时事讲清楚了,教师才能够帮助学生形成正确的价值判断和选择。

三是结合学科知识,进行学法指导。教师经常会发现一些学生对时事的看法往往是张口就来,看似很有见解,但往往是从别处看来的,而不是经过充分思考得来的。因此看时事有思维、有证据十分重要。这其实又与道德与法治课有相通之处——都是基于现有的见解，激发矛盾或冲突，在自主探究过程中形成新的认识。比如这节课，红旗小学教师运用视频信息，让学生直观感受到抗美援朝战争中美军装备补给之"强"，志愿军装备补给之"弱"，再联系道德与法治教材中中国屈辱史内容和学生已有的认知，引发学生质疑："落后就要挨打！既然志愿军在武器装备和后勤补给方面都很落后，但是为什么最终没有挨打，还取得了胜利？"然后学生带着问题从资料包中提取、整理信息，渐渐明白取胜的道理，学生在这个过程中逐步意识到我们看时事、得结论要有道理、找证据，从而进一步培养运用信息深入探究的能力。这节课本质上就是教会学生怎样去看时事，学生能用教材中学到的有关知识去分析质疑，必然会引起更强的学习兴趣，从而保证课堂环节的有序推进，再让学生通过多种途径获取信息，这就是以学生生活时事为基础，以学科知识为支撑，着眼于学生的发展需求。

时事课堂不仅让学生了解了时事，更重要的是在了解时事的过程中培养了学生关心时事的习惯，形成必要的公民意识，更养成了学生联系学科知识的思维特点，形成重要的解读能力，对于扩大其知识面，完善其认知结构，培养其综合能力具有重要促进作用。

（二）感受国家发展，厚植家国情怀

三年级学生经过两年的道德与法治课学习，有了初步的道德操守和法治意识，社会观、世界观也有了一定的发展。他们中不少人对我国的经济建设、科学发展、生态环境等内容的学习充满兴趣，有学习积极性。他们对新时代新生活有体会，但不了解其内涵，对国家整体发展不了解，家国责任意识不强。

"新时代新生活"是《读本》（小学低年级）第三讲"走进新时代"的第一课，旨在引导学生们认识新时代，了解新时代我们国家取得的重大成就，了解"两个一百年"奋斗目标，树立为全面建成社会主义现代化强国而努力奋斗的意识，厚植家国情怀。

【案例展示】

【课堂实录一】看一看"新成就新发展"

1. 师：近年来，我国大力实施创新驱动发展战略，取得了丰硕的成果，我们的国家发生了翻天覆地的变化。请看读本 20 页，说说你的发现。

2. 学生交流

生 1：经济建设取得重大成就，经济总量稳居世界第二位。谷物、肉类、禽蛋、花生、茶叶、水果、水产品等产量稳居世界第一。

生 2：粮食生产连年丰收。中华人民共和国成立 70 年我国粮食总产量增长 4.8 倍。（师简介袁隆平）

3. 师：科教兴国的战略的提出，不仅促进了我国经济领域的飞速发展，也促使科技、文化领域取得了辉煌成就。让我们一起看看读本 21 页和老师准备的资料包，让我们先以小组的形式学习，再进行大组交流。

4. 查找资料，交流故事。教师根据各小组交流的情况，适时补充视频资料。

5. 小结："天宫""蛟龙""天眼""悟空""墨子""大飞机"等重大科技成果相继问世。中国科技正在从跟跑、并跑到领跑。而这些成就的背后是广大科研工作者的无私奉献，是一代代人的努力奋斗。未来，需要我们新时代的少年儿童来书写。

【课堂实录二】说一说"保家卫国的军人"

1. 播放国庆 70 周年阅兵仪式片段，让学生说说感受。

2. 学生交流

生 1：解放军叔叔走得这么整齐，太厉害啦！

生 2：我们国家的武器好厉害！

……

3. 小结：进入现代化，我国国防和军队现代化建设取得重大进展。

4. 出示 24 页最上面的一句话：中国人民解放军是我们生活幸福的重要保障，是保卫祖国的"钢铁长城"，是国家和人民利益的忠实捍卫者。读一读，你有什么不理解的地方吗?

生:为什么人民解放军被称为祖国的"钢铁长城"?

5. 革命战争年代时期的人民解放军。

(1) 师:是祖国的钢铁长城。在战火纷飞的年代,中国人民解放军为了国家的独立、民族的解放,英勇奋战,流血牺牲,写下了可歌可泣的壮丽篇章;现在我们一起了解革命战争年代时期的人民解放军的一些情况。

【播放——飞夺泸定桥】

(2) 看后大家有怎样的感受? 想说点什么?

生1:解放军叔叔为了人民解放,不怕牺牲。

生2:解放军叔叔冒着枪林弹雨前进,太伟大啦!

……

(3) 革命战争年代时期,人民解放军的职责是建立新中国,是人民解放军不怕牺牲,奋勇杀敌,用自己的生命换来我们今天的幸福生活。

6. 和平年代时期的人民解放军

(1) 师:在和平年代,他们日夜坚守在祖国的边防前线,时刻保卫着人民的生命和财产安全。他们是我们最可亲可敬的人。那么你知道人民解放军在和平年代的情况吗?

【播放——抗洪抢险、三军演习】

(2) 看后大家有怎样的感受? 想说点什么?

生1:哪里有灾难,哪里就有人民子弟兵。

生2:为了保护老百姓,他们不怕牺牲。

……

(3) 师:在和平年代,人民解放军向世界展示了维护和平、保家卫国的坚强决心!

7. 出示习语金句:我军历来是打精气神的,过去钢少气多,现在钢多了,气要更多,骨头要更硬。

8. 说说你读懂了什么?

生：现在我们的武器比以前先进了，但军人的意志还要继续磨砺。

9. 小结：无论在革命战争年代还是和平年代，人民解放军都做出了不可估量的贡献。他们为了国家的建设以及和平，无法与亲人团聚，日夜坚守岗位，我们由衷地感谢他们，所以我们应该好好学习来回报他们。

"新时代新生活"一课采用以图说理、图文并茂的方式，呈现了中国特色社会主义进入新时代给中国经济、科技、生态、国防建设、社会生活等方面带来的变化，让学生感受祖国飞速发展。由此引领学生理解新时代的含义，增强国家认同感，培育为中华民族伟大复兴而努力学习的责任担当意识。

第二节　育人为本：红色文化融入基础课程

小学阶段是为学生融入爱国情怀、传承红色文化和唤醒红色基因的重要阶段。语文、数学、英语等基础课程作为小学生知识学习的重点，在学习过程中融入红色文化内容，更能够加深他们对"红色"的理解和认识。教师既丰富了自己的知识储备，又提高了课堂的丰富性，在促进学生吸收知识、提升成绩的同时，增强学生的民族自豪感与自信心。

一、教学形式上融入红色元素，教学内容彰显红色文化

数学作为小学阶段的重要基础课程之一，任课教师在向学生传授数学知识、发展数学能力的同时，还应担负起思想品德教育的任务。列宁说，"爱国主义，就是千百年来巩固起来的对自己祖国的一种最深厚的感情"。原国家教委副主任柳斌指出，"爱国主义要作为一条红线贯穿于一系列的教育中"。教育家赫尔巴德曾经说过，"教育如果没有进行德育，只是没有目的的手段，品德教育如果没有教学，就失去了手段和目的"。钱学森认为，"科学与人文

精神是一枚硬币的两个面,缺一不可"。对人的素养是如此,对数学教学也是如此。因而,我们培养的孩子不仅要具有文化素质,还要具备良好的政治素质、道德素质和心理素质。小学数学教学也应尽量脱去僵硬的外衣,显露出生机,洋溢着情趣,充满着智慧,使学生徜徉在浓浓的知识传承和道德影响的氛围中。红旗小学教师融合红色元素丰富教学形式,巧用"红色"数学素材,彰显"红色"数学魅力,并结合自身的特点,对学生渗透爱国主义、集体主义、勤俭意识、奉献意识、科学精神、科学态度等方面的教育。

(一) 渗透红色德育,重视发挥基础学科的教育功能

多年来,红旗小学教师在日常基础学科课堂教学中,注意渗透红色德育教育,教学中不仅仅要教给学生科学文化知识,也要提高学生的德育水平。学校老师结合自己在解决问题教学中如何渗透德育教育谈谈一些想法。教育的核心是培养什么人的问题,是"铸魂育人"。教书育人是所有教育工作者的天职,教书首先要育人。例如,新时期的数学课程教学,红旗小学教师坚持强化德育意识,更加重视发挥数学课程的教育功能。任课教师努力把数学教学与德育进行有机整合,使两者相互渗透、相互促进,在教学中充分挖掘数学所蕴含的德育要素,时时刻刻渗透德育,德育水平提高以后也会为数学教学提供保证,最终达到学科教学与育人共同发展的双丰收。

(二) 融入民族团结教育,努力培养学生民族自豪感

很多数学教师感叹,数学学科整天跟数字、定律打交道,枯燥无味,不像语文、道法课有感人的事例或精彩的故事,数学教学中进行德育是少之又少。其实不然,在人民生活水平有了较大改善和提高的前提下,注重培养学生民主、民族精神和具有自力更生、艰苦奋斗的精神是非常重要的,数学习题中也不乏这样的题型。

【案例展示】

在教学"轴对称图形"时,教师抓住时机,向学生介绍我国 56 个民族的相关知识,教育学生要明白:剪纸是我国最为流行的民间艺术之一,已经有一千

多年的历史。民间艺人用一把剪刀和一张纸,就可以剪出一张脸谱、一颗爱心等,教育学生从小要爱祖国,爱党,爱自己的民族。又如教学"圆的认识"时,学生认识圆的相关知识后同时渗透:圆是所有平面图形中最完美的图形,它之所以完美,不仅在于它的完全对称性,而且在于它体现着一种伟大的精神——民族团结精神和集体主义精神。又如教师在讲评统计"中国体育代表团在第25~28届奥运会上获得的奖牌数"时,也抓住时机渗透了爱国爱党爱民族教育,教育孩子们应该向中国的体育健儿学习,学习他们拼搏、向上、为国争光的精神。

(三)浸润乐于助人的精神与爱心教育,增强学生奉献意识

教会学生学会爱、感受爱、奉献爱是红旗小学实践红色文化育人的基点,更是学生培养目标之一。在数学课堂上,教师教育学生勤俭节约、助人为乐的生活习惯。"勤俭节约、助人为乐"是中华民族的优良传统,这种传统应该得以继承和发扬。而现在有很多学生都做不到了,是因为他们没有养成习惯,也缺乏相应的观念。因为,很多父母在这方面都忽视对孩子的教育。那么,在这种情况下,教师的教育和引导就非常关键。在数学课本上有很多素材可以用于对学生进行勤俭助人方面的教育,我们应该充分利用课程资源对学生进行教育。

【案例展示】

例题:同学们去收集矿泉水瓶,小红收集了14个,小兰收集了12个,小亮收集了11个,小明收集了15个,平均每人收集多少个?对于这道题的教学,学校教师除了要教会学生如何求平均数,还应该充分利用这道题所蕴含的信息对学生进行勤俭助人教育。

在小学数学课堂教学活动中进行思想品德教育的方法远不止这些,但学校坚信,只要教师在数学课堂教学活动中时时刻刻关注学生的思想实际,充分挖掘出小学数学教材中思想品德教育的渗透点,做到有的放矢,小学数学课堂教学中思想品德教育就一定能收到令人满意的效果。教师——人类灵

魂的工程师,是天底下最光辉的职业。学校是学生学习的热土,课堂是培养知识的摇篮,教师是培育祖国栋梁之材的使者,围绕爱国、爱党、爱人民、爱民族,学校教师坚持将红色德育进行到底。

二、教学材料上挖掘红色基因,教学过程中嵌入红色文化

(一) 挖掘教材红色基因,引领学生感受红色革命精神

《义务教育语文课程标准(2022 版)》指出:"在语文学习过程中,培养爱国主义、集体主义、社会主义思想道德,逐步形成正确的世界观、人生观、价值观。""认识中华文化的丰厚博大,汲取智慧,弘扬社会主义先进文化、革命文化、中华优秀传统文化,建立文化自信。"如何利用好统编版教材,落实立德树人的根本任务,挖掘出并传承其中的红色基因,成了红旗小学一线语文教师需要研究探讨的问题。在统编版小学《语文》(二年级上册)教材中,编排了《八角楼上》《朱德的扁担》《难忘的泼水节》《刘胡兰》等课文,为学生展现了四位鲜活的革命英雄形象。红旗小学教师以《朱德的扁担》这篇课文的第二课时教学为例,探讨如何通过教学方法应用来挖掘教材中的红色基因,引导学生从中感受红色革命精神。

【案例展示】

教学过程实录

1. 战士们为什么心疼朱德呢? 请大家把语文书翻到 74 页,轻声读读第三自然段,用直线画出朱德做了哪些让大家心疼的事。

2. 交流。

3. 这三句话告诉我们,朱德白天在挑粮爬山,晚上在研究怎样跟敌人打仗。

4. 理解第一、二句。

我们先来读读朱德跟战士们一块儿挑粮爬山的句子。

(1) 谁读第一句,第二句? 补充:第 1 句概括写朱德跟战士们一块儿挑

粮。第2句具体写朱德跟战士们一块儿"挑粮爬山"。

（2）瞧，朱德正在挑粮，他穿着＿＿＿＿＿戴着＿＿＿＿＿挑起＿＿＿＿＿跟大家一块儿＿＿＿＿＿

请两位小老师为我们介绍草鞋和斗笠的小资料。

（用稻草编织而成，穿着磨脚。红军当时条件艰苦，很多战士没鞋穿，只能穿草鞋。斗笠用箬叶或竹子编成，中间夹着油纸，可以遮阳挡雨。）

（3）谁能看图，用上词语说一说朱德是怎样挑粮爬山的？注意把句子说完整。

（4）我们学着他的样子，一起来说一说。朱德穿着和战士们一样的草鞋，戴着和战士们一样的斗笠，挑起和战士们一样很重很重的粮食，和战士们一块儿挑粮，一块儿爬山。

想象一下，挑粮一次来回走五六十里，而且山高路陡，非常难走，他的脚上常常会磨出大大的水泡。说说你此时的感受。

朱德是红军的指挥官，根本不用挑粮，却跟大家做一样的事情，吃着一样的苦，这叫同甘共苦。

谁来朗读这两句话，赞颂朱德同志和战士们同甘共苦的精神。

5. 理解第三句句子。

（1）引读：朱德白天挑粮爬山，晚上还常常整夜＿＿＿＿＿＿＿＿＿＿＿。

（2）瞧，图中的朱德同志正在和其他领导人"研究打仗"，这可不是一件简简单单的事情。再请一位小老师读补充资料，让我们进一步了解朱德是如何研究打仗的。（朱德作为军长，常常整夜整夜在昏暗的煤油灯下查看地图，考虑问题，与毛泽东等领导人研讨、探究怎样打仗。）

朱德白天挑粮爬山已经十分辛苦，晚上还要研究打仗，不能休息，不能睡觉，比战士们更加辛苦。

（3）再读读句子，你还从哪些词语看出朱德很辛苦？并且说说理由。

常常：经常、次数多，朱德经常在晚上工作，是很辛苦的。

整夜整夜：为什么不写整夜？整夜是一个晚上，整夜整夜是一个又一个晚上,朱德一个又一个晚上不能睡觉,更加说明他辛苦。

(4)谁能抓住这些圈出来的词语,用朗读告诉我们朱德很辛苦?

(5)请3位同学一人读一句,比一比谁把朱德白天、晚上都很辛苦读得最好。

6.战士们看朱德白天、晚上这么辛苦,大家看了"心疼",不忍心让朱德再挑粮爬山,就把他的扁担藏起来。这样,朱德白天就可以好好休息。因为大家敬爱朱德,所以关心他,心疼他,所以就把他的扁担藏起来。

在《朱德的扁担》第二课时中,教学第三自然段时,红旗小学教师主要采取了这些方式来引导学生领会革命精神。

一是通过朗读指导感受革命英雄形象。在这一自然段的教学中,学校教师通过让学生朗读朱德白天要挑粮,晚上还要研究打仗的句子,指导朗读,让学生在朗读中感受朱德同志的辛苦。即便如此辛苦,他依旧坚持要和战士们一起爬山挑粮,展现出了朱德同志作为革命领导人与战士们同甘共苦的精神。

二是抓关键词来感受革命英雄形象。在教学这一自然段时,教师引导学生抓住"常常""整夜整夜"等关键词,感受朱德同志夜晚研究打仗的辛苦,更能深刻地体会到他坚持为人民服务的崇高品质。

三是适当补充资料,完善革命历史背景,加深学生对课文内容的理解。由于革命年代距今较遥远,光看文字,学生很难产生对应的想象。因此在教学过程中,教师需要适时补充一些历史资料。例如,教师可以出示草鞋和斗笠的图片和介绍,让学生明白那个年代条件的艰苦。出示朱德同志夜晚挑灯研究作战计划的图片,直观地让学生体会到朱德同志作为革命领导人,身上所背负的重担,从而更能感受到他坚持与战士们同甘共苦,为人民服务的伟大革命精神。

红旗小学更注重加强党史学习教育,加强爱国教育。作为全民族珍贵的精神财富和红色基因,革命战争年代的优良传统,在和平时期依然具有重要意义和价值。学校在教学中,需要去研究统编教材收录的这些经典红色篇目,关注革命传统教育,用多种教学方法来挖掘教材中的红色基因,并潜移默化地引导学生去理解、感受和传扬。

(二)依托课程鉴赏学习,提高学生红色文化素养

"认识人民币"是红旗小学一年级下册教材第二单元里的知识,这节课教学的重点是认识人民币,难点是人民币元、角单位之间的换算,红旗小学教师注重这一数学课程的鉴赏学习,着眼提升学生的人文综合素质,强化红色文化素养。

首先,由于学生在生活中都接触过人民币,都有简单的生活经验,因此,本课在学生已有生活经验的基础上,教师从学生熟悉的情景引入,教学中主要是通过动手实践、自主探究和合作交流,使学生认识人民币的单位元、角、分。

其次,为学生预留自主学习的时间和空间。红旗小学教师亲历将现实问题抽象成数学模型并进行解释与应用的过程,有效地促进学生生动活泼、主动地发展。数学与自然科学和人文科学之间有着密切的联系,让学生在解决问题、操作活动和欣赏中初步体验数学与自然科学和人文科学之间的关系。本节课中,红旗小学教师制作了超市购物的相关课件,准备了不同面值的人民币及有关人民币的图片。一幅幅各民族人物的头像图,一张张名山大川的图片,各种符号都给数学课带来了浓郁的文化气息,借助小小的人民币体现了人与社会的结合,在这里不单是知识的传递,而且渗透了文化交流。教学过程通过创设情境增加了数学鉴赏的体验活动,不仅丰富了学生的感性认识,同时很好地体现了学生的审美情趣和能力,陶冶了情操,激发了兴趣。

【案例展示】

教学目标:

1. 认识人民币的单位元、角、分,知道元与角、角与分之间的进率,能进行各种面值人民币之间的简单互换。

2. 培养参与意识,体验数学与生活的密切联系。

3. 形成爱护人民币的意识。

教学重点：

人民币之间的简单互换。

教学难点：

不同单位人民币的简单互换。

教学准备：

人民币教具、装有人民币学具的纸盒。

新的手段：

1. 学生在生活中都接触过人民币，都有简单的生活经验，因此本课在学生已有生活经验的基础上，从学生熟悉的情境引入，教学中主要通过动手实践、自主探究和合作交流，使学生认识人民币单位元、角、分。

2. 为学生预留自主学习的时间和空间，亲历将现实问题抽象成数学模型并进行解释与应用的过程，有效地促进学生生动活泼、主动地发展。

情境激趣：

1. 教师出示瓷猪形状的储蓄罐，问："这是什么？你们知道它有什么用吗？"

（生：储蓄罐，存零钱用的。）

2. 师：对！这个储蓄罐是我们班上×××同学的。×××同学平时注意节约，把爸爸妈妈给的零花钱积攒起来。他做得好不好？我们从小也要养成节约用钱的习惯。另外，人民币是国家印制的，我们不能乱折人民币或者在人民币上面乱画。同学们都看过钱，也用过钱，但是对钱的认识还不够，这节课老师就和大家一起学习。

（板书：人民币）

3. 齐读课题。

【从识别储蓄罐情景引入，紧密联系本班学生的实际，使学生产生亲切感，激发学生的学习兴趣和求知欲望，同时又向学生进行了爱护人民币和节约的思想品德教育。】

在本节课的教学过程中,红旗小学教师遵循"数学教学必须注意从学生熟悉的生活情境和感兴趣的事物出发,为他们提供观察和操作的机会。使他们体会到数学就在身边,感受数学的趣味和作用,对数学产生亲切感"这一数学思想,通过观察学生购物的画面,了解人民币的作用,进而引入新课,认识人民币,通过兑换游戏和模拟购物等活动加深对各种面值人民币的认识,进一步理解人民币单位间的换算关系,培养学生的应用意识,激发学生参与的欲望和学习的兴趣。

本节课中,红旗小学教师实现了预定的情感目标:在认识人民币的同时,对学生进行了爱护人民币的教育,引导学生养成勤俭节约、用过人民币后要洗手的好习惯,激发了学生的爱国主义情感,在具体学习活动中增强了红色文化素养。

数学来源于生活又运用于生活。在低年级的数学教学中,红旗小学教师根据学生的特点,合理利用教材,激发学生的学习兴趣,创造轻松的学习氛围,让学生学会自主、合作、探究式学习,提高红色文化素养,收到了意想不到的效果。

(三)遵循立德树人要求,将红色教育渗透教学全程

红旗小学教师在英语教学中发掘红色基因,包括中华优秀传统文化和革命基因的传承,既可以增强中华民族的凝聚力,培养小学生良好的文化理念,又有利于促进小学生的个人长远发展。

随着我国社会开放水平的不断提高,现阶段有非常多的外来文化以各种各样的形式融入生活当中,这些外来文化元素为生活增添了一定的色彩,但与此同时也影响着我国国民的文化选择和文化观念。所以从小学阶段,教师开始就对这些学生进行优秀文化和革命传统的渗透教学,有利于培养学生良好的文化选择和文化观念、增强中华民族的凝聚力。红色教育中蕴含了为人处世的道理,有助于促进小学生成长,帮助他们规范个人思想和行为。教师在开展教学活动时,积极尝试进行红色基因的融合教育,使小学生在日常生活中以积极的价值观念来进行自我指导,不断约束和规范自身行

为,帮助小学生形成良好的生活观念和价值观念,从根本上促进小学生的长
远发展。

【案例展示】

在《牛津英语》上海版 1B M4U2 New Year's Day 一课中,谈及的主题是
我国的传统节日——春节。对于一年级学生而言,用大量的文字呈现节日内
容,学生不容易理解,于是教师改用图片和视频。

在上课伊始,教师播放一段视频:人们打扫房屋、贴年画春联、挂灯笼,购
置新年物品,人们穿得喜气洋洋给长辈拜年,吃年夜饭,放烟花爆竹。学生能
联系已有的生活经验,准备进入课程的学习。

T:What's the video about?

Ss:新年 / 春节。

T:Yes. It's called the Chinese New Year. What do people do during the
Chinese New Year? Choose the right pictures.

S:(Choose the pictures.)

在之后的新授环节中,通过 Tom 和 Alice 去商店购物,展示生活物资的
丰富。

T:Tom and Alice are at the shop. There are many things in it. What
can you see?

S1:I can see kites.

S2:I can see cakes.

S3:...

最后 Tom 和 Alice 送给爸爸妈妈新年礼物并向他们祝福新年快乐,是孩
子对长辈的尊重。爸爸妈妈送给他们礼物是父母对孩子的关爱。通过让学
生分角色朗读和扮演 Alice、Tom 以及他们的父母,体会父母和子女之间的
情感。

T:Who can read as Tom(Alice, father, mother)?

Ss：Me!

T：Please read with emotion.

T：Who can act as Tom（Alice, father, mother）?

Ss：Me!

T：Try to act it out.

（Tom and Alice：Sweets and cards for you, Mum and Dad. Happy New Year!

Mum and Dad：Thank you. Happy New Year! The gifts for you.

Alice：I like the red dress.

Tom：I like the bicycle.

Tom and Alice：Thank you, Mum and Dad.）

红旗小学教师运用信息技术,通过丰富的资源支撑,将红色教育融入教学全程。伴随我国现代化教学科技水平的不断提升,教师在开展英语学科教学活动的时候可以充分借鉴多媒体教学工具,这也是英语教学和红色渗透教学非常有效的途径。教师通过制作的视频内容来引导小学生了解中国的优秀传统文化和优良革命传统,如春节的传统习俗,将孩子们现在的生活和他们的父母辈以及祖父母辈的生活进行对比,看到社会的进步和发展、人民生活水平的提高,从而让学生了解现在的幸福生活是几代人不断努力的结果。他们不仅应珍惜现在的生活、感恩前辈的付出,也要努力为将来建设祖国好好学习。对于小学高年级的学生,教师还可以呈现国外节日习俗,让学生在视频观看的过程中对比中外文化的异同。紧接着教师就可以根据中外文化的不同之处来对学生进行详细的介绍,引导小学生正确认识不同国家的文化,进一步培养小学生对于中华优秀文化的认同感。此外,教师还可以借助多媒体教学工具,通过生活当中各种各样的文化现象展示我国现代文化,来引导小学生正确认识中华优秀文化,逐渐培养小学生文化的认同感和归属感,帮助他们形成良好的生活习惯和价值观念。

英语学习的内容其实是与生活息息相关的。在教学中,教师可以创设生活化的情境,让学生通过朗读、角色扮演,运用所学到的语言,去体验、感悟其中蕴含的思想,将所学的内容内化为自己的思想和行为准则。在本案例中,红旗小学教师通过让学生分角色朗读文本、角色扮演,知道春节该为父母做些什么、该怎样向他们拜年,学习对长辈的礼貌。在父母回赠孩子礼物的过程中,回忆自己每年收到新年礼物的快乐心情,感受父母对自己的关爱。

课后,红旗小学教师通过布置相应的作业巩固所学,拓展学习的外延。例如,在本课程案例后,教师让学生为长辈做一张新年贺卡,查一查新年习俗等。一是让学生有机会用实际行动体现对长辈的爱,二是引导学生阅读适合的文本,通过图片、海报等方式进行展示,进行拓展学习。

将红色教育融入英语课堂教学,教师要挖掘教材内容,不仅要用好教材中的显性文化素材,引导学生有效认知,还要充分挖掘利用好隐性文化素材,促使学生形成正确的思想认同。在红色教育融入教学时,教师不能仅停留在关于知识和语言学习的层面,要明确文化学习不仅需要知识积累,还需要深入理解其精神内涵。根据学情规划和组织教学内容,创设生活化的情境,让学生在学习中实践,在实践中体验。教师教学时应关注红色教育所凸显的情感态度和价值观等方面,促使学生将优秀文化内化为个人意识和品行,努力做到内化于心、外化于行,从而体现英语学科的育人功能,落实立德树人的根本任务。

三、教学课堂上散发红色气息,教学模式渗透红色文化

教育家陶行知先生说过,“千教万教,教人求真;千学万学,学做真人”。何为“做真人”? 求真知、学真本领、养真道德,以“真”字作为立教之本。红旗小学教师坚持“真人”是一个拥有民族灵魂和精神的顶天立地的人。因此,将红色文化渗透进小学数学教学是历史赋予的要求,帮助学生了解红色文化,提升学生的爱国情怀和荣誉感。基于此,红旗小学教师以小学数学教学为基础,

对于如何将红色文化渗透进小学数学教学中提出了相应策略。

（一）借助多媒体、巧用信息技术，宣扬红色文化

小学生天真富有童趣，而数学却是相对枯燥的学科，一线教师为了激发学生的学习兴趣和学习主动性，常常应用多种教学方式。随着信息技术的快速发展，红旗小学教师逐渐地改变了粉笔加黑板的传统的课堂教学模式，越来越多新型的教学信息技术应运而生，借助多媒体进行教学已经成为教育界的主流方式。

正如陶行知先生所说的，"时代是在继续不断地发展，做一个现代人，保证川流不息的现代化"。因此教育一线的教师们勇于借信息教育的东风，在小学数学课堂教学中进行丰富的信息化教学，巧用信息技术 2.0，将红色文化和小学数学教学牢牢结合在一起，追求"自新、常新、全新"的新教育。

【案例展示】

在进行"轴对称图形"的教学时，教师利用希沃白板出示中国国徽的图片，让学生仔细观察国徽，说说国徽的设计特点，引出轴对称图形的知识，紧接着顺势讲解国徽的历史，通过动画展示国徽的制作过程，深切感受"对称性"的原理。甚至，用希沃白板的"克隆"技术通过将某个具有代表性的物体的一半进行复制，然后重新拼接、组合，更加形象直观地理解"对称"的原理和性质。

上面案例中这样的教学方式，不仅可以让学生深刻体会数学在实际生活中的应用，以此激发学生的学习热情和兴趣，同时让学生沉浸于红色文化氛围中，丰富他们的红色知识，领略先辈们学数学、用数学时富有创造性的智慧。

（二）重视教材和多学科融合，挖掘红色文化

我国有古老而又悠久的数学历史和辉煌成就，小学教材作为文化知识的载体，里面蕴含丰富的红色文化气息。红旗小学教师充分利用教材中的文化内容作为红色教育的渗透点，对弘扬红色文化有着水到渠成的效果。

【案例展示】

在四年级下册教材中讲到圆的知识时，教师适时出示课本上关于祖冲之

的介绍,祖冲之是我国伟大的数学家和天文学家,他在刘徽开创的探索圆周率的精确方法的基础上,首次将"圆周率"精算到小数第七位,他的辉煌成就比欧洲至少提早 1 000 年。这些数学史的介绍,让学生更加了解数学的发展历程,增强学生的民族自信心和民族荣誉感,激发学生的爱国之情。

红旗小学教师在依托教材的红色教育文化内容基础上,还通过多学科融合,沟通红色文化。弘扬红色文化、渗透红色精神并不是一蹴而就的事情,只靠数学科组教师的力量是远远不够的。因此,红旗小学教师认为,学校教育应该打破传统学科的壁垒和界限,将各个学科相互联系起来,使课程资源、课程要素和课程环境整体化,促进教学和学习方式的根本变革,实现 1+1>2,更大力度地切实落实红色教育,传播红色文化。

【案例展示】

在三年级学生学习完"轴对称图形"这个知识时,学校安排一次绘画比赛,在美术老师的指导下,学生借助对称性原理绘制中国国徽。在绘制过程中,教师帮助学生再次理解了"对称轴"和对称性的概念,感知中国国徽的对称美,感受红色文化的魅力。

本案例让红色文化走进各大课堂,将红色文化与小学数学、美术等多学科融合,营造更加热烈的红色氛围,激发学生的民族自豪感,充分调动学生学习"轴对称图形"知识的积极性,帮助学生深刻体会数学学科的重要性,引导学生对数学文化的深入理解和在实际生活中的应用。

(三) 创设情境、设计作业新模式,渗透红色文化

为了增加数学学习的趣味性和激发学生的学习热情,红旗小学教师通过创立更加有效的情境模式,融合红色文化,增强红色文化知识,为学生学习提供兴趣点,为数学教学活动顺利开展奠定基础,以此实现在小学数学教学中渗透红色文化的目的。

【案例展示】

在复习"图形与几何"的知识时,红旗小学教师出示中国人民大会堂、故

宫等有中国文化特色的建筑的外部和内部图案,让学生在图片中找出相应的平面图和立体图形,将不同的图形串联起来,讲解沟通各种图形的特征和特点以及进一步厘清它们之间的联系。教师可以通过实物直接提问"屋顶房梁为什么制成三角形",借此突出三角形稳定性的特点。

红旗小学教师在融合红色文化创立有效情景模式基础上,还积极设计作业新模式,结合红色文化进一步增强渗透效果。如果课堂是弘扬红色文化的主战场的话,课堂或课后练习题作业的设计就是另一个阵地。在设计课堂或课后练习题作业时,教师可以根据不同的数学教学内容,设计不同的题目,在题目中渗透各种红色知识,让数学作业和红色文化有效结合一起。

【案例展示】

在教学"两位数乘两位数"时,教师通过设计这样的题目:"在 10 月 1 日国庆节当天,天安门广场举行了盛大的阅兵仪式,每个徒步方队共 14 排,每一排有 25 个人,再加上前面领队 2 个人,则每个方队有多少个人?"将党史教育和国防知识写进练习题中,巧妙地渗透国防知识。

红色文化是中国具有划时代意义的文化精髓,红色知识的传播对培养小学生的爱国情怀和国家荣誉感有着不可替代的作用。在新时期发展过程中,本着"育人为本,育人为主"的教学理念,教育工作者有责任传播红色知识,弘扬优秀的红色文化和精神内涵,而将红色文化融入小学数学教学中,是最直接也是最有效的途径。

第三节　培根铸魂：红色文化融入
艺术活动课程

音乐、美术、体育等艺术及活动类课程,兼具艺术性和文化性,是小学生非常喜爱的课程。将红色文化融入这些课程的鉴赏或实践教学,既能够在培

养小学生艺术修养过程中潜移默化地帮助他们树立正确的价值观,也有利于
红色艺术文化的传承和弘扬。红色文化与课堂教学相整合,可以让课程"实"
起来,深入挖掘教材内涵设计,筑牢红色文化校本课程根基,开展"红领巾学
党史"微型党史课,传承党的光荣传统。

一、以美育人,实践美术课程启智润心

红旗小学教师积极开展红色文化在小学美术课程教学中的实践研究。
美术教育是一种非常基础的艺术教育,被人们广泛熟知和认可。在美术学习
对象中,学生群体占大多数,在这样的背景下对于美术教育工作的目的和意
义的讨论就显得非常有价值。随着我国基础教育体系不断完善发展,教育改
革持续深入推进,教学考核评价指标也在不断更新,对于学生的个性化、素质
化发展更为重视。小学美术这门学科的教学应当注入新鲜的血液,力争促进
学生全面发展,达到更高的社会效益。突出爱国主义教育是新时期学科改革
的重要内容,如何将红色文化融入小学美术学科教育中是红旗小学教师关注
和研究的主要内容。

(一) 红色文化通过小学美术课堂走进学生生活

红色文化是我国民族精神的重要组成部分,对于中华民族儿女来说是一
笔非常宝贵的财富。红色文化是在最艰苦的革命年代沉淀而来,革命先烈们
用青春和热血为我们创造了艰苦奋斗、不屈不挠、视死如归的爱国主义红色
文化,在今天有着非常深远的意义。对青少年积极开展红色文化教育,让学
生认识到今时今日幸福和平的生活来之不易,常怀一颗感恩的心,树立起正
确的价值观和人生观。红色文化通过小学美术课堂走进学生的生活,传承优
秀的民族文化,对于培养社会主义事业的合格接班人有着非常重要且深刻的
内在含义。

现在小学生都是"10后",生长于社会急剧发展和变革的时代,在这样的
时代背景下,其思想观念比较活跃,对于新鲜、个性的事物可能会盲目地追
捧。由于其年龄较小,对外界信息几乎没有辨别和过滤能力,处于被动接收

信息的地位,在成长过程中一旦出现信仰缺乏、价值观偏离,对其未来的发展是非常不利的。所以,教师要将红色文化引入到小学美术课堂当中来,有效发挥当地红色文化资源的优势,通过让学生参观红色文化景点,创新红色文化发展模式等,帮助学生树立起正确的世界观、人生观和价值观,学习老一辈吃苦耐劳、艰苦奋斗的精神,使学生建立起对真善美的正确认知,塑造健康的人格。

红旗小学教师将红色文化融入小学美术教学过程当中,充分利用本地的红色资源,在日常教学素材的选取上涵盖革命历史人物及事迹。教师在带领学生外出采风或者写生的时候,尽可能选择红色旅游景点,让学生了解红色经典文化,通过对传统优秀文化的学习,寻找真正意义上的美,利用学习到的简单的基本绘画技能表达出对红色文化的认知,抒发情感,在锻炼学生美术技巧的同时,也丰盈学生的精神世界。

(二) 推进红色文化进课堂的美育探索思考

1. 培养学生的爱国主义情怀

爱国主义情怀是我们每个人最基本的信仰。伟大的中华民族精神就像一条长长的纽带,将 14 亿中华儿女紧紧联系在一起,是社会主义发展的基本动力,是中华民族伟大复兴的重要推动力。在小学阶段,学生处于启蒙教育发展时期,开展爱国主义教育对于学生未来的发展有着非常重要的意义。在学生心智思维尚未完全成熟的重要时刻,将爱国主义思想牢牢地树立在学生的思维当中,有助于培养一代又一代坚定的社会主义建设者。

【案例展示】

红旗小学教师在组织学生参观革命纪念馆、初心馆的时候,很多学生都自发地拿出纸和笔,对讲解员讲解本地英雄钱亦青的革命故事进行记录,参观结束后都流连忘返。学生通过对钱亦青烈士生平的了解,对这位伟人英雄有了全新的认识,还有很多学生对初心馆中的钱亦青塑像进行现场临摹,表达出对其深深的敬佩之情。在参观活动结束后,教师给学生安排了一项课后作业,用绘画的方式表达自己参观完初心馆的想法。收到学生的作业后发现,很多学生作业的内容都紧紧围绕着爱国主义情怀,从画作中能够感受到学生强烈的情感。这次参观活动对学生的影响可谓深远,为他们树立正确的思想打下了坚实的基础,利于他们成长为对社会有用的人才,为社会主义事业添砖加瓦。

2. 引进本土红色文化,提高学生的美术修养

在开展小学美术教育的过程中,教师要挖掘当地的红色资源,将其作为教学素材引入课堂中。教师也可以带领学生走访革命遗迹,看看家乡地貌的变化,找准美术和生活之间的切入点,引导学生进行认知和感悟。同时,教师要注重教学方式与教学途径的多样化,除了绘画以外还可以采取剪纸、书法等其他艺术形式,多采用学生感兴趣的手工艺课程,调动学生学习美术的积极性,利用红色文化提高学生的修养。

3. 营造校园文化氛围

红旗小学教师积极营造校园文化氛围,开展"红色文化艺术创作节",让学生利用在美术课上学习到的基础知识,利用美术表达方式表现出革命历史人物或者情景。总的来说,校园要积极做好红色文化宣传工作,营造有特色的红色文化氛围,可以在清明节、青年节、建党节、建军节等节假日,安排学生参观当地的红色景点,也可以邀请老兵为学生讲自己的亲身经历,让学生有更加直观的感受。红旗小学教师始终做到将德育工作当成重点来抓,在小学美术课堂上积极弘扬红色文化,在培养学生良好艺术能力的同时,引导其建立正确的"三观"。

【案例展示】

红旗小学教师让学生在阅读红二十五军出发的历史文献资料后,充分发挥自己的想象力和创造力,描绘当时的人物、建筑与情景。教师通过校园黑板报、走廊、艺术角、陈列馆等展示学生的红色文化作品,让学生在浓厚的红色文化氛围中自主参与学习和了解的过程。积极开展文化交流活动,多所学校开

展联合文艺演出,在培养锻炼学生艺术能力的同时,还能够达到宣传的效果。在教学楼、长廊等地方张贴革命伟人的画像,有能力的学校还可以安放伟人雕塑,并附上详细的生平介绍,让学生对革命事业有更深入的了解。可以打造红色文化特色班级,规划各个班级的主题和班训,让学生自己设计班级的横幅和展牌,评选出最优秀的红色文化宣传班级,互相学习,共同前进。

4. 掌握基础设计,完善不同形式的创设

这个阶段对于学生美术的基础技巧掌握有一定要求,对于各类材料和工具的应用较为成熟。学生有了美术基础,能够单独完成作品的设计和构思,在完成作品的过程当中不停地研究和探索不同表达形式。在突出红色文化这一作品基调的基础上,发挥学生的主观能动性,培养学生的创作能力。随着学生掌握的技巧越来越多,对作品的想法也越来越丰富,教师可以引导学生在现有的课程目标要求基础上完成更为复杂和有深度的作品,让学生独立设计与红色文化相关的素材;也可以在课下陪着学生一起制作"红色文化园地",开展"红色文化手抄报"等活动,为校园生活营造浓厚的红色文化气息,为学生营造良好的学习氛围,让学生在这种轻松的氛围当中快乐地学习。

5. 培养学生学会欣赏,提高对美的认知度

这个阶段的意义是教会学生欣赏,让学生从视觉上、思想上感受美,全方位地感受美术作品的魅力,提升学生对于美的认知高度。教师可以利用PPT向学生展示一些关于红色历史的绘画作品,引导学生在特定的场景中学习,结合历史进行讲解,在教会学生艺术表达技巧的同时,向学生灌输爱国主义教育,使课堂变得生活化,富有趣味性。良好的情景教学让学生有满意的艺术体验,实现了艺术教育与素质教育共同发展,对于促进学生的综合素质发展非常有益。

6. 注重中国传统文化的传承

教师在"KT板上学篆刻"这节课开始前,发自内心地担忧学生对中国传统文化,如篆刻、剪纸等到底有多少兴趣。因为现在的孩子们接触世界的机

会很多,国外的绘画艺术风格融入教师的教学理念之中,学生容易逐渐缺失对中国传统文化的理解。

【案例展示】

上完"KT 板上学篆刻"这堂美术课,红旗小学教师对美术课程有了新的认识。从学生发亮的眼睛中,看到了他们对自己动手实践美术有着浓厚的兴趣,美术课不只是老师模式化、单方面提出问题和学生思考解答,而是学生通过老师的预设情境,提出感兴趣的问题,经老师的引导,学生自己找到解决问题的金钥匙。这需要老师有着较强组织能力、语言表达能力、开拓的思维能力等。老师觉得这节课是对自己的挑战,也是一次锻炼自己的良好机会。经过美术组老师们的集体备课与分析,渐渐地有了一节完整美术课的雏形。

第一,教师上美术课要联系实际把握好美术内容的切入口,要从学生感兴趣的话题开始。在寻找美术学习的切入口时,教师应该先考虑学生关心什么,对什么感兴趣,要从学生感兴趣的话题开始。话题要来自自然和社会生活,要与学生的生活相关,反映学生认为有意义的生活、自然、社会现象,使学习活动成为学生的需要,更要关注来自学生的课题,关注他们的兴趣、经验以及他们的现实生活。这样,学生产生了浓厚的兴趣和强烈的共鸣,就会主动地进入美术阶段。在"KT 板上学篆刻"这节课中,任课老师用国粹中国画的用纸——宣纸作为美术对象。设立"朋友知道我是美术老师,想让我临摹一幅国画作为客厅装饰,但又发生了用错纸张"这一情境,使学生产生继续了解的兴趣。

第二,美术课要建立以"活动"为中心的基本模型。有了美术的问题如何去解决呢?那就要在学习活动中解决。首先由学生通过实践、观察、比较等发现问题,并在课堂里以小组合作的形式开展小组讨论,协调提出具有共性的问题,或讨论提出解决问题的方案。其次,由小组代表将本组合作美术的结果或问题呈现出来,全班一起交流看法,形成对问题更进一步的认识。在课中,小组成员找到了不借助工具的四种方法"摸、闻、看、揉"以及两种借助工具的方法"画"和"浸"。每组为6人,教师发现学生会合理安排试验、观察和填写的工作,完成后上台交流结果。他们能在讨论协调中,认识自己和他人观点的差异,从而找到平衡点,寻找出答案。在课前安排中也出现过问题,试验的宣纸给太多,造成每组学生各自有两种不同的宣纸,使他们又"各自为战",没有有效地进行小组讨论,使小组美术失去了原本的意义。

第三,美术教学中要处理好学生的自主与教师指导的关系。学生作为美术的主人,要根据教师和实际生活提供的条件,明确美术的目标,思考美术的问题,掌握美术的方法,敞开美术的思路,交流美术的内容,总结美术的结果。而教师扮演的是催化剂的角色,学校所要做的工作是分组和搭建学习的平台,选择合适的活动方式,鼓励和引导学生,并为学生提供一些解决问题的建议。

以上几点是红旗小学教师结合网络美术课程理论和"KT板上学篆刻"这节课的课后小结所得出的一些见解和反思。

【案例展示】

在课程的进行中,美术教师首先播放了学生们喜爱的视频介绍。学生对于中国传统的艺术——篆刻,都表现出了浓厚的兴趣。栩栩如生的篆刻作品介绍,巧夺天工的技艺手法,安排精当的画面布局,使学生渐渐地融入其中。教师从中安排学生进行讨论,你一言,我一句,他们的热情超出了想象。

美术作为一门基础的艺术类学科,对于学生的心智发展有着重要的影响。红旗小学教师利用本地的红色资源丰富美术题材,一方面提高了学生的绘画技巧,另一方面培养了学生的爱国主义情怀。将学生培养为一名合格的社会主义接班人,离不开爱国主义教育,学生只有对事物有正确的认知,才能够保证思想的纯洁性和先进性,成为报效祖国的好少年,推动社会主义事业发展。

二、以乐辅德,厚植音乐课程家国情怀

在当前深化教育改革的大环境下,为了确保社会的和谐发展和年轻一代

的身心健康,如何充分挖掘中小学音乐教育中的育人价值,通过音乐教学活动帮助学生提升个人品德、道德修养等综合素质,是当前教育需要解决的重要课题之一。

(一)以音乐教学活动为育人隐性课程,挖掘音乐教材的育人元素

红旗小学教师根据上海市教委教研室关于"开展中小学学科育人价值研究"的工作要求,结合市、区教研室的工作要求,进行了主题为"以乐辅德,厚植家国情怀"的实践研究。"家国情怀"是中国优秀传统文化的基本内涵之一,是对自己国家的一种高度认同感和归属感、责任感和使命感的体现,是对国家富强、人民幸福所展现出来的理想追求。

红旗小学教师结合上音版教材四年级第一学期第四单元欣赏作品"牧童短笛",具体呈现作为音乐教师,如何将音乐教学活动作为育人的隐性课程,充分挖掘音乐教材中的育人元素。通过学校教育让学生在潜移默化中产生这种情怀,在理解自己家乡、民族以及国家传统文化的基础上,实现理想、观念、情感态度上的认同,这是基层教育工作者的一份责任。

【案例展示】

教学片段一:【导入部分】贺绿汀先生生平介绍

师:今天老师要为大家介绍我国一位著名的音乐家(出示贺绿汀图片),你们认识这位音乐家吗?

生:不认识。

师:他叫贺绿汀,是我国著名的音乐家、教育家。今天就让我们来了解贺绿汀先生和他的一些作品。下面请先看一段视频,边看边思考几个问题:1. 贺绿汀出生在怎样的家庭? 2. 他带着哪两个作品去参加国际比赛? 3. 这两个作品分别获得什么国际奖项?

学生观看视频回答问题。

师:大家听得真仔细,今天我们就来欣赏贺绿汀先生的获奖作品。一等奖和二等奖的作品,你们想先听哪一首?

生：一等奖的这首。

教学片段二：【小结部分】

师：贺绿汀先生一生创作了许多优秀作品。下面请再看一段视频，我们来了解一下贺先生解放后主要从事了什么工作。

学生观看视频。

师：请同学们说说解放后除了创作，贺先生主要从事了什么工作？

生：贺先生解放之后还从事了音乐教育工作，将我国的音乐文化和爱国精神传递给他的学生。

师：今天我们初步了解了贺绿汀先生和他的一些作品。贺绿汀先生的一生是伟大的，为我国的音乐发展作出了不可磨灭的贡献。希望同学们能够永远记住这位伟大的音乐家、教育家的名字。

教学片段三：【拓展部分】贺绿汀作品拓展欣赏

师：今天我们欣赏的这首《牧童短笛》，是作者贺绿汀先生儿时生活的真实写照，这首作品具有鲜明的中国风格，也融合了西方的音乐特色，是我国第一首在世界大赛上获得一等奖的钢琴作品，它的诞生为中国音乐的发展翻开了新的一页。

在那以后，贺绿汀先生始终没停止创作的脚步。1937 年，为影片《马路天使》创作的插曲《四季歌》，我们一起来听一听。

学生听《四季歌》。

师：课前给大家布置了预习，搜索了解贺先生的作品，有谁了解过这首作品？

生：这首歌曲旋律婉转秀丽，但这秀丽的旋律却包蕴了一个严酷的主题，那就是抗战。歌曲以四季景物的变化，含蓄地反衬战争环境中百姓们的不幸遭遇。

师：谢谢你的分享。在战火纷飞的年代，贺绿汀先生还创作了一首《游击队歌》，这首歌曲表现了游击队战士在艰苦的斗争中依然保持昂扬的斗志，请同学们欣赏一下。

学生看《游击队歌》视频。

师：虽然《游击队歌》只是一首歌曲,但贺绿汀先生拿起了音乐的武器,鼓舞着前线的战士们为保卫国家英勇战斗。可见音乐的力量是那么的强大!在抗战胜利 70 周年的今天,我们更应该向贺先生这样的民族音乐家致敬。还有谁能来分享贺先生的作品?

生：1943 年,贺绿汀先生依旧用音乐传递着他的爱国之情。他将我国著名的蒙古族民歌《森吉德玛》改编为管弦乐曲,再一次将中国的音乐推向了世界。

学生听《森吉德玛》。

在这节课的导入和小结的环节都是通过观看一段视频,加上师生间简单交流视频内容,来了解作者贺绿汀先生和他所获的成就。贺绿汀先生的一生为我国的音乐发展作出了不可磨灭的贡献。这样首尾呼应的教学设计,是希望给学生留下深刻的印象,感受到这位伟大的音乐家、教育家的爱国情怀,对他产生崇敬之情。

(二) 以音乐家事迹为榜样,引领学生在红色文化中建立文化自信

1. 在了解人文背景中建立文化自信

在《牧童短笛》这节课中,从人文历史的角度切入,让学生了解到中国音乐作品在全世界的影响力。作曲家在解放后还从事了音乐教育工作,将我国的红色音乐文化继续传承给他的学生,他植入内心的家国情怀感染了一代又一代人。音乐教材中有着丰富的红色育人资源,许多音乐作品蕴含的音乐文化是很好的学科育德载体。红旗小学教师深入挖掘教材人文内涵,将音乐置于传统文化脉络中传承,将学科育德自然、有机地融合在音乐教学中。

2. 在探究拓展作品中孕育爱国情怀

在教学设计中合理增加信息量,对教材进行有机拓展,并开展探究性学习,强化学生音乐学习的外延功能,拓宽学生的音乐文化视野。在《牧童短笛》这节课中,对作者贺绿汀作品的拓展欣赏以及创作背景的了解,都使学生在潜移默化中孕育着爱国情怀。学生在搜集、整合资料的过程中,提高学习主动性,增进对我国音乐文化的了解。了解到在战争时代音乐也是保卫国家、鼓舞人心的文化武器,真正从内心产生对这些弘扬爱国主义音乐作品的欣赏和喜爱。这些都使得"学科德育"的价值得以深化和长效体现。

3. 在有限的教材中充分挖掘德育元素

《牧童短笛》这首作品是经典的中西方音乐文化融合之作,音乐家将民族音乐推向世界也是爱国情怀的体现。我国传统音乐文化源远流长,为音乐教学提供了丰富的音乐素材资源,应充分挖掘其中的德育价值,从有限的教材中发现无限的德育元素。日常教学中,红旗小学教师以中国传统音乐文化为载体,以伟大音乐家的事迹和成就为榜样,将社会主义核心价值观自然融入音乐课程教育,使之充分浸润于音乐教育教学情境,引导学生在优秀的传统文化中熏陶,在生动的音乐活动中升华。

三、以赛促学,传递体育课程红色文化

(一) 以民族精神为引领,将爱党爱国教育融入兴趣化情境练习

红旗小学教师以"民族精神"和"学科核心素养"的课程理念,设计五年级"8"字跳长绳的主题式单元情境教学和主题式单元综合活动。根据五年级学生身心发展的基本规律,依据上海市小学体育教学兴趣化课程改革相关要求,以民族精神为引领,结合"龙"是中国传统文化中吉祥的神兽,也是我们中华民族的象征,特创设"龙的传人"主题情境,将民族精神教育融合于兴趣化情境练习之中,激发学生积极参与学练的热情,有效促进德育与教学内容完善融合。通过对情境主题融合学练赛的探索,运用兴趣化教学策略和方法,激发学习动力,增强技能体能,让学生的"运动能力、健康行为、体育品德"得到均衡发展。提升学生力量、速度、耐力、协调性、灵敏度等身体素质,发展良好的锻炼意识和环境适应的健康行为,充分体现体育学科的育人价值。

【案例展示】

"8"字跳长绳是小学《体育与健身》"身体娱乐"板块中民间体育活动,它

主要凸显娱乐、趣味的功能,学生在活动中能获得快乐、心情舒畅,促进学生主动参与,养成锻炼习惯。小学阶段民间体育内容中的"8"字跳长绳是一项集结跑、跳、绕的集体跳绳运动,要做到进绳、跳绳、出绳时机合适,并能集体配合一起完成。同时,跳绳者的起跳点及摇绳者的配合也是关键。"8"字跳长绳为集体项目,能有效地激发学生集体学练的兴趣,发展学生的跳跃能力和下肢力量,增强学生力量、速度、耐力、协调性、灵敏度等身体素质。"8"字跳长绳一共分为三个课次:第一课次主要学习"8"字跳长绳的动作方法,以及正确摇绳与伙伴配合完成"8"字跳长绳的正确跑跳路线;第二课次在第一课次的基础上,巩固跑跳路线以及掌握进出绳的时机并做到配合衔接连贯;第三课次为巩固提高,要做到动作熟练,配合默契。

这一课程的授课对象为五年级学生。他们活泼好动,开始有自己的想法,勇于尝试,喜欢表现,对于"8"字跳长绳的教材内容有着极强的好奇心和挑战欲,在四年级时曾接触过"8"字跳长绳,对于"8"字跳长绳的跑动路线及动作方法有一定的基础。在本单元第一课次的学习中,他们能正确地按"8"字路线跑动,基本掌握了跳长绳的方法,并能正确地摇绳。但他们稳定性不高,专注力不够持久,个体差异大,个别学生有心理胆怯的问题。本节课采用器材辅助、个别指导、语言激励、同伴互助等方法,帮助学生克服心理障碍,促进学生适应环境的能力;提高学生的自尊和自信水平,培养其克服困难、拼搏向上、团结协作、积极进取的精神。

在五年级"8"字跳长绳主题式单元教学的第二课次中,根据五年级学生的身心特点,红旗小学教师将"8"字跳长绳的技术动作有机融合到教学情境中,帮助学生掌握"8"字跳长绳动作方法的同时,更学会了团结协作,提升了民族自豪感。通过小组间的合作,学生有效评价完成本课的学练任务,提高课堂教学的实效。学生养成爱国爱党、团结互助、挑战自我、突破极限的优秀品质,感受成功和胜利的喜悦。

学校教师在授课中起初利用海绵棒降低难度,让学生克服恐惧心理,再给予学生特定的口令,采用从分小组到合并成大组由易到难的教学方法,课堂上精讲多练,让学生从练习中感受"绳落跑,再落跳,前跳后跑"的动作要领,运用情境教学、小组合作等教学策略,帮助学生建立动作概念,巩固加强动作技能,形成自主探究的学习模式。

(二)中华优秀传统文化与健康教育融入体育课程,提高学生综合素养

1. 整合学科知识,融入学科德育

体育学科作为学校教育的重要组成部分,在培养人的过程中并不是孤立的。它与其他学科相互依存,在开展体育教学活动时,站在教育整体高度来开展教学活动,发挥体育教学综合效应,获得教育的"双赢"。本课的设计思路是将中华优秀传统文化与健康教育有机融入体育课,通过实践体验,进一步强化德育教育,既做到了实现学会运动技能的体育教学,又落实立德树人的德育教学。所以本课以中国传统文化中"龙"是吉祥的神兽,也是我们中华民族的象征为切入点,从龙拳操(准备活动)——越过龙门(复习)——龙游曲水(巩固)——龙腾四海(学习)——飞龙夺之(挑战赛)——群龙争霸(计时赛)再到综合活动的保护龙元(体能游戏)以及搭配龙行风步(放松),组合成了"龙的传人"的主题情境。让学生在学会"8"字跳长绳方法的同时,感受到了民间体育集体项目的乐趣,养成合作学练、互助互评的好习惯,真真切切地感受到民族的凝聚力,以及不断挑战自我、突破极限的优良品质。使学生不忘初心,牢记使命,展望未来,努力成为德智体美劳全面发展的社会主义建设者和新一代接班人。

2. 活化情境教学,传承民族精神

中华民族历史悠久,源远流长,我们的民族发展了数千年,我们都是华夏儿女,有着优秀的民间传统文化及流传至今的民间体育运动。本课以民族精神为出发点,创设"龙的传人"的主题情境,通过器材的变化及多种学练、评价的形式学习"8"字跳长绳,让学生通过情境故事、技能体能、学科德育的三方面的"融合式情境教学"体验,循序渐进地学会进出绳的时机和配合衔接连贯的动作重难点,并结合综合活动体能游戏,感受跋山涉水、保护家园的艰

辛,让学生感受民族的凝聚力,既学练了体能,又融合了学科德育。教师努力让学生感受全方位的情境教学,探索学生全面发展的同时增强学生的民族荣誉感。

3. 探索教具开发,体现"学、练、赛、评"一体化

新颖器材的开发与使用中的组合变化是本课一大亮点。海绵棒通过连接组合变换出各种用法也在练习中起到了很好的辅助作用。两根海绵棒连接可以变为"龙门",让学生复习"8"字跳长绳的跑跳路线。两根海绵棒可以变成一根模拟长绳,通过两位同学同时摇动海绵棒,充分还原了跳长绳时的练习状态,海绵棒的软度又能克服学生的恐绳心理,一举两得。在多人练习时,教师将海绵棒变为一个圆圈,放在摇绳队员的脚下,固定摇绳者的位置还能提醒学生入绳点的站位。这种组合变化也让学生对原本枯燥的练习增加了更多新鲜感,提升了运动兴趣。新鲜感激发了学生内心想去尝试和体验的念头。体育学习的过程中,要先建立正确的动作认知,建立了正确的动作认知后需要通过反复练习巩固,才能形成正确的动作技能,形成了正确的动作技能还要能在比赛中综合运用,这样才能达到活学活用的效果。运用的效果如何则需要通过适切的评价,通过评价才能知道自己的不足和努力的方向。

因此,在体育课中进行"学、练、赛、评"一体化构建就显得非常重要,红旗小学教师通过"学、练、赛、评"让学生在运动能力、健康行为、体育品德三方面的综合素养得到提高,推动体育学科核心素养真正落地生根。

第四章

知 行 融 通

——红色文化融入校本课程教学建设

　　红旗小学的红色文化课程不仅体现在国家课程中,也彰显于学校的特色校本课程中。学校遵循校训,结合自身学科内容实际,充分进行内容拓展,自主开设了具有学校特色的系列红色文化校本课程,如开发开设"创意'邮'园""上海的名人名处""武趣""古诗文拾趣""上海童谣"等相关校本红色拓展活动课程,还开发开设了"'虹'之旅""红旗寻宝记航海博物馆""汽车大闯关""寻'根'"等相关红色文化系列行走课程。深入推进红色文化融入学校的校本课程,坚持知行互促,助推双向融通,增强育人效果,努力实现以红色文化赋能学校的高质量校本课程教学建设。

第一节　资源整合：依托拓展活动课程，丰富情感体验

　　红旗小学围绕校本课程群构建,通过资源整合积极开发相关红色文化系列校本课程,始终契合校训,在校本课程开展基础上努力贯彻立德树人的理念,强化学生的红色文化实践体验。学校在课程构建中还加强党史教育内容,重视中华优秀传统文化内容教育,引领青少年学生传承红色基因与革命薪火,自觉承继中华优秀传统文化,进一步坚定对党和国家的热爱之情与责任担当。

一、建立校本课程群,聚焦红色文化实践体验

　　（一）开发相关红色文化系列校本课程

　　红旗小学开发的"创意'邮'园"校本课程源自美术学科,将祖国变化、社会新貌作为创作元素,感受祖国在劳动人民的勤劳与智慧下飞速发展,指导学生在邮票的方寸之间展现社会繁荣富强和人民幸福的生活。学生在社会观察、作画构图中,激发出自豪感,产生立志为祖国发展做贡献的信念和决心。"'小耳朵'红色电影音乐赏析"校本课程汇总了一首首激荡人心的红色经典乐曲,配合着电影画面,把学生带回革命战争年代,感受现在的幸福生活来之不易,引导学生产生对老一辈革命家的敬佩之情。此外,"上海的名人名处""拓印""篆刻""探寻航海博物馆"等校本课程,通过红色知识学习、红色动手实践、红色探寻体验、红色未来创新等不同的课程实践呈现,丰富学生的精神世界,拨动学生的心弦。

　　（二）依托校本课程践行立德树人理念

　　中共中央印发的《中共中央关于全面加强新时代少先队工作的意见》中明确指出,"始终把培养好少年儿童作为一项关系红色江山永不变色的战略

性、基础性工作……坚定不移强化少先队工作的政治属性,确保红色基因代代相传"。

红旗小学党政班子高度重视学校少先队工作,致力于"红"润童心,努力推动"旗"下生长。学校少先队大队聚焦红色文化的实践体验,充分挖掘红色文化的丰富内涵,依托红色文化校本课程建设践行立德树人教育理念。

1. "红"是队的根本属性,队是"红"的活动载体

红旗小学少先队大队在日常活动及少先队活动课中均充分挖掘"红色文化"丰富内容,以"红色知识学习""红色劳动实践""红色历史体验""红色未来创新"为重点融合学校育人目标,把"红色文化"作为学校少先队的重点工作方向,同时以少先队活动为载体,吸引少年儿童充分融入红色活动。

2. "红旗少年"遇见"红色文化"

红色文化校本课程的根本落脚点是学生,"红旗少年"遇见"红色文化",总会碰撞出不一样的火花。学校大队在"红色历史体验"校本课程中,鼓励"红旗少年"走进红色历史参观,记录所思所想并在"开学第一课"、少先队活动课中进行分享,一时间精彩纷呈。

【案例展示】

建党百年前夕,"红旗少年"获得团市委、市少工委的高度关注,学校少先队员受邀参与"百年百章——上海市红领巾学党史活动"活动。队员们利用校本课程活动时间,自主设计了红色行走路线。利用周末和节假日,他们前往中共一大会址纪念馆和周边的革命旧址,学习红色历史并纷纷立下成长志向。本次活动受团市委、市少工委的高度肯定,在六一儿童节,学校少先队员在活动中代表全市少先队员开展"党的故事我来讲"活动,分享参观红色场馆后的情感体验,引导全市少先队员做学习党史的"水中鱼"。

学校大队依托上海丰富的红色资源,充分发挥红色场馆在全面加强新时代少先队工作中的独特作用,推进红色文化校本课程的实践性与社会化,让课程"活"起来。这不但让队员们走入红色场馆,更让红色文化真正走入队员

们心里。

3. 坚持"红"润童心,推动"旗"下生长

红色文化校本课程为学校少先队的工作提供了方向,大队高举星星火炬,笃行红色之志,汇聚童心之力,铆足奋进之劲,促"红色文化"滋润学生心田,助"红旗少年"向阳向上生长。

【案例展示】

近几年中,学校大队获评全国少先队优秀集体,论文《红旗飘扬育童心 云端幸福伴成长》作为上海少先队"幸福教育"重点成果在《少先队活动》杂志上发表,也作为上海市少先队向党的二十大的献礼。"红旗少年"在红色校本课程的培育下,在红旗下茁壮成长。他们先后多次参与上海市与虹口区的六一儿童节主持、表演活动,先后涌现出上海市红领巾理事会成员、虹口区红领巾理事会成员、虹口区少先队典型选树代表、虹口区"十佳""百优"好少年等。

未来,红旗小学大队将会继续深入挖掘红色文化校本课程资源,让红色文化在少年儿童的教育中绽放时代光芒,激励红旗少年德智体美劳全面发展,让红色基因代代相传。

二、注重党史教育和红色基因传递,推动中华优秀传统文化继承

(一) 开展青少年党史教育,让红色基因、革命薪火代代相传

为了让红色历史代代相传,红旗小学始终重视面向孩子们的党史教育,在课堂上讲述校史故事、党史故事,让学生透过这扇窗,看到党是怎样领导人民一步步走向胜利、铸就辉煌的。教师们欣喜地发现,对学校的亲切感、自豪感,自然地唤起了孩子们对党和国家的热爱之情,增强了责任使命。

青少年是国家的未来和民族的希望。2021 年全国两会期间,习近平总书记在参加青海代表团审议时指出,要通过在全社会开展党史、新中国史、改革开放史、社会主义发展史教育,引导广大人民群众特别是青少年弄清楚中国

共产党为什么"能"、马克思主义为什么"行"、中国特色社会主义为什么"好"等基本道理,坚定不移听党话、跟党走,在全面建设社会主义现代化国家伟大实践中建功立业。革命课堂是青少年党史教育的重要阵地,学校邀请四位一线工作者讲述心得,并请学者就"新时代如何更好开展青少年党史教育"分析建言。

【案例展示】

课堂响起诵读声、歌声、讨论声。"在将近20年的时间里,被称作'红色谍星'的徐楚光一直战斗在敌人的'心脏',从事最危险的策反工作……"在烈士课堂中,充满感情的童声将一段英雄往事娓娓道来,馆内近百名观众的目光随着声音起伏而游走,在一件件展品上触摸了那段动人历史。英烈徐楚光妻子、年近百岁的朱晖奶奶也在现场,她注视着小讲解员稚嫩的面庞,露出了欣慰的神情。

加入"红色小讲解员"队伍以来,学生有一次印象深刻的讲解经历。当时,她正在讲述一位小战士奋不顾身地冲向前线、抗击敌军的事迹。原本喧闹的人群突然安静了下来,每个人都认真聆听着,被小战士的英雄气概感动。那一刻,她觉得花了大量时间和精力准备讲解工作是一件很有意义的事情。"通过'红色小讲解员'活动,我们既锻炼了能力,又了解了党艰苦奋斗的历程。对党的爱就像火苗一样,在心里燃烧。"学生纷纷争当"红色小讲解员",这项活动成了学校党史教育的一大品牌。

虹口区是新民主主义革命时期中国共产党人和爱国志士集中殉难地,也有很多全国爱国主义教育示范基地、全国青少年教育基地。近年来,红旗小学不断创新内容与形式,以英烈精神引导青少年坚定理想信念,用红色历史指引孩子们"扣好人生第一粒扣子"。

怎样才能吸引当代青少年主动走进课堂来感受革命精神、家国情怀?怎样让红色文化从课堂走出去,在孩子们内心落地生根?对这些问题,红旗小学一直在进行思考。变传统的灌输式教育为互动式、沉浸式体验,让青少年从亲身实践中感悟、成长,是红旗小学找到的答案。

【案例展示】

我们走进课堂。美术课上,孩子们用画笔蘸上颜料,虔敬庄严地在石头上涂点出那朵象征烈士坚贞不屈精神的傲雪红梅,制作属于自己的"雨花石"。

事实证明,这种动手、动口、动脑相结合的实践式红色课堂,比传统的课本学习更能激发孩子们的兴趣、打动孩子们的心灵。课后,经常有家长专门带孩子来参观游览,亲身体悟英烈精神。

我们还结合小学生的认知水平和心理特征,开发了"剪纸"系列教育活动。在活动室,孩子们有的翻阅英烈传记,有的按照教程制作英雄剪纸。随着诵读声、歌声、讨论声,孩子们的积极性更高了,感受也更深了。在教室出口的留言板旁,时常能看见参观学习结束的小朋友低头书写,神色庄重:"我今天来参加雏鹰小队活动,看到烈士不到 30 岁就牺牲了,还有一位只有 19 岁,和我哥哥一样大。""没有共产党就没有新中国,我们要铭记祖国在自己心中!"

在新冠疫情期间,按照防控要求,孩子们暂时不能走进课堂了。怎样让红色文化和他们的接触"不断线"?红旗小学精心打造了"英烈云课堂",用短视频、H5 小游戏等趣味形式讲述红色故事,使英烈精神这颗红色"种子",在大家的共同呵护下,走进校园、走进课堂、走进孩子们心中,并且生根发芽、开花结果。教师继续扎根课堂,陪伴同学们融党史入课程,让党史教育得到更多学生的真心喜爱。

(二) 巧设学习活动,品味传统游戏魅力,增强优秀文化传承

我国作为全世界唯一没有发生过文化断层的文明古国,其传统文化博大精深。民间传统游戏作为中华民族传统文化的一部分,蕴含着我们民族的价值取向、思维方式和情感表达,是对学生进行传统文化教育的重要资源。红旗小学教师注重传承崇德向善的传统美德,帮助学生了解中华优秀传统文化中蕴含的社会伦理和风尚,养成恪守诚信、严于律己、敢于担当的优秀品质,培养关心社会、关爱他人、奉献社会的思想意识,形成正确的世界观、人生观

和价值观,坚定理想信念,增强国家认同感和民族自豪感。

【案例展示】

活动一:谈话引入,引发思考

1. 师:小朋友们,你们喜欢玩游戏吗? 平时在家或学校里,你最喜欢玩什么游戏?

2.【出示:课前小调查统计表】感受长辈们小时候玩的游戏,理解传统游戏的含义。

3. 揭示课题,齐读。

4.【播放:大人玩儿时游戏的视频】看视频、质疑。

活动二:探究体验,感受魅力

(一)传统游戏蕴含智慧、充满趣味

1. 交流:一根绳子、一张纸、一根棒子可以玩的传统游戏。

2. 过渡:什么玩具也没有,就靠一双手,可以玩吗?

① 学生体验游戏"炒黄豆"。

②【出示:手的游戏图】了解"手"的传统游戏。

3. 小组讨论、交流自己发现、感受到的传统游戏的魅力。

(随机板书:易学 易玩 智慧多 强身 趣味浓)

4. 小结:我们的祖辈们在玩具缺乏的年代,充分发挥自己的聪明才智,将身边一切可以利用的东西都变成了玩具,发明出了很多简单、易学,既能强身健体又有趣的游戏。

(二)传统游戏蕴含的规则、礼仪

1. 了解投壶游戏,明确规则。

① 了解投壶游戏的历史悠久。

② 明确投壶的游戏规则:"两羽半"的距离,不能踩线、越线。

2. 体验投壶游戏,知晓游戏讲礼仪。

3. 同桌讨论、交流投壶游戏的魅力。(板书:守规则 讲礼仪)

4. 小结：投壶游戏中蕴含着中华传统礼仪，我们在玩投壶游戏的时候，不仅要守规则，还要讲礼仪。

（三）传统游戏锻炼品质、使人勇敢

1. 体验传统游戏——跳竹竿。

① 看视频，了解跳竹竿的玩法。

② 学生尝试玩跳竹竿。

2. 学生交流游戏后的感受。

3. 小结：跳竹竿这个传统游戏能锻炼我们勇敢的品质，可见，少数民族传统游戏也有魅力。（板书：勇敢）

活动三：启发释疑，课后延伸

1.【出示：成年人玩儿时游戏图】释疑。

2. 交流传统游戏和电子游戏的不同特点。

3.【播放："九子公园"介绍视频】介绍"九子公园"，布置课后活动作业。

4. 总结：今天这节课，我们认识了不少中国传统游戏，也一起在游戏体验中感受了传统游戏的魅力。让我们一起玩传统游戏，让中华优秀传统文化在游戏中传承。

本课教学是红旗小学教师以家国情怀教育和人格修养教育为重点，在充分发掘教材中传统文化教育资源的前提下，组织学生参与精心设计的学习活动。通过多方位、多角度体验、探究传统游戏的魅力，培养学生对中华优秀传统文化的亲切感和热爱之情，推动传统文化的传承与创新，同时自觉弘扬中华民族优秀道德思想，形成良好的道德品质和行为习惯。

三、红色文化与课堂教学相整合，让课程"实"起来

红色文化教育需要辅之以情景创建和情感教育，融入课堂教学中，激发学生情感心态，才更能见效。红旗小学音乐教师通过"四史进课堂，孕育爱国情"的主题，深入开展红色校本课程探索。

（一）深入挖掘教材内涵，筑牢红色文化校本课程根基

在红色文化校本课程的实践过程中，红旗小学音乐教师结合《让我们荡起双桨》深入挖掘教材内涵，重视课堂教学设计，让红色文化校本课程有了实实在在的、贴近学生最近发展区的落脚点，通过将红色文化与学科教学整合，努力让课程"实"起来。教师将中华人民共和国成立后儿童团的建立到少先队的70多年发展史这一条历史主线，通过多重演唱来表现。其中有表演歌曲《共产儿童团歌》、复习演唱《中国少年先锋队队歌》、学唱《让我们荡起双桨》以及欣赏《我和我的祖国》，形成教学主题链接，提升实际教学效果，结构如图4-1所示。前两首歌曲使学生们充分了解中华人民共和国成立后中国少先队的发展史，感受从儿童团员到少先队员的爱国情怀以及为实现共产主义而奋斗的决心，后两首歌曲是让学生感受少先队员对幸福生活的热爱，全部四首歌曲昂扬激荡，激发起学生的爱国情怀和对党和祖国的感恩之情。

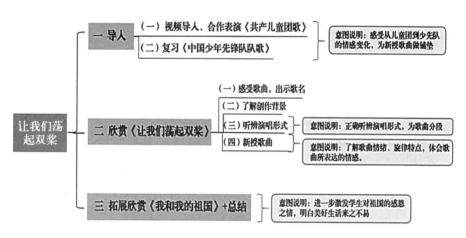

图4-1 四首表演歌曲框架图

（二）开展微型党史课，传承党的光荣传统

红旗小学在平日里开展"红领巾学党史"微型党史课，了解中国共产党百年党史里的国家的进步和发展，引导学生了解党、热爱党、拥护党。激励全体小学生继承和发扬党的光荣传统，增强他们对党和祖国的感情，激发民族自豪感和历史使命感。

【案例展示】

一、活动地点：学校多媒体录播教室

二、活动过程：

1. 导入：习爷爷教导记心中

小主持：各位少先队员们，中国少年先锋队第八次全国代表大会于2020年7月23日召开啦，这次少代会主要讨论的事情是：牢记习爷爷的教导，听党的话跟党走，为全面建成社会主义现代化强国、实现中华民族伟大复兴的中国梦做好全面准备！

播放视频（全国第八次少代会工作报告0：00~01：18）

小主持：习爷爷在致中国少年先锋队第八次全国代表大会的贺信中指出："新时代，少先队要高举队旗跟党走，传承红色基因，培育时代新人。"队员们，我们今天的幸福生活是在党领导下取得的，今天，我们学习贺信精神和全国少代会精神，都不要忘记少先队员的初心。

2. 板块一：红领巾心向党

小主持：我校少先队员陶怡辰参加了团市委队长学校组织的"从石库门到天安门"红色寻访活动，掌声有请区红理会成员，我校大队宣传部部长陶怡辰与我们分享。

微分享：从石库门到天安门（视频）

小主持：感谢陶怡辰的分享。中国共产党诞生在上海，这是上海的骄傲。石库门是中国红色征程的起点，也是中国共产党的"初心之地"。

小主持：本月少先队的实践活动，希望队员们从今天的小课堂走进社会大课堂，开展红领巾红色追忆之旅，完成争章卡上的红色寻访记录，做历史的参与者和见证者。打卡完成的小队每位队员可以得到一颗红星章的星星。

3. 板块二：红色基因代代传

小主持：队员们，我们今天的幸福生活是在党领导下取得的，今天，我们学习贺信精神和全国少代会精神，都不要忘记少先队员的初心。接下来让我们跟随一段视频走进少先队的历史。

播放视频《致敬红领巾》片段

小主持：从儿童团到少先队，我们如今的红领巾来之不易，对比现在的我们，你们感受到了什么？

（队员分享交流）

小主持：是啊，我们少先队就是在党的领导下，一步步走到今天的，党的引领是我们少先队的灵魂。1922年，党创建了第一个少年儿童革命组织——安源儿童团。革命年代，在中国共产党领导下，革命少年儿童组织队伍不断壮大。1949年10月13日，中国少年儿童队诞生，1953年改名为"中国少年先锋队"。从此，在党直接领导下的少年儿童运动就蓬勃开展起来。

小主持："红领巾心向党"是少先队光辉的特质和永恒的追求。红领巾，象征红旗的一角，记载着无数革命先烈的热血牺牲。我们要珍惜来之不易的幸福生活，热爱祖国、热爱人民、热爱中国共产党，传承"党是先锋队、团是突击队、队是预备队"的红色血脉。从小学先锋，长大做先锋。今年的"开学第一课"，有这样一群特殊的嘉宾，他们是我们心目中的先锋模范。

4. 板块三：争做新时代好队员

（PPT播放视频）

"共和国勋章"获得者钟南山：在"抗疫"这一公共卫生事件面前，什么是最大的人权？人的命，是最重要的人权。我们保住了这么多人的命，这是我们最大人权的表现。

"人民英雄"国家荣誉称号获得者张伯礼：我们中华民族是个英雄的民族，但是它是在磨难中成长起来的。

"人民英雄"国家荣誉称号获得者张定宇：当时我就下决心，我一定要为我们的病人，为我们的城市，为我们的国家筑起一道生命的长城。

"人民英雄"国家荣誉称号获得者陈薇：疫情在哪里，我们实验室就在哪里。除了胜利，别无选择。

陆军军医大学第一附属医院感染病科主任毛青：我并不认为是逆行，我更觉得是一种冲锋。

北斗三号导航卫星首席总设计师谢军：仰望星空，北斗璀璨。脚踏实地，行稳致远。

中国疾控中心流行病学首席专家吴尊友：大数据的应用，为我们及时发现疫情，及时控制疫情，及时防范疫情，都提供了非常重要的新技术。

复旦大学附属华山医院感染科主任张文宏：健康成长比成绩更重要，我们少年强则国强。

小主持：他们是值得我们铭记的时代英雄们，我们每一个人都是一束光，一束可以照亮前路、照亮生命的光，这便是中国之"光"，是我们每一个少先队员应该追逐的"光"。我们身边也有这样值得我们学习的先锋，还记得上一次的少先队活动课上，我们邀请到了援鄂英雄家长护士。

小主持：回顾援鄂医疗队千里驰援抗疫一线的场景，讲述医疗队与武汉人民并肩作战、守望相助的感人事迹，展示了医疗队员救死扶伤的无畏牺牲和奋勇向前的勇士气概，彰显了新时代的中国精神。

小主持：先前各小队开展了"寻先锋，树榜样"小队活动，接下来请各小队的代表上台交流，每位参与采访的队员都能获得一颗红星章的星星。

小主持：我们学习党史、学习榜样先锋，是要学习他们的精神。队员们，你们知道吗，习爷爷多次说道：榜样的力量是无穷的，一个人有了坚定正确的理想信念，就能不懈努力，执着追求。一个国家和民族有了坚定正确的理想信念，就能披荆斩棘、攻克难关。作为少先队员我们不能忘记我们少先队员的初心，做好伟大复兴梦的追梦人、接班人、奋斗者。如今的我们正面临着升学和择校的问题，大家都应该思考自己的未来，那么队员们，你们的理想是什么呢？我们又该如何成为担当民族复兴的时代新人呢？现在，请队员们以小队为单位，写一封给习爷爷的回信。

"回信表心意、立志向。"

交流回信，请队员们各抒己见。

（从榜样到自己，立足脚下，激励广大少先队员德智体美劳全面发展，从小学先锋、长大做先锋,不断增强光荣感和归属感,真正成为担当民族复兴的时代新人。)

小主持:队员们,"担当"这个词说起来很大,但其实就是守好我们站立的地方,在责任面前不回避,不推诿,不退缩。正是因为有无数的人担当,我们才能如此迅速地回归到正常生活,我们的"担当",就是从当下做起,从小事做起,从强健体魄和学习知识做起,立鸿鹄志,做奋斗者!下面请辅导员讲话。

辅导员结语:队员们,知来路,方能启新程,希望所有团员队员都能在今天的队课中有所收获,深刻认识自身的历史使命,更好地把握现在中国发展的大势,树立自己的使命意识,自觉地把自己的志向和国家民族的命运紧密贯通起来。牢记习近平总书记的嘱托,听党话、跟党走,传承红色基因,做共产主义事业接班人,为实现中华民族伟大复兴的中国梦时刻准备着!

请全体起立!跟我呼号:准备着,为共产主义事业而奋斗!(队员齐答:时刻准备着!)

学校组织开展的学习贯彻习近平总书记致中国少年先锋队第八次全国代表大会的贺信精神活动,引领少先队员听党史学榜样,通过"红领巾心向党""红色基因代代传""争做新时代好队员"三个微型党史学习板块,站在"两个一百年"奋斗目标历史交汇点上,引导队员高举队旗跟党走,传承红色基因,做共产主义事业接班人。

第二节 协同发力:联动校外活动基地,
拓展实践空间

红色是上海这座城市永恒的底色。上海的每一处红色资源,每一段红色足迹都凝结着革命先辈艰苦卓绝、荡气回肠的动人故事,值得学生深入走访,通过先进典型的引导、塑造,我们向学生展示爱党爱国情怀并非抽象的,而是时刻以使命担当闪烁着现实的光芒。

一、拓展校外红色文化教育基地,扩大学校红色教育阵地"版图"

红旗小学积极梳理和规划具体可行的红色寻访线路坐标,探寻对中华人民共和国成立具有重要意义的庆祝地,了解红色课程展现的重要人物以及发生过的重要事件,激发学生爱党爱国情怀的共情共鸣与情感认同。上海市江湾地区地处要冲,河网纵横连绵,人口密集,自古为繁华之地。清末民初,江湾东面,淞沪铁路一头通达吴淞口,一头直抵闸北(今静安)天通庵;水路北通往吴淞口,南流向虹口租界。学校周边有丰富的红色教育资源,"淞沪铁路江湾站"是中国第一条正式投入运营的铁路,为上海的经济和社会发展做出过重要贡献。"中共四大"第一次明确提出了无产阶级在民主革命中的领导权和工农联盟问题。还有"一大会址""李白纪念馆""鲁迅纪念馆"等作为校外红色文化教育基地,扩大了学校红色教育阵地的"版图",拓展实践体验空间,让学生在完成红色主题探寻活动任务单的同时,更深刻理解了校训中"励志"的含义,寻根红色基因,感悟革命情怀。

(一) 名人名处:故居探访,拓展实践体验空间

曾经的上海滩,风起云涌,一大批优秀的爱国人士曾将这里作为革命的阵营。因此,上海也就留下了一个个让旅行者无法遗忘的名字和他们的故居。组织学生跟着学校一起探访名人的故居,让上海耐人寻味的历史在学生们的眼前慢慢铺陈开来。

"住在上海——上海的名人名处"课程共有六个活动,分别是走进孙中山故居、宋庆龄的故事、探寻鲁迅故居、纪念陈云、探访陶行知纪念馆、一大会址回忆录。

孙中山是中国伟大的民主革命先行者,为了中国革命耗尽毕生的精力,在历史上建立了不可磨灭的功勋,在政治上也为后继者留下了珍贵遗产。因此,在第一个活动"走进孙中山故居"中,"听一听"便以讲故事的形式对孙中山的主要成就做了详细的介绍,让孩子们对孙中山有了初步的了解。"看一

看""认一认""忆一忆"这三个环节中收集了孙中山故居内的一些珍贵的照片,记录了他和夫人宋庆龄作为革命战友在这里共同走过的岁月。我们也可以看到孙中山生前曾经使用过的物品和一些重要的文献,孙中山亲手书写的遗嘱。同时,我们还介绍了这幢位于上海莫利爱路上的欧式小洋房在孙中山生前的重要作用和它的最后归属。"找一找"是课外拓展活动,通过让孩子们找孙中山和宋庆龄的战斗故事来调动学生的学习热情。

作为孙中山的妻子和革命战友,在中华人民共和国成立后,宋庆龄为妇女儿童的发展付出了很大的心力。活动二"宋庆龄的故事"通过"听一听""看一看""认一认""演一演"和"走一走"五部分的内容再现了宋庆龄的故事。其间,我们不仅能通过图片了解宋庆龄的所作所为,知道她创办的"中国福利会少年宫",还能认识宋庆龄一生中居住时间最长的住所位于上海市淮海中路1843号。"演一演"环节能让学生们的能力得到充分体现,不仅让孩子们自己写对宋庆龄的介绍词,还让孩子们作为小导游,带人们游览宋庆龄故居,进一步感悟伟人事迹。

鲁迅在中国可谓家喻户晓,但对孩子们来说还是相对陌生。活动三为"探寻鲁迅故居",进入故居时,首先映入眼帘的是鲁迅不同时期的三张照片,让学生们从"形"上认识了鲁迅。随后的"听一听""看一看"两个环节让孩子们了解鲁迅在"三味书屋"读书时的故事。活动还对鲁迅故居和鲁迅纪念馆做了介绍,并且通过孩子们实地参观鲁迅故居后的"说一说",加深孩子们对鲁迅先生的认识。

陈云对学生们来说较陌生,特别是对他战斗的那个年代更是知之甚少。活动四"纪念陈云"通过"听一听""看一看"两个环节介绍了陈云的生平和他曾经生活居住过的青浦练塘镇的故居。"说一说""演一演"两个环节给了孩子们充分的自主空间,通过说、演陈云的故事增加了娱乐性,促进孩子们对陈云的认识。

作为近代史上著名的教育家,陶行知的教育理念沿用至今。活动五"探访行知纪念馆"中"看一看"环节带领我们走近陶行知,知道他从小到大求学的经历和他投身教育的决心。走进陶行知纪念馆,他的遗著、遗物、照片让人们记住他光辉的一生。从"听一听""忆一忆""认一认"三个环节中,我们可以了解陶行知先生冲破种种阻碍和威胁办起了"育才学校",并且学校办得有声有色,闻名中外,为革命培养了不少人才。这也是他的"捧着一颗心来,不带半根草去"的赤子之心的真实写照。同时,馆中的几组珍贵的照片可以让我们了解国家领导人对陶行知的重视,对教育的重视。

中国共产党第一次代表大会的胜利召开标志着中国共产党的正式成立,因此,"一大会址"的意义非同一般。最后一个活动是"一大会址回忆录",由"听一听""看一看""找一找""演一演""想一想"五部分组成。前两个环节分别让大家认识"一大"会址,了解"一大"会址及出席大会的13位代表。后三个环节充分发挥学生的主观能动性和探究意识,让他们做小导游、讲故事,写从学校到会址的路线,更进一步加深孩子们对"一大"会址的认识。

在每一项活动的最后,都有"评一评"环节,通过一张"评价单",让孩子们做自我评价,记录下自己学习的收获。

【案例展示】

"上海的名人名处"课程科目实施与评价

一、课程实施

(一)课时安排

"上海的名人名处"——课程面向五年级学生,每周安排1课时进行活动。

(二)组织形式

根据拓展课的时间安排,分班级进入教室授课。

(三)课程的实施原则

1. 以生为本,学生是学习的主人。

教学设计和教学过程中以学生为主体,教师是学生学习的促进者、引导者,营造开放和谐的课堂氛围。

2.教学方式倡导自主、合作、探究方式。

改变学生以往单一、被动接受的学习方式,而是运用自主、多样、主动探究的学习,更多参与丰富的、生动的思维活动,和教师共同经历实践和创新的过程。师生在交流、合作中实现成果共享。

二、课程评价

"上海的名人名处"以学校拓展型课程评价方案中的评价标准为依据,结合科目特点设置相对应的评价标准,采用开放式、多元化的评价方法,让学生在评价中总结,在评价中提升。

(一)评价方式和实施主体

1.评价实施主体:教师对学生进行评价和团队队员间互评相结合。

2.评价实施方式。

在小组内开展"讲故事,说感受"的活动。参照"讲故事,说感受"评价表,在小组内互相评价。小组互评的基础上,派出一名代表参加全班小组比赛。

(1)每一个学生在活动的过程中,通过搜集,整理,要挑出"我印象最深刻的名人故事片段",完成书面的一段文字,写在"'名人故事'活动学生参评表"上,同时记录下自己最深刻的收获感悟。

(2)组内交流,选出演讲代表,在班级中轮流上台演讲故事片段,学生全体参与投选。

评价注重考查和提高学生各方面的素质,面向全体学生,具有可操作性,采用同学互评、教师评价、集体投票等多种评价方法,贯穿在整个活动的环节中,使得评价的过程也成为学生思考、探究、成长的环节,为学生的可持续发展创造条件。

(二)了解江湾:区域探寻,绘就红色足迹图谱

"了解江湾"课程共分七部分,第一部分是"探寻江湾之旅",第二部分是"抗日战场 壮烈画卷",第三部分是"寻江湾名胜",第四部分是"江湾——中医之乡",第五部分是"了解江湾名人",第六部分是"飞速发展的江湾",第七部

分是"展望江湾的明天"。

"探寻江湾之旅"：通过先让学生质疑，再交流的形式，了解江湾的历史，包括位置、范围、名称的来历、居住人口等知识。

"抗日战场 壮烈画卷"：教师先组织学生了解江湾人陈金揆英勇抗倭杀敌的故事以及在江湾地区发生的重要的战役和日军在江湾地区犯下的滔天罪行。再通过交流会的形式请同学们交流通过各种渠道搜集到的关于江湾抗敌英雄的故事，了解他们的丰功伟绩。

"寻江湾名胜"：先来了解江湾的一些有名的景点，如江湾公园、虹口图书馆、江湾陈列馆等，了解它们的特色。然后通过双休日实地考察，教师组织学生实地去参观了解，了解江湾地区的其他的一些有名的景点，最后让学生在课堂中进行交流分享。

"江湾——中医之乡"：先了解江湾历史上的名医，通过连一连的形式来搞清各位名医的特色与特长。在故事园环节中了解中医妇科医生蔡兆芝的生平、在医学上所作出的贡献，还有市中医学院筹建人之一的内科医生蒋文芳、被称为"徐麻黄"的儿科医生徐小圃等都是江湾中医的传人。最后的交流环节请学生交流自己了解到的江湾名医的故事。

"了解江湾名人"：让学生先在"资料库"中学习了解江湾的许多文人墨客及其作品，如明代李士龙的《云塘集》、严贞度的《恤刑题稿》、清代严恒的《言志集》、严振英的《暗庵诗草》、民国钱淦、张宝鉴主纂的《江湾里志》等，最后学生们交流搜集到的名人著作等资料。

"飞速发展的江湾"：了解近几年江湾地区发生的巨大变化，如复兴高级中学、江湾医院、虹口图书馆等的发展，再让学生交流自己身边看到、感受到的变化。

"展望江湾的明天"：组织学生了解江湾的新发展——新江湾城，来了解江湾目前建设中的新变化以及建设后的江湾地区的展望，再通过交流让学生表达作为江湾人的自豪感。

二、衔接红色文化劳动教育支点，深耕家班共育爱国课堂"沃土"

（一）红色文化劳动教育助力课程"动"起来

"教学做合一"是陶行知先生的生活教育方法论，除了让学生知晓红色知识外，红旗小学还特别重视融合艺术、信息技术、劳动技术等渠道进一步加强学生的劳动素养和劳动意识。

基于小学段学生年龄特点的实际情况，充分考虑不同阶段学生的能力水平，学校在一至五年级分层开展不同的劳动实践活动，如表4-1所示，鼓励低年级学生"讲述红色故事""制作红色名片"，中高年级学生"制作红色小报""编写红色诗集""进行红色场馆演讲"并设计活动目标、内容及评价方案，通过丰富、形象的劳动体验活动，将红色种子埋入每个学生心中。

表4-1 一至五年级分层开展劳动实践活动表

年级	活动名称	方案内容	核心素养
一年级	红色故事我来讲	学生以"红色故事宣讲员"的身份，了解五月中的红色故事，学习讲好红色故事的方法，通过录音、录像软件学习练习、提高，与伙伴们分享交流	乐学善学 信息理解 语言构建
二年级	英雄名片我制作	学生以"英雄名片制作人"的身份，了解英雄的事迹，为英雄制作一份"英雄名片"，并进行适当美化	信息意识 审美情趣 动手能力
三年级	红色小报我来做	学生以"红色小报创刊人"的身份，了解"红五月"的历史，制作小报，宣传"红五月"	信息技术 健全人格 问题解决
四年级	红色诗集我来编	学生以"红色诗集小编辑"的身份，收集有代表性的英雄红色诗歌，为低年级同学、同伴、老人等不同人群编辑诗集	人文情怀 文学修养 乐于分享
五年级	红色场馆我介绍	学生以"红色场馆讲解员"的身份，了解红色场馆的具体展品、介绍词，制定游览路线，带领同学们云游红色场馆	勇于探究 实践行动 社会责任

在实际的校本课程教学过程中,红旗小学还力争实现学校、家庭、社会联手合作的"三位一体"教育。学校提出"学校课程共同体"的理念,由校长、教师、家长、社区人员及课程专家等参与红色校本课程开发的相关人员组成的集合体,各方共享资源,通过沟通、协作、决策,共同为确保学生实践体验凝心聚力,力争把红色文化与劳动教育相契合,让课程"动"起来。

2021年3月5日,红旗小学开展"雷锋精神我传承"主题活动,队员们在国旗下演讲,传承雷锋精神,还在红领巾广播里讲述雷锋的故事,引领学生自觉践行雷锋精神。

2021年4月起,红旗小学开展学习"地下少先队"精神,观看红色电影《地下少先队》,通过校内宣传学习,激发校内少先队员永远跟着共产党走,做共产主义事业的接班人的决心。响应团市委倡议"我为地下少先队群雕修缮尽份力",捐出1元钱,为革命小先烈尽份力。1元钱虽轻,但饱含了红旗小学少先队员传承红色基因,为祖国、为家乡做贡献的决心。通过爱心义卖,表达学校少先队员学习革命小先烈的决心,用实际行动为领巾增添新的光彩。学生在假期中游览修缮后的"地下少先队"群雕,将小先烈事迹及形象印刻在自己心中,并感受其中有自己的一份力量,体会"集小力,成大事"的少先队团结精神。

2021年5月,学校开展了"五月红歌会",让学生了解"红歌"的由来,积极学习,积极传唱。在唱响红歌的同时,体验红歌中的歌词含义及蕴藏的力量,并将这些个人或小组学习的成果带到中队及大队中,做到人人都会唱,队队有歌声。此外还开展了以"走进红色经典,传承红色基因"为主题的语文节暨少先队项目化学习活动。在红色的五月,红旗小学全体少先队员重温了红色经典,深入学习了红色精神。

(二)开展劳动习惯养成教育的家班共育实践

针对当前儿童劳动意识淡薄、劳动技能缺乏的现象,红旗小学实施家校共育,开展"爱劳动"班本特色活动,初步探索出五项行动策略:家校共商,制订劳动计划;家校共教,学习劳动技能;家校共建,营造劳动氛围;家校共育,培养劳动意识;家校共赢,塑造劳动达人。结合策略进行反思,让每一个孩子都爱劳动、会劳动。

党的十九大报告提出,要"建设知识型、技能型、创新型劳动者大军,弘扬劳模精神和工匠精神,营造劳动光荣的社会风尚和精益求精的敬业风气",培育工匠精神,要通过劳动教育培育学生精益求精、认真严谨、专业敬业的工匠精神。

我国教育部在2017年8月颁布了《中小学德育工作指南》,明确了实践育人的指向,对加强劳动实践提出了具体要求和内容,把劳动教育落细、落小,落到育人实处。现在学校所面对的学生大都是独生子女,自理能力差,服务意识薄弱。然而社会发展的激烈竞争对新型劳动者的道德素养、精神品质、毅力等方面的素质提出了较高要求,作为新时代的少年儿童,有必要加强劳动技能和创新意识的培养。

劳动教育如何在家庭与学校的通力合作中走得更远? 如何让小学生爱劳动呢? 红旗小学围绕劳动习惯养成教育进行了实践与思考。

1. 劳动习惯养成教育的重要意义和价值

(1) 帮助学生养成良好的劳动习惯,促进学生全面发展。培养小学生良好的劳动习惯不仅能促进学生社会性的发展,还为学生成长过程中的自我服务、自理能力和身心健康发展做好铺垫。同时在家班共育的模式下,能最大限度促进学生身体、智力的发展,使其情感、自身劳动素养都得到提升。

(2) 帮助家长树立正确的教育观念,形成家班合力。教师在教育实践的过程中引领家长学习专业的育儿知识,帮助家长树立正确的教育观念,进一步提升亲子互动、家班互动的有效性,促使家班共育,从而最大限度帮助学生劳动习惯的养成。

(3) 帮助教师树立正确的价值观,提高教师整体素质。一方面,在工作实践中不断促使教师思考研讨开展家校共育的多样化方法和途径,另一方面,在教师及家校同步教育的过程中,形成一套科学的社会领域学生劳动实践能力养成的观察、记录活动案例,为日后在培养学生劳动习惯养成方面及社会性发展方面做好铺垫及前期保障。

2. 家校合作,推进儿童劳动教育的行动策略

(1)家校共商,制订劳动计划。教育首先是要让孩子懂得幸福生活基于辛勤劳动之上,把劳动当作生活的乐趣,才能发自内心地爱上劳动。劳动教育是长线教育,劳动教育的场所在学校,更在家庭。

因此,红旗小学教师与家长商定后,制订爱劳动培养计划,每位同学建立个性化的"爱劳动成长袋",在班级中有一人一岗位,家庭都有劳动"责任区"。

(2)家校共教,学习劳动技能。红旗小学组织开展"雏鹰争章"活动,通过学做值日生,学会扫地、排课桌、擦黑板、弯腰拾起身边的垃圾,做到教室卫生自己打扫。在家学做小家务,自己理书包、整理书桌并学做简单小家务。

在争章活动中,学校做值日生评比和家长做小家务评比相结合,家校共教,推动劳动教育教学活动的开展。

每周开展"理书包""剥鸡蛋""叠衣服""系鞋带"劳动技能学习,回家在父母的具体指导下再进行操作实践,孩子们兴趣盎然。

在一日开放活动中,家长来到学校,看到孩子劳动的成果,学会了剥毛豆、掐豆芽、系鞋带、折叠衣服劳动技能,露出了会心的笑容。

(3)家校共建,营造劳动氛围。一是开展节庆教育,关注亲子互动。基于小学生认知特点和生活经验,以丰富多彩的活动为载体,红旗小学通过节庆教育进行家校共育劳动践行。比如:"三八"妇女节,教师要求学生用课堂上学到的劳动技能为妈妈分担家务,懂得感恩,采用找一找、学一学、写一写、做一做等形式开展,并通过照片展示美丽劳动瞬间,由家长给予评价。五一劳动节,学校开展以"劳动最美丽"为主题的亲子系列活动,让同学们通过讲述身边长辈的故事了解劳动节的由来,开展"发现劳动者之美"小小摄影展,引导学生用心、用智慧的双眼去寻找身边最美的劳动者。

二是注重劳动实践,学会服务他人。学校要求学生把在课堂上学会的劳动技能在家庭中开展实践,达到巩固作用。让学生在家庭实践中明理,巩固劳动技能,增进亲情,以此促进家校和谐。根据劳动项目要求,以"小手牵大

手"的形式寻找社区实践点,从服务自我入手到服务社会,在为他人服务的实践活动中,体验助人的乐趣,在为他人、为社会服务的同时,增强劳动意识,培育良好品质。

(4)家校共育,培养劳动意识。疫情期间,居家学习成为了延迟开学期间特殊教育模式,但是孩子的成长不能"延期",宅家期间,学校引导家长让孩子学做一些力所能及的家务劳动,可以充实孩子的生活,体会父母平时的辛苦,懂得劳动的光荣。

家务劳动习惯的培养,不是一朝一夕的事情,应有目的、有计划地进行良好的家务劳动训练。首先,应正确看待孩子的年龄特征及个体差异,因材施教。家长应针对孩子的年龄特点,提出相应的要求。例如,低年级的孩子可以让他们学习饭前摆放餐具、洗手绢、整理图书、书包等;三年级的孩子可以让他们学习叠被褥、洗碗、收拾饭桌等。高年级同学可以自己去超市购买生活用品等。

每个家长都希望自己的孩子尽早学会独立生活,家长可以设计《小能手劳动情况记录表》,记录孩子在家独立生活及劳动的情况。例如,完全独立完成的项目打√,有时独立完成的打△,常需成人帮助完成的打×。可以设计洗碗、收拾饭桌、扫地、整理书桌书橱、整理床铺等栏目,请孩子自己把每天做的情况用符号标出来。为了孩子的调动劳动的积极性,开始可以用贴画记录,后来慢慢用打√代替。

在前面一系列活动的基础上,儿童对劳动已经产生了一定的兴趣,并且掌握了一定的劳动方法与技能。学校开始将这种外显的教育成果逐步内化,激发儿童的主观能动性,培养劳动意识,让他们真正地爱上劳动。让孩子们撰写心得体会,利用班会课时间定期召开劳动技能比赛,让孩子切实感受到劳动的乐趣,体验到了劳动的价值,增强了生活的自信心,形成了"劳动光荣、劳动自豪、劳动伟大、劳动美丽"的价值观,从而更加珍惜劳动果实,更加尊重劳动和劳动者。

(5)家校共赢,塑造劳动达人。红旗小学重视教育孩子们从小热爱劳动、热爱创造,通过劳动和创造播种希望、收获果实,也通过劳动和创造磨炼意志,提高自己。通过充分的家校沟通、家校合作,赢得家长的支持配合,使家长成为孩子进行家务劳动的指导者和协助者,家校同盟形成教育合力。在这一过程中,孩子们能够尽早养成积极的劳动意识、良好的劳动习惯、正确的劳动态度,对学生的全面发展、终身发展具有十分重要的作用。

3. 家校合作,推进儿童劳动教育的理性思考

教育家苏霍姆林斯基说,"儿童只有在这样的条件下才能实现和谐全面的发展,就是两个教育者,即学校和家庭,不仅要有一致的行动,要向儿童提出同样的要求,而且要志同道合,抱着一致的信念。"关于家校合作,红旗小学探索建立一种家庭教育和学校教育相互配合的双向循环活动,以学生的德智体美劳全面发展为中心,围绕中心家校交流、互补。同时,劳动教育作为一门包容性极强,内涵与外延都极为广泛的融合性学科,在发掘学生的优势智能方面有着得天独厚的优势,既能在劳动教育中融入德育、智育、体育、美育,又能横向融入其他四育之中,挖掘各学科课程教学中隐性的劳动教育功能,从而形成"五育并举",在全面贯通整合的育人过程中,更好地发掘儿童的优势成长区,给优势智能带动弱势智能提供充分的迁移通道空间。

红旗小学充分发挥家校共育在推进儿童劳动教育中的积极作用,使劳动教育与"德智体美"的教育同步,把同学们培养成勤于劳动、善于劳动、热爱劳动的高素质劳动者,实现"五育协同"、落实立德树人的根本任务。

苏霍姆林斯基还说过,"教育的效果取决于学校和家庭影响的一致性。如果没有这种一致性,那么学校的教学和教育过程就会像纸做的房子一样倒塌下来。"探索家校共育的道路还很长,学校、家庭、社会教育只有紧密联系,形成教育共同体,才能真正实现教育共赢,共同为孩子的健康成长保驾护航。

(三)家班共育,播撒爱国种子,推进爱国教育

为了培养小学生爱国主义精神,红旗小学坚持家班共育播撒爱国的种子,从完善爱国主义教育的课程体系、丰富爱国主义教育的形式、开展爱国主义教育社会实践活动三个方面梳理小学阶段爱国主义教育的开展策略。

1. 完善爱国主义教育的课程体系

学校在《道德与法治》必修课的基础上，开展爱国主义教育的校本课程，并组织编写校本教材。教材除了包含传统爱国革命题材，还体现了时代特征——社会主义核心价值观、习近平新时代中国特色社会主义思想、中国梦，以鲜活的人和事反映新时代的爱国思想。语文课程在培养学生听、说、读、写等方面能力的同时，还要兼顾学生的人文教育。目前，语文教材中有大量的传统爱国诗词文章和爱国故事，同时革命历史题材文章也在统编语文教材中增加了比重，这些课文题材，能很好地激发学生爱国情感。

"中华传统文化优秀基因现代传译"作为具有独创性的传统文化教育课程体系，是红旗小学校本课程中语文学习的综合实践活动，是国家课程的辅助与延伸。该课程每个单元由六个板块构成，分别是"字之象""诗之声""文之韵""事之理""人之情"和"文化点醒"。六个板块围绕本单元的核心展开，从看得见的文字入手，到不易看见的文字背后的事理与人情，再到更不易发现的与现代人及其生活的内在关联，引导学生发现支撑背后的思维方式与文化逻辑。

"传统文化有怎样的存在方式？这是落实中华优秀传统文化教育首先要思考的。"用基因解释传统文化，是黄荣华团队找到的切入点。中华传统文化优秀基因现代传译课程的编写依据是找出中华文明体中支持其超稳定性特征的优秀基因，探索这些优秀基因有怎样的存在方式和根本属性，各自有怎样的活性力量，相互间有怎样的关联，进而绘制出可进行现代转译与传播的优秀基因图谱。

在图谱中，"中""华"两个基因点是核心基因。如果用一个基因点来说明中华文明体，那就是"中"。从地理空间的"中心（中国）"，到心灵空间的"中正"，再到形而上的哲学世界的"中庸"，这个"中"构成了中华文明体的"核心"基因。如果用两个基因点来说明中华文明体，那就是"中华"。"华"也可以从三个层面来认知：从区别于野蛮人而彰显自我文明属性的"华夏"，到体现民族大融合的文化意义的"华族"，再到表达中华文明体审美高度的"华章"，构成了"华"这一基因的基本内涵。"中""华"合而为"中华",意味着我们是居住在大地中央、穿戴华美衣饰的华夏人。几千年来,中国人就是以这样的文化自信热爱着自己居住的这块土地,热爱着自己拥有的文明。

"中华传统文化优秀基因现代传译"校本课程旨在引导学生以现代人的生命方式,进入中华传统文化的深处,明白自己的生命所在,明而感之,感而爱之,爱而皈依之,最终产生古今生命的联通,实现古今生命的对接。班上的学生从一年级起每周五都会在拓展课上与传统文化为伴。学校相信经过五年的熏陶,这些学生一定能成为"有中国心的现代文明人"。

2. 丰富爱国主义教育的形式

红旗小学努力丰富爱国主义教育的形式,第一,少先队活动。小学阶段,少先队是对学生进行爱党爱国思想教育的重要组织,会定期开展升国旗、开队会等一系列组织性强、仪式感浓的活动,学生通过佩戴红领巾、敬队礼的方式体现其自豪感。第二,爱国演讲比赛。学校还定期开展爱国演讲比赛,演讲稿倡导高年级学生自己写,低年级学生让家长写稿、自己演讲。通过激情四射的比赛,学生把自己的梦想和中国梦结合起来,把自己的前途和中华民族伟大复兴联系起来。第三,爱国经典诗文诵读。每个时代不同国家都涌现出了一批杰出的爱国人士及爱国诗文,这些都是爱国主义教育的宝贵资源。学生在诵读爱国经典诗文的过程中,既传承了古今中外的传统文化,又能从中感悟古今中外爱国人士的爱国情怀,进而达到情感的共鸣。第四,观看爱国题材影片。爱国电影可以克服因时代背景不同而产生的情感脱离,激发学生爱国情感。因此教师用观看电影这种学生喜闻乐见的形式,把曾经发生的波澜壮阔的历史画面生动地展示在学生面前。第五,爱国主题的读书活动。阅读是学生积累知识、开阔视野的重要渠道。在读书活动中,教师把爱国故事和革命题材的书籍推荐给学生,使其在阅读活动中了解革命历程、爱国事迹,培养爱国情感。第六,课本剧展演。语文课本上有许多爱国故事,学校据此组织专项活动,让学生编排课本剧,使其在排练过程中揣摩角色、挖掘人物内在情感,进而产生爱国情感和对革命先辈的崇敬之情。第七,中国梦征文活动。学校围绕中国梦开展主题征文活动,拉近学生和中国梦的距离,使其明白中国梦既是国家民族的梦想,也是自己的美好梦想。实现了自己的梦想,也就实现了中国梦,这也是新时代的爱国主义思想。

3. 开展爱国主义教育社会实践活动

爱国情感和思想只有在实践中才能落地生根,产生实效。学校通过组织带领学生参观附近革命旧址,使学生在瞻仰历史遗迹的同时,缅怀先烈,受到心灵的洗礼。而在假期中,学生在家长的配合下,积极开展红色游学活动,参观革命老区、革命陵园,沿着红军长征的路线游学,这样在增长见识的同时,也能使其体会革命胜利的艰辛。在暑假里红旗小学的学生们兵分两路,一队参观四大会址,另一个家庭互助苑小队,参观了鲁迅纪念馆。这样的爱国主义教育实践活动,生动鲜活地体现出了时代特色,有效培养了学生的家国情怀。总而言之,在新的历史时期,教师要拓展思路,赋予爱国主义新的内涵,把学生的爱国教育和中国特色社会主义的建设事业结合起来,以学生更容易接受的活动形式开展爱国主义教育。

第三节　合作创生：发挥学生主体作用，孕育项目化学习

项目化学习是非常适合小学阶段创生教育的课程形式,最鲜明的特点是以项目为主线,以教师为引导,以学生为主体,通过将教学目标进行细化分解成一个个项目任务,让学生围绕一系列的项目活动,轻松启程,快乐探究,积极发现,踊跃展示。以项目化学习这一创新形式为导向,用好红色文化资源,引导学生通过自主探究和实践开展红色教育,用自己特有的方式逐渐去发现和表达对"中国共产党为什么'能'、中国特色社会主义为什么'好'"这些抽象问题的坚定的认识,让红色基因、革命薪火的传承在小学教育阶段就深深扎根。

一、发挥学生的主体作用,夯实青少年革命传统教育

(一) 结合校训校史学习,引领学生爱党爱国

红色文化蕴含丰富的精神财富,彰显了中国共产党人的理想信念、革命意志、家国情怀和价值追求。结合四字校训和校史学习,学校开展红色讲坛、红色影片、唱响红色歌曲、征集《红旗小学三字经》等主题化、系统性的项目活动,让红色故事"育红心",学生述往知来,知史爱党。其中师生在共同创编《新三字经红旗谣》过程中,了解百年老校的校史历程和校训精神,打造红色品牌,将"诚、志、勤、乐"的校训魂内化为学生的精神追求,让学生在追寻红色足迹里感悟校训的深刻内涵,坚持"立德根",真正入心入脑入行,引领广大学生感悟中国共产党人的光辉奋斗历程,体悟新中国成立的艰辛历程和光辉历史,让广大学生从内心深处形成爱党爱国真挚情感。

以"传承红色基因:五月为什么这么红"为主题的项目化学习活动为例。红旗小学各年级围绕红色教育主题,分别以红色故事宣讲员、英雄名片制作人、红色小报创刊人、红色诗集小编辑、红色场馆讲解员的身份,在讲故事、做名片、画小报、编诗集、做讲解的活动过程中,不仅提高了学生综合运用学科知识的学习力,还了解了革命先辈们为争取民族独立、国家富强和实现中华民族伟大复兴而艰苦奋斗的历程,懂得幸福生活的来之不易,更激发了学生永远跟着共产党走,做共产主义事业的接班人的决心。

(二) 喜迎二十大再出发,夯实革命传统教育

举世瞩目的中国共产党第二十次全国代表大会 2022 年 10 月 16 日上午在人民大会堂隆重开幕。大会的主题是:高举中国特色社会主义伟大旗帜,全面贯彻习近平新时代中国特色社会主义思想,弘扬伟大建党精神,自信自强、守正创新、踔厉奋发、勇毅前行,为全面建设社会主义现代化国家、全面推进中华民族伟大复兴而团结奋斗。

三年级的小学生正处于刚刚入队的年龄,二十大正好可以帮助他们激发

爱国情怀,树立小学生对于中华文化、对于中华文化生命力的坚定信心。红旗小学通过班队会课的学习,引领学生热爱国家的通用语言文字,热爱中华文化,继承和弘扬中华传统文化、革命文化、社会主义先进文化,关注和参与当代文化生活,初步了解和借鉴人类文明优秀的成果,具有比较开阔的文化视野和一定的文化底蕴。

【案例展示】

渗透红色文化,传承红色基因

——"童心心向党　喜迎二十大"主题班会教育

(一) 导入

师:小朋友们,1921 年的 7 月 1 日,是我们中国共产党成立的日子,转眼即将迎来二十大的召开。在这百年间,我们中华人民共和国和中国共产党经历风雨,成长了起来。对于这段岁月里无私奉献的人们,我们必须记住他们,缅怀他们。我们今天的主题教育课的题目就是:童心心向党,喜迎二十大。

(师出示课题)

师:一般在庆祝一个日子的时候,小朋友你们可能会唱一首歌、跳一支舞。而在我们中国共产党成立一百周年的日子里,小朋友们会怎么去庆祝呢?

预设:念一首诗、画一幅画。

师:其实庆祝的根本还是在于我们先要了解历史,知道有那么多在自己岗位上辛苦奋斗的人们为了国家的进步,付出了自己的努力与艰辛。我们今天就来进行三个环节,先是跟着老师一起了解一下我们中国共产党成立的这一百年来,我们中国人民是如何为祖国进步献上自己的礼物就是他们的智慧和付出的。

(二) 了解祖国的进步

(1) 中国共产党的诞生

师:1921 年 7 月,中共"一大"在上海秘密举行。7 月 30 日晚,因突遭法国巡捕搜查,会议被迫休会。此后,"一大"代表毛泽东等人,从上海乘火车转移到嘉兴,在南湖的一艘游船上完成了一大会议程,宣告了中国共产党的诞生。而1921年7月1日,就是我们党诞生的纪念日。

师:这一百多年间,我们国家发生了翻天覆地的变化。各行各业都有生命不息奋斗不止的中国人民,其中不乏我们优秀的中国共产党的努力,为祖国的进步奉献出了自己的一份力。

(2)科技进步:"两弹一星"

师:"两弹一星"最初是指原子弹、导弹和人造卫星。"两弹"中的一弹是原子弹,后来演变为原子弹和氢弹的合称;另一弹是指导弹。"一星"则是人造地球卫星。在当时国家经济、技术基础薄弱和工作条件十分艰苦的情况下,自力更生,发奋图强,依靠自己的力量和苏联的帮助,用较少的投入和较短的时间,突破了核弹、导弹和人造卫星等尖端技术,取得了举世瞩目的辉煌成就。(出示"两弹一星"元勋照片合集)这是23位为了"两弹一星"而贡献出自己力量的科学家。他们通过不懈努力、奋斗为祖国献上了礼物,就是他们智慧的成果——"两弹一星"。

(3)农业进步:杂交水稻的诞生

师:"世界杂交水稻之父"袁隆平解决了几亿人口的中国人吃饭的问题,保障了国家粮食的安全。另外也通过这一项技术,帮助了更多国家,促进了国际友好发展。中国的耕地土地面积相对于人口的数量来说是非常小的,但那么少的土地生产出来的粮食可以养活我们中国那么多人,很大一部分的贡献都是来自杂交水稻,袁隆平功不可没。

(4)医学:从诺贝尔奖到抗击新冠疫情

师:诺贝尔奖是世界最高的科学奖项,多年从事中药与中西药结合研究的屠呦呦发现了青蒿素,成为首获科学类诺贝尔奖的中国人。她的成就是中国科学界的骄傲,她埋头苦干潜心钻研的工作态度也是值得我们每一个中国人所学习的。再说到最近的新冠疫情,有我们最熟悉的钟南山院士,也有我们国家那么多默默无闻的白衣天使们,这些英雄为了抗击疫情奉献了自己的力量,这些是他们为祖国献上的礼物。

(5)航天:飞向太空

师:经过 50 多年的发展,在党中央、国务院的正确决策和领导下,航天事业经过发展导弹、运载火箭、人造卫星、载人航天等几个阶段,目前已经形成了体系,形成了规模。2003 年 10 月,"神舟五号"飞船载着中国第一位宇航员杨利伟升空,飞船在太空绕地球飞行 14 圈后,返回舱于内蒙古成功着陆。2005 年 10 月 12 日早上 9 时,"神舟六号"飞船载着两位中国宇航员费俊龙和聂海胜发射升空。中国共有 11 名宇航员(14 人次)上过太空,其中,景海鹏一个人就三次上太空,聂海胜两次上太空。

出示:

1. 神舟五号:2003 年 10 月 15 日,航天员:杨利伟。

2. 神舟六号:2005 年 10 月 12 日,航天员:费俊龙、聂海胜。

3. 神舟七号:2008 年 9 月 25 日,航天员:翟志刚、景海鹏、刘伯明。

4. 神舟九号:2012 年 6 月 16 日,航天员:景海鹏、刘旺、刘洋(女)。

5. 神舟十号:2013 年 6 月 11 日,航天员:聂海胜、张晓光、王亚平(女)。

6. 神舟十一号:2016 年 10 月 17 日,航天员:景海鹏、陈冬。

(三)知识小问答

师:刚刚我们听了那么多故事,老师现在来看看你们记住了多少。

班级同学按照座位分为四个大组,每个小组派一位同学上场,轮流进行知识问答游戏,得分多的小组获胜。(题目略)

老师根据答题正确率最高的小组颁奖,由参赛学生代表小组,发表得奖感言。

(四)回顾阅兵式

师:同学们刚才经历了知识问答环节,知道了我们中华人民共和国成立以来,通过那么多人的努力,在各个领域有了如此翻天覆地的进步。老师现在请大家看一下这个视频,视频里面是我们新中国成立以来的阅兵式合集。希望同学们通过这个视频用心观察,在这些年月来,我们中国发生了怎么样的变化。

预设：

同学1：我们中国的阅兵式阵仗越来越大了。

同学2：我们的武器和装备越来越先进。

同学3：我们的科技越来越进步了。

师总结：历年的阅兵仪式非常直观地呈现出了祖国的繁荣和昌盛。我们如今的成就和辉煌都离不开最初那一代伟人们的努力和无私奉献。

（五）喜迎二十大，童心献祝福

师：为了喜迎党的二十大，请小朋友们献上礼物。请拿出事先准备好的贺卡，在上面写上你们对于祖国的祝福，也写下你们的理想与希望。

同学交流分享，师总结。

整体板书：

童心心向党　喜迎党的二十大

进步光辉我知道

知识问答你我他

献礼写下心愿卡

为了喜迎二十大，传承百年美善文化，红旗小学结合艺术教育特色，厚植红色教育基因。学校通过班队会课，在教学教导中嵌入红色宝藏，课外活动中讲好红色故事，熏陶红色文化，守正创新中打造红色阵地，践行深度"融学"、多元"引学"、实践"研学"、阵地"助学"，让校园红色教育别样红，学生家国情怀更加深厚，教师使命担当更加彰显，学校党建引领更加有力。"童心心向党　喜迎二十大"主题班会教育的设计源于学生文化自信培养的需要，中华优秀传统文化是语文课程的载体之一，而过往的伟人献礼是中华优秀传统文化的重要组成部分，源远流长的历史传承着文化的血脉，延续着文化的记忆。喜迎二十大作为特殊的时间节点，是培养学生文化认同感，帮助其感受中华优秀传统文化生命力的最佳途径。

二、建强少先队和班集体，推动青少年红色文化继承

(一) 依托少先队活动课，争章入队、勇当先锋

少先队是中国共产党创立和领导的少年儿童群众组织，是少年儿童学习中国特色社会主义和共产主义的学校，这就决定了少先队活动课内容的政治性。少先队活动课应以理想信念教育为根本，以"五爱"教育为基础，以中国梦和社会主义核心价值观教育为主线，注重培养少年儿童对党和社会主义祖国的朴素感情，团结、教育、带领少年儿童听党的话、跟党走，从小学习做人、从小学习立志、从小学习创造，养成好思想、好品行、好习惯，时刻准备着为实现中华民族伟大复兴中国梦的美好未来努力奋斗。

对教师来说，培养好少年儿童是一项关系红色江山永不变色的战略性、基础性工作。要把党的要求不折不扣地贯彻落实到少先队的工作和建设之中，推进党团队育人相衔接。少先队活动课是少先队进行教育实践活动的最基本的组织单位，它有具体的内容、目标、环节和标准，有一定的时间规定，是辅导员进行德育教育的重要阵地。

【案例展示】

红旗小学在三年级的少先队活动课中，开展了"争章入队"的活动，对队员有非常大的教育意义。三年级的队员对于加入少先队是充满向往的，非常热切地盼望自己能早日戴上红领巾。大队部延续了一、二年级"争章入队"的要求，在低年级少年儿童初步对队知识有一定了解的基础上，三年级要求队员在争章入队时做到"六知，六会，一做"，通过辅导员老师的教育，队员知道少先队的队名是"中国少年先锋队"，简称少先队，知道少先队的创立者、领导者是中国共产党，少先队是党创立和领导的少年儿童的群团组织，把坚持党的领导作为第一条基本原则，提出要高举队旗跟党走，凸显了少先队传承红色基因的神圣职责，进一步培养少年儿童对党和社会主义祖国的朴素情感，确保红色基因代代相传。

在少先队活动课上，大队辅导员带领大家进行了入队仪式，当队员们戴上红领巾的那一刻，有些孩子流下了激动的泪水，此刻他们的内心是无比激动的，更进一步体会到热爱祖国的情感。辅导员带领他们一起把入队誓词念了一遍：队员们报了自己的名字，在这一刻，他们爱祖国，想要认真学习的心情是真实的。少先队员们认识到他们是共产主义接班人，要为了将来建设祖国添砖加瓦。

队员在学习队知识时，更进一步了解到红领巾是少先队员的标志，是红旗的一角，象征着革命的胜利。它是用革命先烈的鲜血染成的，代表着无数英雄的鲜血。辅导员通过讲述黄继光、邱少云、刘胡兰等为革命事业英勇牺牲的英雄的感人事迹，引导队员们感受如今的幸福生活来之不易，大家要好好学习，将来为建设祖国贡献一份力量。通过学习，少先队员学习到了队徽由五角星加火炬和写有"中国少先队"的红色绶带组成，五角星、"中国少先队"五个字和火炬柄为金色，绶带和火炬的火焰为正红色，火焰和绶带镶金边，"中国少先队"字体为黑体。在天气炎热的时候，队徽可代替红领巾佩戴等知识，对于少先队的光荣历史和前进方向有了更深刻的认知。

通过这样的课程，学校在少年队员心中根植了"诚实、勇敢、活泼、团结"的作风。让学生们认识到，诚实就是说老实话，办老实事，做老实人，不说谎骗人。少先队员待人做事要忠诚老实，绝不能欺骗老师、同学和家长。对于现在的孩子来说，他们犯错会有抵赖或不承认的情况，这与少先队的作风是相悖的。辅导员会以此为案例，在队课上教育队员，要成为一名合格的少先队员，有错要承认，只有先认识到错误，才会更好地改正，老师和同学都可以提醒监督你，犯错不可怕，可怕的是不认错，有了缺点错误，不要掩饰隐瞒，要从小养成实事求是的作风。要对祖国、对人民忠诚老实，决不做损害公共利益的事情。同样，学生们还学习到勇敢是指为了人民的利益、敢于同敌人、同困难做斗争。对待敌人，对待歪风邪气要坚决斗争；对待学习、工作和生活中遇到的困难，要想办法解决，要努力战胜它；要勇于批评自我批评，对待自己身上存在的缺点和错误,要下决心去克服和改正。学习到活泼不只是爱唱歌、爱跳舞,要思想活跃,敢想敢说。要有钻研精神,爱动脑筋。在学习、工作和生活中,遇事问个为什么,寻根究底,勇于探索;不唯唯诺诺,也不马马虎虎。要性格开朗,朝气蓬勃,对学习、工作、生活充满信心和力量。还学习到只有团结才能产生伟大的力量,建设四化,保卫祖国,振兴中华,都离不开全国人民的团结一致。养成团结的好作风,要从小做起,要从小事情做起。要尊敬长辈,对同学互助友爱。谁落后,热心帮助、有优点,虚心学习。通过这样的队课教学,帮助学生们在少先队组织里,过上友爱的民主生活,经常开展表扬和批评,促进团结,共同进步。

(二) 红色文化进班集体,促进班级德育工作

1. 将红色文化融入班队建设的德育工作

如何帮助小学生树立正确的"三观",教育孩子们在人生发展中不迷失方向,成为热爱国家热爱人民的人? 将红色文化融入班集体建设,合理应用在小学班级德育工作中,可以给予学生正能量的熏陶,将他们从低俗思潮中解救出来,促进学生思想道德素质明显提升,能够很好地减轻不良文化对小学生的侵蚀,弥补小学德育的不足,为学生营造一个红色健康的学习成长环境。

红色文化是我国特有的优秀文化,极具历史内涵与时代价值。由此,在小学阶段,老师不仅需要加强德育教育工作,而且需要创新引入红色文化,并不断探究总结科学教育手段,优化德育工作,促进学生思想道德素质大幅提升。

第一,创设红色环境,给予德育熏陶。在德育教育活动中,融入红色文化元素很有必要,益于德育目标迅速达成。环境对学生的影响是潜移默化的,同时也是不可忽视的,可以通过多元手段创设浓郁的红色文化环境条件,从而给予学生良好德育熏陶。

【案例展示】

红旗小学组织学生以红色革命故事为主题,布置宣传版面;利用语文课

的拓展学习时间,以小组为单位,收集革命诗歌,制作革命诗集,进行交流展示与评比;在午间活动时,播放一些红色歌曲,包括《我的祖国》《英雄赞歌》等,在听觉上给予学生生动感染与熏陶;在庆祝建党百年活动中,开展班级红色文化建设评比活动,营造浓厚的学党史、知党情氛围等等。队员们还自发相约学校与国旗合影,在操场上手握国旗围成"71""爱心",录制视频祝福祖国繁荣昌盛、灿烂辉煌。辅导员则为队员们上了一堂中国共产党的微型简史课。通过活动为学生们创设良好红色文化环境,自然而然使学生们受到有益德育熏陶。

第二,引入红色资源,优化道德教育。一直以来,小学思想道德教育工作中,教师们虽然在既定目标的指引下努力引用多元科学措施,只为达到预期学生德育目标,但很多时候结果都不尽如人意,而其中一个原因就是其所用资源存在局限性。由此,教师需在充分认识红色文化元素价值的基础上引入丰富红色资源,辅助具体德育工作,从而优化思想道德教育工作,切实促进学生道德品质提升。

【案例展示】

班队活动课上,学校为学生们播放红色主题的影视作品,如《地道战》《上甘岭》《永不消逝的电波》等,引导学生积极阐述自己的观影感受,并以文字形式将自己更深层次的思考所得呈现出来;向学生们推荐红色经典书目,如《闪闪红星》《红岩》等;举办"四史"主题知识学习,通过知识竞赛的方式,加深学生对"四史"的了解,进一步培养了学生爱党、爱国、爱社会主义、爱家的思想情感。学校推荐亲子观看《长津湖》《狙击手》《悬崖之上》等革命影片,在丰富资源的辅助下,可以更加顺利地向学生们传达红色文化革命精神,引导学生们提炼内涵优秀品质,达成德育工作目的。

第三,组织红色实践,提高德育效果。实践活动在任何教学工作中都是非常重要的教学手段,可以帮助教师更加顺利地实现教学目标,而在德育教学工作中自然也不例外。实际针对小学阶段学生进行德育教学工作的时候,教师需要组织学生们参与红色文化活动,促进学生整体思想道德素养大幅提升,最终达到预期目标。

【案例展示】

上海是中国共产党的诞生地。百年来,红色历史在上海留下了珍贵的财富。身为班主任的老师深知要充分挖掘并利用好上海的红色资源,为孩子们打下红色基础。于是,在建党百年之际,学校号召学生利用节假日,组队走出校门,一起打开《上海红色文化地图》,寻访红色记忆,随着先辈们走过的光辉足迹,感受这座光荣城市的红色底蕴!学生们走入"初心之地"中共一大会址,回到一百年前"伟大的开端",又从兴业路"树德里"出发,穿过繁华的淮海路,奔腾的延安路高架,来到成都路"辅德里"参观成就了中共党史上的七个"第一"的中共二大纪念馆。与"一大""二大"一脉相承的"四大"又是在哪里召开呢?这个答案,作为虹口的小学生早已了然于胸,走进四川北路绿地公园内的"四大"纪念馆,一张张老照片、珍贵的历史资料,仿佛把学生们带入那个战火纷飞的时代,他们的心灵被一次次震撼着,赞叹是怎样的激情燃烧着一个个年轻的革命先辈的心!

学生们通过"红色之旅",对党、对国家、对民族有了更多的红色记忆,增添了建设祖国的责任感。正如学生在活动感受中写的:我们要谨记习爷爷的寄语——刻苦学习知识、坚定理想信念、磨炼坚强意志、锻炼强健体魄,为实现中华民族伟大复兴的中国梦,时刻准备着!

第四,落实红色行动,传递爱心力量。红色教育不仅要将红色基因镌刻在每位学生的心中,还要真正落实到行动上。

【案例展示】

在班主任的组织下,红旗小学许多班级连续多年开展对四川省甘孜州德格县香巴拉藏区学校的冬季衣物和学习用品的爱心捐赠活动。班级前期开展了主题班会,使学生认识到捐赠活动的深刻意义和价值所在。此后,班级以家庭互助苑为单位,制定实施方案。学生们积极踊跃,纷纷提前整理出捐献的棉衣棉鞋、书包文具、书籍等。他们共同装箱打包，在箱子上写上自己对素未谋面的四川朋友们的心里话和祝福语，录制祝福视频，通过微信发给藏区学校的负责老师，希望远方的伙伴们也能快乐学习、健康成长。学生们还拿出了自己的零花钱，共同承担捐赠活动的邮费。全体学生力所能及地献出自己的一份爱心，帮助藏区同龄的小伙伴，使他们度过温暖的冬天。

针对小学生的年龄与心理特点，将具有一定深度的红色文化渗透到班集体德育工作中，通过有声有色、动静结合、家校联手、拓展实践等活泼、丰富的形式，开展一系列革命主义教育，增强了学生对革命人物与革命历史的认知，厚植爱国之情，在红色文化教育的背景下，学生们怀揣感恩与奉献之心，真正落实红色行动，传递爱的力量。

2. 班级活动中融合红色文化的做法与效果

第一，班主任开展班级文化活动建设。通过红色文化的引领，能够培养学生集体观念，将学生对红色文化的积极认同转化为内在精神力量，这便是学校老师将红色文化融入班级文化活动的主要目的。党的二十大报告提出"弘扬革命文化，传承中华优秀传统文化"，中国共产党革命精神是集中体现中国共产党政治觉悟、意志品质、思想道德和工作作风的一系列优良传统和革命风范，学习革命精神有助于传承优良的革命风范，对当代小学生成长成才具有极其重要的意义。

【案例展示】

学校某班级学生在周记中写道，自己在家中发现了老党员爷爷奶奶的一封书信，书信中指出："我们应该用英雄榜样激励自身，用英雄行为中的精神内核感召自我、丰富自我，从而塑成新的自我。"班级负责老师看了热泪盈眶，就以红色信件为开端，借助红色文化的物质载体，在班级中开展"联翩一纸，壮阔百年——'我和我的祖国'主题班会"。在班会中，教师借助这一红色器物，通过对书信的寻找、阅读与感悟，使学生认识到祖国的沧桑巨变，感受到每个时代的精神风貌，也思考"我和我的祖国"共成长的关系，即在"我和我的祖国"的主题核心中,既有每一个"我"的温度,又有"祖国"波澜壮阔发展的厚度。随后,伴随着二十大胜利召开,老师在班级中举办了"小星星向着党——一起学习二十大"等活动。运用红色故事开展情景教学,由浅及深,以情动人,以小事例折射大道理,用小我引申出大我,用红色故事的温度更好地使学生理解中国共产党百年风雨的奋斗征程。

第二,班级文化活动中融合红色文化的难点及原因。班级是学校进行教育和教学工作的基本单位,是老师和学生开展活动与交往、进行信息交流的基本组织形式。目前班主任在班级红色文化活动建设中,多以张贴红色故事、布置红色读书角等为主,更多属于红色物质文化的有形展示,对红色精神文化的挖掘还有待深入。班级文化建设对小学生的成长具有重要的影响和塑造功能,潜移默化中影响和改变小学生的行为习惯,学生的性格品质也在班级隐性文化的熏陶中逐渐形成。但班级物质文化只是班级文化的"表层",内核是班级精神文化的形成。如果班主任不注重将红色精神文化积极引入榜样师范教育、校风学风、师德等建设,红色物质载体建设得再多,也会失去它的光彩。这就需要充分利用红色物质载体,以学生为主体,将重要历史事件,对革命任务的认识真正内化入耳入心,充分体现不同的集体和个人对红色文化的认识与理解。将红色文化丰富的精神内涵赋予物质形态鲜活的生命力,形成独特的人文氛围。

第三,班级活动中融入红色文化的效果。红旗小学教师先后将井冈山精神、"红船"精神、抗战精神、雷锋精神、载人航天精神、抗疫精神、救灾精神等逐步融入班级活动之后,学生都有着不少收获,学生逐渐形成正确的价值观,开始主动关心国家大事,积极进取,自强不息,集体荣誉感也潜移默化地增强了。

通过班级活动开展,红旗小学教师了解到,要做到红色文化融入小学班级活动内容更加贴合小学生的实际,就要适度增加平凡人物的事迹、增加美好生活主题的诠释。首先,增加平凡人物的事迹宣传。对很多小学生来说,同辈群体行为对个体行为具有同化作用,其影响的基本方式是模仿。他们可能对年龄相仿的英雄人物事迹更感兴趣,如《小英雄雨来》《小兵张嘎》等。所以在选择红色读物的内容时,要先考虑学生的年龄特征和个性心理特征,使学生能与书中塑造的形象进行平等对话,从而强化爱国主义情怀,逐渐形成正确的价值观。

其次,要充分挖掘红色文化教育"新"内涵,在不同时代背景下利用好不同主题的红色文化资源。对于新时代的小学生来说,开展以劳动、发展、人性等为主题的红色文化教育,既是鼓励他们以更好的心态投身于现代化建设之中的前提,也是向他们明确社会发展趋势和目标建设的重要课题。

对于红旗小学的青年班主任而言,每一次班级活动的开展也是一次深入的学习,青年教师一代作为党和国家事业的接班人,能做的便是以更加坚定的信心和昂扬的斗志,在三尺讲台用行动践行使命,用坚守诠释担当,着力于贯彻科教兴国战略和人才强国战略,坚持教育优先发展,为国家源源不断输送人才。

第五章

砥砺奋进

——红色文化课程育人保障体系

多年来,红旗小学系统谋划长效机制,一是坚持党的领导,以打造学习型党组织凝聚思想共识,以主体权责利相统一强化班子建设,以组织带动引领汇聚群团力量;二是探索建立规章制度,将课程育人要求纳入已有制度,持续巩固实施效果,补充完善专项制度,系统规范教育教学;三是加大支持力度,扩大经费投入,提升使用效率,建齐建强基础设施,按照师生需要,更新扩充各项资源,确保课程育人软实力与硬条件兼备。

红旗小学坚持规范化办学,办学质量不断提升,师生、家长满意度不断提高,品牌红利逐步显现,更多场馆、社区、群体更加乐于、善于参与到学校各项活动中。

红旗小学将全过程、全方位理念融入评价体系,打破评价刻板标准,转换"为评而评"的思路,精细打造评价体系闭环。以评促教,聚焦课程框架可行性、方案合理性、反馈积极性,注重课程形成前端,提升目标密切度、内容丰富度、对象参与度;以评促学,渗透"红文化",描述"旗成长",注重参与过程中端,让红色氛围"无处不在"且"有迹可循";以评促育,建立评价共同体,注重综合性后端,联动评价主体、指标、方法,着力实现评价立体化。

第一节　系统谋划：探索红色文化
课程育人长效机制

学校始终坚持党组织对学校工作的全面领导，牢牢把握正确的办学方向，各级党支部牢记"为党育人，为国育才"使命，将党建工作与学校中心工作深度融合，为教育教学工作提供思想理论依据和动力保障，为学校内涵特色发展提供政治保障。现有的制度已涵盖教育、教学的各个环节，使学校的整体运作有章可循。学校各项管理制度的不断发展过程，是在社会环境的影响下，在学校组织成员的共同参与下，为学校的最优发展选择最适合自身管理的过程。只有随着社会的发展，学校组织结构、组织环境及组织成员观念的改变而相应地做出变动，以发展性、自主性、动态性的管理制度，学校才能培养出高素质的现代人才。

一、强化党建引领，提供有序的组织保障

（一）注重思想建设，打造学习型党组织

1. 规划好党员学习计划

学校党支部充分认识当前深化意识形态工作的紧迫性和必要性，立足学校实际，认真研究制定党建工作计划，制定年度目标和月度计划，坚持落实党员学习制度，加强党员教师的政治理论和业务知识学习，注重通过集体与自主学习相结合，实践感悟与体会撰写相促进，提高学习的针对性；通过领衔主讲与微信互动相交错等形式，提高学习的有效性；以"三会一课"和主题党日活动相结合提高学习的丰富性。在内容上，党支部组织党员教师深入学习贯彻党在现阶段的新理论、新理念，学习贯彻新党章，学习教育法律法规、时事政策，学习教师职业道德规范。在形式上，学校党支部通过读书会、微型党课、视频党课等活动，切实提升党建活力；在载体上，搭建多层次、立体化、全

方位的学习平台,落实党员干部理论学习常态化机制,把党建工作落到实处。同时,利用学校的微信公众号等意识形态阵地,帮助教师凝聚思想,形成共识。党支部还为党员征订《报刊文摘》,让党员及时学到党的新理论,了解党的新动态。学校严格执行学习制度,深入贯彻落实习近平总书记关于教育的重要论述,将党员教师队伍思想建设作为新时代教师队伍建设改革的基础工程,着力打造政治坚定、业务精湛、作风优良、坚强有力的学习型组织。2023年3月,党支部书记参加北京百年树人远程教育有限公司承办的"国培计划(2022)"——海南省小学党组织书记能力提升研修项目,并担任主讲嘉宾,作《落实立德树人根本任务 焕发学校办学活力》主题讲座,宣传学校党建工作经验。

2. 组织好理论学习内容

学校各级党组织坚持以抓好理论学习,推动党员干部坚定理想信念,在思想、政治、行动上与党中央高度保持一致。严格落实上级组织要求,组织党员认真学习习近平总书记系列重要讲话精神、中央和上海市重要会议精神等,组织领读学习《习近平关于"不忘初心、牢记使命"论述摘编》《论中国共产党历史》《习近平新时代中国特色社会主义思想学习问答》《党的十九届六中全会(决议)学习辅导百问》《习近平法治思想学习纲要》《习近平在上海》《习近平谈治国理政》(第四卷)等理论著作。同时,组织全体党员参与"两学一做"学习教育,多次召开有针对性和实效性的专题讨论交流会,并撰写学习笔记。例如,学校党支部书记带领学校大队辅导员共同撰写论文《红旗飘扬育童心 云端幸福伴成长》,作为上海市少先队幸福教育典型成果,在全国少先队杂志《少先队活动》上发表,作为上海市少先队幸福教育向党的二十大的献礼。再如,学校把学习贯彻落实党的十九大精神与"两学一做"学习教育结合起来,组织党员学习《学懂弄懂十九大报告里的精言妙语》和习近平在出席全国教育大会上的重要讲话内容,感受以习近平同志为核心的党中央对人民群众的深切情怀,对党和国家事业的无限忠诚,对大政方针政策、改革发展稳定、内政外交国防、治党治国治军的深刻阐述和美好规划,领会习近平总书记的教诲与嘱托,提高思想认识。

3. 策划好党员学习活动

学校坚持领学和自学相结合,如领学《中国共产党廉洁自律准则》《中国共产党纪律处分条例》《中国共产党党员权利保障条例》等,通过掌握各类违纪行为的情形和处分规定,警示引导广大党员干部、教师充分掌握廉洁自律准则规定的"四个必须""四个坚持";给每位党员下发了新的党章,组织大家学习新党章主要内容和修改要点,深刻领会新党章内涵精神。广泛选取形式多样的学习素材,如组织全体党员收看由中组部和中央广播电视总台联合录制的《党课开讲啦》专题节目,由中组部党员教育中心策划指导推出的电视连续剧《高山清渠》,组织党员观看影片《厉害了,我的国》,让全体党员、教职工深刻感受党的十八大以来取得的辉煌成就。组织党员观看《榜样》《我是党员》等专题节目、电影《邹碧华》,宣传黄群、宋月才、姜开斌、王继才等优秀党员的先进事迹,学习先进人物的感人事迹等,全体党员经过学习教育洗礼,在思想觉悟、党性修养、使命担当上有了质的提升。

4. 落实好教育行动

党支部引领党员立足本职工作和教学实际,积极发挥先锋模范作用。不断增强为民服务意识,牢固树立认认真真施教,踏踏实实育人,努力提高教育教学质量的职业品质。围绕学习党的二十大精神,党支部开展了系列活动,结合学校"绿叶杯""枫叶杯"教学比武活动,号召党员在备课组内发挥带头作用,积极组织、参与备课组的教研活动,立足岗位,以实际行动迎接党的二十大的召开。党支部指导大队部组织开展"队员喜迎党的二十大,强国有我党放心"主题活动,少先队员们以主题中队会、文艺表演等形式,唱响爱党、爱国、爱社会主义的最强音。党的二十大胜利召开后,开展"党团共庆党的二十大,携手奋进新征程"主题活动,组织党员、团员畅谈党的二十大,坚定为党育人、为国育才的信念,为培养担当民族复兴大任的时代新人砥砺奋进。

(二) 注重班子建设,落实层级主体责任

1. 建强班子队伍

红旗小学党支部共有党员 34 人,占教职工总数的 26.9%,平均年龄 45

岁。党员中有 3 位校级干部、3 位中层。党员教师中高级教师 7 人,一级教师 21 人,研究生学历 3 人,上海市优秀班主任 1 人,获上海市园丁奖 2 人,区骨干教师 3 人。支部委员 5 人,全部担任学校行政干部。党支部下设 4 个党小组,选拔党性强、有能力、有威信的党员担任党小组长。学校目前有 4 位民主党派人士,分别隶属民进、民盟支部。作为"党政一肩挑"管理型学校,学校贯彻落实中共中央办公厅《关于建立中小学校党组织领导的校长负责制的意见(试行)》,积极探索党组织领导的校长负责制的运行机制,力争"党组织领导"与"校长负责"深度融合,发挥好"一肩挑"的合力优势和效率优势,履行"把方向、管大局、作决策、抓班子、带队伍、保落实"的领导职责,统筹党建工作与教育教学工作,为学生成长保驾护航。

2. 明确责任分工

学校党支部树牢"党建第一责任人"的意识,坚持把党建工作与学校全局工作同研究、同部署、同落实,带头严守党规党纪,坚决落实党建工作各项制度。学校结合《中国共产党章程》《关于加强中小学校党的建设工作的意见》等法规文件,修订《上海市虹口区红旗小学章程》,明确党组织和校长的职责;制定《上海市虹口区红旗小学党组织会议议事规则》和《上海市虹口区红旗小学校长办公会议议事规则》,完善议事决策制度,明确会议职能规则,优化会议流程,从议事决策机制上明确党支部的领导职责。在支委分工上,责任到人,班子成员勇于担当,履职尽责,对自己分管工作都能做到争先把关。特别是对师生的思想动态、习惯养成、安全保障等各项工作,学校党支部做到全程关注,及时反馈交流,有效提高领导班子的执行力,保证学校的各项管理制度真正落到实处。2017 学年,学校获基层党政领导干部考评集体记功;2018 学年,获基层党政领导干部考评集体嘉奖;2021 学年,党支部书记获基层党政干部考核表彰个人记功。

3. 强化日常管理

学校党支部分工明确,每年支部工作做到有计划、有落实、有总结、有反馈,严格执行"三会一课"制度。党支部按照习近平总书记提出的"坚持、加强、创新"的要求,不断丰富"三会一课"内容,灵活"三会一课"形式,提高"三会一课"质量。党支部明确党支部书记为落实"三会一课"制度的第一责任人,带头以双重身份参加组织生活会,全程监督,适时指导。结合党员的实际情况落实好"三会一课",做到确保时间、人员、内容和效果四到位。学校定期召开支部党员大会、支部委员会、党小组会,促使每一位党员在多样价值观念中坚定中国特色社会主义理想信念,强化党性观念,铭记初心使命。个人层面,学校制作《党员年度学习工作记录手册》,包含"创先争优党员公开承诺书""党员责任区工作记录""岗位实践情况记录""党员理论学习情况记录"等栏目,落实党员责任区工作。其中,"党员责任区工作记录"一栏要求对入党积极分子联系对象、重点负责学科、年级或组室等情况进行说明,对责任区工作重点目标、计划作说明,同时要求记录责任区具体工作情况,一年不少于 6 次。《手册》是一份记录,也是一种指引,更是一种鞭策。它能帮助党员们在学生成长、学校发展与自身发展等方面有更多的思考与实践,成为更鲜艳的"一面旗"。

4. 做好民主评议

学校根据上级组织部门下发的关于召开基层党组织组织生活会和开展民主评议党员的工作提示,按时召开专题组织生活会,扎实开展民主评议工作。会前,党支部组织党员认真学习文件,开展谈心谈话活动,听取意见;会上,党支部向全体党员报告工作,接受党员对支部工作和支部书记的评议,督促党员对照党章规定的党员标准、对照入党誓词、联系个人实际进行党性分析,使党性分析过程成为党员强化党员意识、增强党的观念、提高党性修养的过程;会后,制定整改措施,逐一整改落实。学校党支部将评议结果与党员评先树优、绩效考核、提拔使用等联系起来,发挥导向作用,确保评出公正、评出压力、评出动力。

(三) 注重群团建设,发挥组织引领作用

1. 领导共青团、少先队工作

党建带团建、队建是学校党建工作的重要组成部分,也是对党的优良传统和政治优势的坚定落实。做好党带团工作方面,学校党支部在"凝聚青年力量,谱写青春风采"主题团日活动中,组织全体团员教师认真观看了由市党建研究会常务副会长冯小敏所作的讲座《弘扬伟大建党精神,坚定信仰砥砺奋进》。在"扬红旗青年之魂,做立德树人的奋进者"主题团日中,党支部书记给团员教师们做党建报告,要求青年教师以自身榜样作用带动学生一起牢固树立正确的国家观、民族观和历史观,提升全体师生的思想道德水平。指导好队建工作方面,学校党支部带领学校大队辅导员、团支部书记及少先队员,共同对全校师生进行党的二十大精神宣传,形成了系列宣讲视频成果。在党支部指导下,学校少先队开展了创建"15 分钟幸福圈",与社会、社区联动,开展各类学生活动,积极把社会资源"请进来",也引导在校师生踏入社会"走出去",在将少年儿童的幸福正能量分享给社区的同时,也加深社区工作者对学校工作的了解,进一步取得他们的支持。

2. 推进群建工作

学校坚持以党领导群团组织为核心,加强党组织对群团组织的联建带动作用,深入开展党群联建联动,进一步激发工会等组织综合力量。学校工会在党支部的领导下,制定并不断完善教职工聘用及职务评聘制度,成立劳动争议小组、职称评定委员会,从解决教职工实际困难入手,落实教职工疗休养、春秋游等福利,每年组织全体教职工进行体检,参加各级各类保障计划,落实帮困送温暖,从多方保障教职工权益。学校关心退休教职工,他们为学校的教育和发展作出了很大的贡献,关心帮助他们,切实抓好退管工作是党支部分内的工作。在老教师回校活动时,党支部代表学校热情接待,介绍近期的学校发展情况;遇老教师生病住院或遇其他困难,党支部看望和慰问,温暖他们的心。

3. 健全党的群众工作体系

服务群众也要联系群众、宣传群众、组织群众、团结群众。学校党支部建立了党员群众联系制度,深入群众,了解群众的困难。党支部、工会关心教职工的身心健康,努力减轻教师负担,切实解决教师的生活工作困难,解除教师的后顾之忧,使教师能够全身心地投入教育教学工作。例如,党政工每年共同走访慰问有困难教职工,给予暖心关爱。课后服务工作中,学校盘活多方资源,开设学生社团,缓解教师参与课后服务的压力。

4. 参与党建联建活动

学校党支部充分认识到党建联建的重要性,积极参与学区化、办学联盟等活动。学校领衔的扬帆教育联盟"中华传统文化——优秀基因 现代传译"项目组于 2019 年初成立,把传统文化和语文课更好地融合在一起,促进学生积淀文化底蕴,增强文化自信,让中华优秀传统文化转化为学生的自觉行动。语文、数学、信息技术等学科教师积极参与扬帆教育联盟组织的校际教研、交流活动,多人次执教公开课、作主题发言。在扬帆教育联盟组织的教导沙龙活动中,学校教导积极参与交流、分享,展示学校的新理念、新思考、新方法、新成效。例如,在"有效落实'双减',拓展课后服务的深与广"主题交流中,学校教导主任以"作业管理的减量与提质"为题介绍了学校在"以关注学科素养的培育为原则设计跨学科综合性作业、校本作业、创新作业"方面的探索。在扬帆教育联盟组织的"智慧父母 健康孩子"家教指导心理咨询公益活动中,我校两名心理教师积极参与,将心理健康知识融入咨询中,引导家长探索帮助孩子更好成长的方式方法。依托扬帆教育联盟,学校开展跨校带教,推选骨干教师作为导师,带教兄弟学校的青年教师,以实现优质师资"软流动"的区域目标。该项目实施以来广受师生好评,获得了 2022 上海"基础教育教学成果奖"一等奖。

二、建立规章制度,提供有效的制度保障

(一) 设立专项制度,系统规范教育教学

1. 构建师德考核督查机制

学校从制度入手,加强师德师风建设,培养高质量教师,以高质量的教师思政和师德师风建设工作,为打造红色文化课程提供有力保障。贯彻落实教育部和上海市师德师风长效机制,学校制定《红旗小学教师职业道德规范》

《红旗小学教工日常行为规范》以及各工作岗位职责,明确师德行为要求。在教师岗位晋升、各项评优工作中,学校将师德评价放在首位,年度师德考核实行体罚或变相体罚学生一票否决制,同时设思政教师专项绩效奖励。学校党支部邀请社区居委、共建单位、家委会共同参与师德师风建设工作的监督,定期听取意见与建议,通过家长问卷、学生座谈会开展满意度调查。近几年,家长、学生对学校的满意率均在90%以上。学校持续推进"定编定岗"制度,结合学校核定编制数,核准的岗位总量,结构比例和最高等级限额,拟定出学校岗位设置管理实施方案和岗位说明书,并广泛听取教职工意见,集体讨论通过,确定"中高、小高、小一"三种职称、九级岗位说明书。学校成立工作领导小组,负责每学期的定编定岗考核,将教龄、职龄、学历、教学评比、展示课或讲座、论文获奖或发表、兼职情况等换算成分数,为每一位教师打分每半年统计一次定编定岗积分。学校根据积分排序,按核定岗位名额,确定各级别的最低分数,原级别中未达分数者降级,达上一级别分数者晋级。

2. 建立教师梯队培养制度

学校实施"青年教师带教制度",聘请校内教育教学经验比较丰富的教研(备课)组长与青年教师结对,充分发挥老教师的"传帮带"的作用。带教前,教导处牵头了解青年需求,为青年教师量身配备一名学科带教教师和一名班级工作带教教师,签订带教协议,实施带教。通过带教,青年教师在班级管理、学科素养、课堂教学能力等方面得以提高,促进青年教师的专业成长,为学校的持续发展提供基石和后劲,是学校推进教师专业化进程的重要工作。此外,为了给骨干教师发展提供更大的空间,学校制定了"红旗小学星级教师"制度,配套"待遇、奖惩管理办法"和"考核管理办法",明确各星级教师可享受的待遇及奖惩规定,一学年一次考核,由自评、互评、考核小组评三方面构成,考核结果分"优秀、合格、需努力"三档。星级教师包括三级,遵循着"能上能下,滚动培养,拾级而上"的培养机制,一年一评,由个人申报、考评管理小组审核认定,滚动发展星级教师,引领学校教师专业水平再上新的台阶。

3. 建立教学研修管理制度

一方面,学校完善校本研修制度。校本研修源于学校发展和教师成长的需要,由学校合理引导和规划,以教师为活动主体,旨在满足学校教师专业化成长目的,开展广义的学习和研究活动。遵循深度挖掘、以小见大的"放大镜"策略、透过现象,折射理念的"三棱镜"策略和放大视角,多种教法的"广角镜"策略,学校对比确定符合教师成长需求的研修内容,明确规定不同研修内容的具体研修时间,依托课程共同体中丰富的资源,根据不同研修内容确定主持人。学校明确规定考评、考核方法来规范研修的各项事宜,进而为教师的专业自觉发展提供自主选择、自主反思、自主构建和可持续发展的有利环境,更有利于促进学校教师自身资源的开发。另一方面,学校坚持把教学工作放在学校工作的中心,完善教学流程管理条例,为优化教学过程,根据教育形势的发展和学校办学的实际情况,对教学流程中的备课、听课、评价做了相应的完善,规范教师教学的全过程,维护正常的教学秩序,不断提高教学效率与教学效果。

4. 制定学校课程共同体建设制度

制度主要包括四类:第一类为制度化的管理程序,如拓展型课程决策制度、校本课程申报制度、校本课程教学研究制度、校本课程评价制度等,涵盖校本课程决策、设计、实施、评价各环节的管理制度。第二类为校本课程选择和评价标准,包括学校课程共同体成员准入标准、校本课程准入评价标准、校本课程课堂评价标准等一系列的标准、细则。第三类为课程共同体"协议"管理,包括学校课程共同体教学协议、学校课程共同体经费使用协议等多方约定式的"协议"。第四类为校本课程更新"滚动式"自主制度,包括校本课程的分级课题研究制度、学校教师协同教学制度,自主反思制度、校本课程教学资源自主更新制度等。

5. 建立"四位一体"校本课程管理体系

"四位一体"是指从教师培训、过程推优、全程指导、考核评价四个方面进行综合管理。① 培训模式由"三位一体"转变为"多位一体"。培训不仅有专家引领,还可以借助共同体中有专长的家长资源,社会专业机构资源等实现"多位一体"的模式。② 发展平台由"3＋2"扩增为"4＋3"。原有精选课录像、"一二·九"青年教师比武、校内交流课,增加了联盟交流课平台,以此鼓励更多的教师潜心研究校本课程,将打造的精品课程向联盟内学校辐射。③ 实现专家有针对性指导。在校本课程建设和实施的立项、建设、实践、结题四个环节,专家引导教师开展研究。课程开发相关知识领域,也有专家从场馆资源梳理、教材内容衔接等方面进行指导,为教师的专业提升铺平道路。

(二)纳入已有制度,持续巩固实施成果

1. 构建德育工作体系

学校总体规划目标中增加红色课程育人要素,突出导向作用。学校坚持以五年发展规划为引领,全校教工在学校自主发展中参与规划修订、方案讨论、标准评价,学校在规划发展中落实"发现问题——调整实施——自主评价"的闭环管理,形成了红旗团队的核心价值观和共同的工作目标,凝聚力、向心力得到显著增强。学校提出"人人是德育工作者"的理念,将德育作为文明校园创建重要内容,纳入学校发展规划,成立德育教育领导小组,制订顶层设计,各部门通力协作,形成学校、家庭、社区联动的管理网络。学校建立完善的德育领导机制,成立以书记、校长为组长,各部门负责人为组员的德育教育领导小组,如表 5-1 所示,形成管理机制、会议研讨机制、保障机制和奖励评价机制等,有序推进、全员落实,切实有效提升师生德育教育。

表 5-1　学校德育工作职能分工

部　门	职　能　分　工
德育领导小组（党支部、校长室、工会）	全面负责规划、管理、评估 引领学校德育工作方向,建立健全德育规章制度,制定师生德育规划
德育室	设计德育目标和内容,组织检测,评价反馈,全面落实师生德育工作

（续表）

部　门	职　能　分　工
教导处	制定学科教学中德育目标和内容
大队部	组织学生自主管理,自我评定,开展评比、表彰等活动
总务处	设计、建设符合学生特点的人性化硬件配套设施,创设满足学生德育需求的环境
科研室	进行德育科研课题的指导与研究
心理室	开展心理健康教育,落实学生德育指导
社　区	挖掘社会资源,主动参与德育工作,发挥社会协调教育功能
三级家委会	参与学校教育教学管理,反映家长需求及建议,共同开展学生德育活动

2. 纳入党建落实责任

学校党支部切实把以文化人、以文育人纳入全校工作整体,通盘考虑、统筹安排,列入工作议事日程。明确书记为第一责任人,把德育工作、红色文化课程等具体内容作为党支部工作的重要组成部分,推动党建工作与教学业务、思政工作一起部署、一起检查、一起考核、一起总结。充分发挥学校各科室在完成各项工作中的协助作用,支部成员按照集体领导与个人分工负责相结合的原则,对分管的工作负责,事半功倍。

3. 制度运行推动落实

将红色文化课程相关工作对标学校工作制度,学校完善领导班子的议事和决策机制,严格执行党风廉政建设责任制,严格执行学校"三重一大"集体决策制度,注重"领导班子重大问题集体议事决策"过程管理。依托学校制定的"三会一课"主题党日制度、党员民主评议制度、党员教育培训制度、党内谈心谈话制度、走访慰问制度、中层干部选拔考核制度、党员责任区制度、党员发展工作制度、党风廉政建设制度、党内情况通报制度、群众测评党员和党员测评支部制度等,学校进一步明确相关工作要求,保障红色文化课程育人工作有效开展。

4. 民主参与推进管理

学校坚持"公开、公平、民主"的原则,积极落实校务公开、党务公开、"阳光工程"工作。学校的各项工作如发展党员、师资培训、评优评先、职称评聘、年度考核、福利、财务开支等情况,均在校务公开栏中公示,有效增强教职工的工作主动性和积极性。学校支持群众组织,教代会充分发挥监督职能,每年听取校领导和中层的述职,进行民主评议。通过恳谈会、个别谈心等互动形式,教职工为学校政策和发展规划献计献策,共同推进学校治理。在红色文化课程工作上,学校也积极发挥群众组织的作用,通过教代会、家委会、教研会等,广泛听取有效意见,积极落实管理和监督。

三、优化投入效能,提供有力的资源保障

(一)因事而化,分类扩大经费投入

1. 科学高效推动预算执行,规范财务管理行为

学校严格遵守财政纪律法律法规,认真贯彻落实财政纪律要求,对外规范教育收费,政风行风工作落实到位。学校收费项目规范、流程完整,对内认真做好党费的收缴和管理工作,及时向上级报送有关报表和党建信息。党支部坚决贯彻上级对党务财务的工作要求,严格遵循相关法规,认真执行财务制度,严格党费收缴、使用、管理。每一笔党费支出,我们均召开支委会议,集体讨论通过后使用,始终坚持以党员学习、党建工作开展为基础,合理、高效使用好每一分钱。同时,我们对公用经费、专项经费、项目课题费等经费使用严格管理。

2. 加大专项投入力度,形成激励效应

在课程开发上,学校提供专项资金,保障课程共同体更新校本课程,主要为两类:一类是课程资金,主要是为校本课程提供必要的教学资源,建设校本课程选课平台的经费等。另一类是人员经费,主要是从学校绩效中划拨专款,作为参与课程共同体实践者的绩效。在科研方面,学校重视科研工作,以学校整体发展为依托,以科研带动学校教育教学质量的提高,以科研提升教

师队伍的整体素质,严格执行科研管理制度,注重科研实效,设立专项经费,落实"课题奖励",支持开展各级各类课题研究。"课题奖励"按照"按绩分配"原则,覆盖全体教师的校级课题,建立从课题申报、立项、中期检查到结题评审的全流程课题档案,设置不同层级的奖励制度,最大化保障课题经费使用合理,最大程度鼓励教师积极参与课题研究,提升科研能力。

(二)因时而进,按需升级基础设施

1. 修建完善实体设施,提供物力保障

学校新建改建校舍、添置设备设施,为红色文化课程育人提供有力保障。针对两个校区,40个班级,1 598名在校学生的实际情况,学校高度重视校舍使用条件、设备调制和信息化环境建设,合理分布两个校区,规划好各类功能教室的建设与使用。近几年,学校新建了创新实验室、交通安全教育体验基地、安全教育体验馆、心理辅导教室、特殊教育资源教室、唱游室、体育馆、风雨操场、击剑馆、壁球馆、多功能教室和报告厅等校舍,添置配备了相关设施设备,做好场馆设施专人负责,更好地为全体学生服务。

2. 配齐建强数字设施,提供智慧保障

学校积极推进数字化转型发展,搭建云端平台。学校通过校级网盘、云平台等,将学校各学科课堂教学研究资源、各学科题库更新与建设、少先队活动资源、优质红色文化校本课程资源等纳入数字化建设,逐步实现学校各类数字资源"共建""共研""共享""共学",教育数字化转型背景下的学与教研究取得了一定的成绩。学校在蓄力数字基建的同时,也借力于网络应用媒体,鼓励教师使用应用软件、媒体设备支撑教育教学,引入第三方技术平台,实施智能分析,助力学生全面评价。

(三)因势而新,依律延展资源功能

1. 贴近师生需求,建立资源库

学校在提升硬条件的同时,兼顾软实力,引进网络资源,建设学校课程资源库。学校课程共同体通过问卷,面向全体教师进行课程资源调查,建立起"红旗小学教师校本课程资源库";通过面向全体家长的资源调查,建立"红旗小学家长志愿者资源库";通过走访社会团体,建立起"红旗小学社会团体(专家)资源库",为学校课程共同体更新校本课程提供资源保障。同时,学校切实加强学校图书馆、期刊室等的规范化管理建设,提高图书使用效率。在管理上,学校制定了图书馆的图书采购制度、安全管理制度、图书借阅规则、管理员岗位职责、图书推荐管理制度、阅览室管理制度等相关管理制度,相关人员规范到人,持证上岗。在藏书上,学校对标教育教学需求,满足学生成长需要,动态更新书目,丰富图书资源,截至2022年,现有阅览刊物数114种,图书53 879册,生均33.74本,生均图书册数和报刊种类均达到《上海市普通中小学图书馆规程》的有关要求。同时,学校保证专门图书经费,2022年共使用图书经费59 300元,生均37.13元,预算达成率为90%以上。

2. 完善拓展功能,更新数据库

学校结合教师资源、社会(专家)资源不断变化、拓展的特点,每学年定期进行一次资源调查,了解新近教师、拓展的社会资源情况,采取定时、不定时相结合的方式,及时更新资源库中的资源信息,保证信息及时准确。例如,在某项目实施初期,学校面向全校家长进行课程资源申报,建立"红旗小学家长课程资源库"与"红旗小学家长志愿者资源库"。以后的每学年初,学校组织新进一年级学生家长进行课程资源的申报,保证"红旗小学家长课程资源库"与"红旗小学家长志愿者资源库"的信息及时更新。此外,学校根据课程共同体更新校本课程的需要,在平台自主选课的功能基础上,积极完善校本课程选课平台的其他功能。例如,学校已完善选课平台上过程性评价和终结性评价功能,为课程共同体评价团队提供评价空间、留存评价过程,为课程评价提供依据。

第二节 统筹布局:深化红色文化
课程育人队伍建设

人是育人的主体。学生良好品德的形成需要学校、家庭和社会全方面、多维度的培育。基础在校内,教师"人人都是德育工作者",通过多样活动与课程教学,帮助学生形成规范行为、规则意识、法治观念和社会责任感。提升在家庭,依托家校合作,学校进一步将学生已经建立的良好生活、行为习惯和合作交往能力等加以巩固。成长在社会,通过社会大课堂的实践,体现出学生从遵守校纪校规到遵守法律法规、社会公德、公共秩序的规范意识形成,从学习文化知识到培育文化素养、道德品行、服务社会的责任意识形成等,并能完成从参与者到践行者的转变。

一、夯实"内圈",培育更高水平专业力量

(一) 触发教师思考力,培养课程管理者

1. 成立红色文化课程育人骨干团队

学校立足现有师资力量,在教师队伍中,遴选一批优秀骨干教师成立红色文化课程育人骨干团队,在规划学校课程愿景、统筹与设计红色文化课程、推进课程实施、建立健全课程运行管理各项机制等方面示范引领。团队以校领导为核心,年级组长、教研组长等共同参与,通过重要课程领导集合校内外资源,组织开展各类教研活动,带动其他老师共同参与,在教师间形成互相合作的模式。例如,在校本课程的建设上,教师们互相讨论、共同研发,形成积极工作氛围,提升个人积极性,进一步激发红色文化课程育人队伍活力。红色文化课程育人骨干团队的成立,不仅让研修活动得到了长期、有序、有效的开展,更推动红色文化课程育人工作从外在的行政要求,逐步内化为教师队伍的思想共识,以内在发展需要为专业能力提升提供持续动力。

2. 以参与项目研究提升领导力

学校鼓励教师全覆盖参与课程项目研究,设置多类课题,创造更多参与机会,让学校教师均能通过项目,组织和参与课程领导力研究。目前,全体班主任参与学校自选项目中家长课程建设的研究;全体教师参与必选项目校本课程完善的研究。同时,在研究过程中,教师的身份发生了改变,不仅是课程教学的实施者,还参与项目全过程的管理与执行,课程的开发、评价及课程的

管理。这要求教师形成系统性思维,做好课程的领导者。例如,要组织教师自主申报,根据课程委员会设定的红色文化课程框架,明确各课程的不同课程要求后,校本课程建设委员会组织教师自主申报课程,分两次完成。第一次为课程设想申报。它要求教师对照学校红色文化课程建设要求,自主先选择一个课程板块,自己设计课程名称、课程主要内容等,并填好《红旗小学红色文化课程项目申报表》,向红色文化课程建设委员会申报。红色文化课程建设委员会整理、统计教师申报的课程后,根据红色文化课程的总体目标、具体课程板块的要求,确立初步的校本课程名录,组织教师进行二次申报。二次申报的要求更为细致,要求教师根据自身的兴趣、爱好、教学能力和主题等,详细撰写所申报的课程内容,然后由红色文化课程建设委员会最终认定是否同意立项。

3. 以统筹课程实施提升专业能力

教师的专业能力包括扎实的专业学识和学科知识,不断更新的教学理念和教学方法。红色文化课程的实施既对教师的专业能力提出更高要求,也能反哺教师专业能力。学校在红色文化课程实施的过程中,给予更大的空间和自主权,由教师与家长、专业团队人员一起形成课程共同体小项目组。在小项目组中,教师兼具多种身份,作为执行者,直接参与到课程决策、实施、评价各环节;作为管理者,代表学校进行管理。在与专业团队结成的共同体中,学校对教师赋权、赋责,教师以协理员的身份参与课程事务的管理。一门课程由一位教师负责管理,管理的具体内容,包括日常管理,如协调家长、专业团队的上课时间、上课的场地安排,器材的准备、管理等具体的事务;还包括教学管理,根据"学校校本课程上课制度",教师负责课程的听课、研讨。这样的赋权、赋责触发教师主动地、不断地思考,保证相应课程的教学,提升课程的适应性,发挥课程的最大效益。

(二)激发教师创造力,培养课程开发者

1. 最大程度赋予教师课程自主权

学校依托校本课程,有效确立了教师的专业自主地位,赋予教师课程开发的权力和责任。校本课程开发对教师的课程意识和专业素养提出了更高的要求,同时也为教师的专业发展提供了广阔的空间,有助于教师专业发展水平和能力的不断提高。校本课程的建设与实施成了教师挑战自我、发挥潜能、不断提高专业水平的过程。教师从过去课程的具体执行者,变成课程的创造者、开发者,主体性得到了充分的发挥。例如,《基于"四会"目标拓展型课程完善研究》中,教师开发的校本课程是从自己的生活中产生,具有独特的体验,课程更为生动活泼。

2. 最大程度激发教师自身创造性

以创生为核心的校本课程体现出很强的综合性,打破了教师原有的学科限制,这使得教师既可以根据自己原本任教的学科进行设计,也可以根据自己的特长跨学科设计课程,从而激励他们不断地去突破自己的旧视界和旧思维。在这个过程中,教师的思维不断得到活跃,潜能不断得到挖掘。以创生为核心的校本课程建设与实施,强调根植于师生创造的生活经验,并把课程实施的创生过程看作是教师和学生持续成长的过程,从而与教师自身的生命成长有机地联系了起来。例如,学校的校本课程"上海话篆刻""上海小吃叫卖""上海的桥"等具有浓郁的地方特色,而"小小逛豫园""弄堂造房子""上海建筑剪纸"等又要从孩子的视角出发,展示上海的本土文化,具有童趣。教师在编写教案、说课、上课一系列的比赛中,既要站在课程的高度,构建"自己的"校本课程,又要从学生的角度设计课程,使课堂真正成为教师和学生成长的地方,既提高了课堂的有效性,又使教师的专业化水平得到发展。同时,由于目前并没有为培养师生"创生品质"而开设的专门课程,这类校本课程建设也缺乏经验可借鉴,需要教师根据已有的校内外资源,自身的特长,进行自主探索和创造。因此,创生式校本课程建设和实施有力地激发了教师自身的创造性。

3. 最大程度赋予教师教材开发权

学校教师在课程实施、管理外,在内容上有自主空间。例如,就红色文化课程教材编写而言,首先,教师需明确五大编制原则。① 创新原则:

教师根据已有的校内外资源，自身的特长，进行创造性的课程开发。② 小课程原则：课程整体量小，每门课程总量控制在 8 课时，切入点小，从小的切入点入手，在内容上做深做实。③ 学生本体原则：从学生的实际出发，考虑学生的需要、兴趣与经验，尊重学生的自我选择，发展个性，开发潜能，培养能力，充分发挥课程育人功能，让每一位学生的潜能都获得充分和谐的发展。④ 激发兴趣原则：注重吸引学生，激发学生学习的兴趣。编写的教材运用儿童化的语言，做到图文并茂。⑤ 资源整合原则：充分利用可借鉴的资源，进行整合、增补。其次，教师需掌握教材编制程序。明确课程的定位：每门课程定位是不同的，其关注点不同。自主问题探究课程，应关注其探究性，提出的问题有探究性，可供学生探究学习。动手实践体验课程，注重对学生动手能力的培养。修养活动感悟课程，定位在活动感悟，因此在编写的时候，要注重其综合性，其中可以有探究，有动手操作环节，也可以有各种活动。活动创意课程重在活动创意的指导。最后，确定本课程的基本内容。课程内容遵循由易到难、由简到繁，由单一到综合的顺序编制。教师需搭建教材的基本框架，教材总体分目录和具体教材两部分，其中教材部分由知识的准备、材料的准备、探究、"我的实践""我的探究"等几部分构成。

（三）凸显教师领导力，培养课程合作者

1. 以课程共同体培养团队合作者

学校课程共同体建设是学校领导、教师、学生、家长和社会人士广泛参与的过程，是众人智慧相互碰撞的过程，也是群策群力的过程。在课程共同体建设过程中，学校成立了课程研发团队、实施团队、评价团队等多个团队，必须通过多团队合作，实现资源共享。例如，在引入专业团队课程过程中，学校通过对资源调查发现，社会中致力于学校教育的专业团队良莠不齐，开发的课程包含人文、科技、体育、艺术等类。但也不乏团队能够依托专业院校资源，聘请专家组成专业研发团队，开发的课程系统相对完备，师资充足，配套资源丰富，可以成为学校校本课程有力的补充。因此，如何选择更加适合学校的团队或课程成为关键,课程引入标准应运而生。课程共同体各团队之间既分工独立,又相互联系、相辅相成,根据学校的育人目标、课堂教学的流程管理要求,制定"红旗小学引入课程评价标准",从四大类十方面对引入课程进行研判。评价团队牵头制定"红旗小学引入课程听课评价表",对引入课程的课堂教学进行评价;实施团队牵头开展实践验证环节。在这个过程中,要求教师不断提高自己的民主素质、合作能力,善于与个体、群体合作,这不仅有效提升了学校教师的沟通能力,而且极大地锻炼了教师的合作能力。

2. 以课程实施践行培养个体合作者

课程的建设与实施,涉及教育理念、认知、能力、经验等各个方面,作为课程设计者的教师,必须要讲究民主,善于倾听、善于思考、善于沟通。在传统教学中,教师群体的权威是通过制度规范和文化传统赋予的。这使得教师群体长期在师生话语权博弈中占据优势,学生作为被管理者则处于劣势,这种不对等的关系很容易将知识的传授变成单方面的灌输,导致学生缺乏学习兴趣。但是红色文化课程等校本课程,不同于一般的课程,更加注重对学生个性化的培养,且对部分教师来说是新的领域,也对教学内容和教学手段提出了更高的要求,需要教师不断更新观念、开拓进取、大胆改革教学方法,抛弃"一言堂"或"照本宣科",与学生真正合作,才能让学生在轻松愉快的氛围中更好学习[①]。例如,学校要求课题组精心选择成熟的校本课程,认真备课、试教,将代表本校校本课程特点的精品课程与兄弟学校交流,在与兄弟学校教师共同研讨交流的过程中取长补短。执教校本课程的教师,更是在"记录、交流、修改、再实践、再修改"的过程中让校本课程建设与激发生命力相连,与回归生活相通,不仅有效提升了学校教师的交往沟通能力,而且极大地培养了教师的民主素质,这与当代社会经济、政治生活的日益民主化趋势和要求是一致的,也将对学生产生积极而深远的影响。

---

① 孙舒怀. 小学校本课程实施评价指标体系构建研究[D].重庆:西南大学,2022.

二、建强"中圈",汇聚更深层次主动力量

(一) 提升家长"公转"能力,打造家校互动新生态

1. 多方式打开校门,创新探索家校合作内容

个体之间价值观念、文化认知相近,容易形成共同意义空间,但也容易形成思维"茧房"。校内人员总体上理念趋同、行动趋同,而家长来自不同领域,认知不同,家校平等合作,有利于打破壁垒,为实现同向共生的新生态局面提供必备的"土壤"。学校为了让家长多角度了解学校,形成"常规组织管理、教育教学活动、特色创新项目"三大板块的家校合作内容,家长在参与学校活动的过程中,走近学校、走进学校。第一板块"常规组织管理",主要包括三级家委会会议、家长学校培训、家长平安护校、家长问卷调研、今日有约(分年级分类型咨询)等传统性内容,让家长参与学校治理,发挥民主作用。第二板块"教育教学活动",主要包括教育教学观摩活动等家长开放日活动,趣味运动会、科技节闯关等亲子活动,一百天入学开放、十岁生日、毕业典礼等仪式活动,元宵节、端午节等民俗活动,儿童节、教师节、国庆节等节庆活动、社区咨询、幼儿园讲座、暑期志愿服务、迎新义卖等公益活动,让家长充分了解学校,更不缺席孩子的成长。第三板块"特色创新项目",主要包括家庭互助苑指导活动、家长进课堂活动、易子而教互助式家庭活动等,深化品牌活动,拓展家校互动合作成果。

2. 深耕品牌内涵,打造互助式特色品牌

在长期家校互动合作的探索下,打造了一批特色品牌。如"家庭互助苑"经典传承。所谓"家庭互助苑"就是打破学校与家庭,家庭与家庭之间的壁垒,以教师为指导,尊重发挥家长主体作用为基本指导思想,充分运用家长的教育资源,由几个家庭与教师组成学习共同体,以解决家教指导工作具体问题为切入口,共同策划、共同参与、优势互补,从而使参与各方都能得到提高的个性化家教指导模式。"家庭互助苑"指导模式是红旗小学首创的家庭教育指导方式,被编入教师教育精品教材《家校合作导论》,曾获得全国家庭教

育研究成果一等奖,先后在全国家庭教育工作会议,上海市家庭教育工作现场会上进行交流展示。又如,"易子而教"互助式家庭教育创新发展。易子而教互助式家庭教育指导是"家庭互助苑"的2.0版本。它是家校合作之下的新研究,"易子而教"互助式家庭教育打破家庭教育的封闭性,由学校组织、倡导,并全程介入,在两个或两个以上的家庭之间进行子女教育的轮换。一方孩子与另一个家庭的成员共同生活2—3天,孩子在真实家庭的浸润式实践体验中,感受不同的家庭文化,家风家规,教育内容包括行为规范培养、人际沟通与社会适应能力训练。"易子而教"教育主要在中高年级开展,已形成规范的运作模式,如表5-2所示。

表5-2 "易子而教"教育运作模式

学校实施三过程	家校合作三共同	开展活动三步法
建立团队,形成机制	共同制定,活动方案	相互了解,提出问题
遴选家庭,合理分组	共同关注,活动过程	浸润实践,体验感悟
开展培训,明确要求	共同分享,活动效果	小结探究,分享交流

通过家校合作下的"易子而教"互助式家庭教育活动,打破家庭教育的封闭性,实现家庭教育资源共享;开展家庭教育指导实践,促进班主任专业发展;克服家庭教育的非理性,促进家长教育观念转变;满足学生心理需求,培养学生核心素养。可以说,学校、教师、家长、学生四方都得到了发展与提高。2020年,上海市家庭教育指导研究重点课题——"易子而教"互助式家庭教育的实践研究被评为结题优秀,《易子而教诞生记》获上海市中小幼"家校合作"故事征文一等奖。2021年,"家校深度合作,探索'自助+自省'的家庭教育"研究成果在上海新闻广播《直通990》栏目进行直播。

3. 发挥示范作用,辐射引领共同发展

多年来,学校对家庭教育研究工作一直在坚持着、实践着、收获着,每年在虹口区的学校绩效评估中都名列前茅,获最高评价。学校积极探索,发挥辐射引领作用,在区域内有一定影响,得到学生、家长、社会各界的高度认可,多次在市、区家庭教育工作上交流展示,多次获得市、区荣誉。

表 5-3　学校的家庭教育交流展示活动情况

年度	家庭教育成果	辐射途径
2019.12	新时代新实践,打造红旗特色	虹口区中小幼家庭教育工作论坛中进行展示
2019.12	学校家庭教育管理	青海省果洛州后备校长班跟岗带教
2020.1	家庭互助苑,快乐共成长	上海市家庭教育示范校跨区域展示交流并在上海市教育电视台播出
2020.6	注重家校沟通,提升家教指导能力	虹口区见习教师规范化集中培训
2021.2	同伴交往是孩子成长必修课	上海市名校长公益大讲堂
2022.1	易子而教,探索"互助+自省"的家庭教育	FM93.4 上海新闻广播《直通 990》栏目
2022.3	居家"抗疫",班主任导师在行动	虹口教院公众号
2023.3	整合教育资源,实现家校携手共进	海南省三亚市第二小学

表 5-4　学校家庭教育获奖情况

年度	集体荣誉
2018	上海市家庭教育示范校
2021	上海市家庭教育指导"十三五"实验基地"特色校"
2021	上海市家庭教育指导"十四五"实验基地
2021	虹口区家庭教育指导1+N共建机制建设核心校
2022	2021 年度上海市网上优秀家长学校
2023	2022 年度上海市网上优秀家长学校

学校还积极促进家校双向成长。在支持学校教育上,吸纳有专长的家长参与,如在校本课程开发的过程中,学校教师与家长合作开发"基于育人

共同体的家长课程",编制《中国文化》《科学技术》《生活技能》《光影实验室》等家长指导用书。对于家长来说,他们在课程开发与管理中展示才华,享受参与教育、教学的自主权,同时在执教的亲身体验中感受到教师的辛苦,从而增进了家校关系的和谐发展。对于学校来说,家长资源的引入丰富了校本课程体系,拓宽了学生知识面,这是协同育人结出的硕果。在家长进课堂的实施中,家长与教师形成执教共同体,双方互相合作,互相促进。

在支持家庭教育上,开发线上线下结合的家长学校课程。学校探索线上线下相融合的家庭教育指导模式,围绕家庭教育中的重点、难点和热点进行内容设计,涵盖同伴交往、电子产品使用、习惯培养、劳动教育、缓解焦虑等。通过家长学校、家长沙龙、校园公众号、晓黑板、Class in、家长慕课平台、今日有约等多种途径,加强家长正确育人观念和科学教育方法的指导,营造家校间互助、共享的良好氛围。目前,教师已自主开发完成4堂高质量的区级微课,1次市级推广,学校连续两年荣获上海市网上优秀家长学校,如表5-5所示。

表5-5　学校家庭教育研究成果

年度	家庭教育成果	作者	获奖及发表
2019	从家庭互助式活动看学校课程共同体教育价值——以"易子而教"活动为例	陈羽佳	上海市"普陀杯"班主任基本功竞赛二等奖
2020	家校合作下小学生"易子而教"互助式家庭教育的实践研究	陈燕	上海市家庭教育指导研究重点课题结题优秀
2020.12	统筹家校资源,共育感恩少年	陆晓静	虹口区第13届科研成果二等奖
2020.12	易子而教诞生记	彭盼	上海市中小幼"家校合作"校长故事征文一等奖
2021.6	"易子而教"课题下小学生劳动能力的培养	陈羽佳	虹口区班主任基本功大赛三等奖
2021.6	形成家校共同体,发挥美育功能	陆晓静	虹口区班主任基本功大赛三等奖

（续表）

年 度	家 庭 教 育 成 果	作 者	获 奖 及 发 表
2021.8	从家庭互助式活动看学校课程共同体教育价值	陈羽佳	收录进上海辞书出版社出版的《学校课程共同体建设的创新与实践》
	在课堂教学中引入家长和社区资源的尝试	符 愔	
	家校合作视野下的家长课程资源开发与利用	陆娜莎	
	家校共同体建设推进家校共育课程，促进学生全面发展	彭 盼	
2022.10	打破家校壁垒，实现协同育人	姚 远	上海市优秀家庭教育管理者
2022.12	基于育人共同体的家长课程建设	陈 燕	发表于《虹口教育》杂志

（二）激发学生"自转"活力，推动自我教育新发展

1. 强化自我管理，促进学生自主发展

大队部组织少先队员落实好红色文化相关的活动教育，实现学生自主管理，自我评定，并且开展评比、表彰等活动。科研室作为支撑，专项加强红色文化融入学校教育教学的特色科研课题指导与研究。心理室开展好德育心理健康教育，落实特殊学生德育需求指导。总务处负责加强校园红色文化氛围建设，设计符合学生特点的、具有教育引导意义的人性化硬件配套设施，创设满足学生需求的红色文化育人特色环境，如表5-6所示。

表5-6 红旗小学"四会星团"自主管理载体

名 称	学 生 主 体	管 理 内 容	评 价
智囊团	大队委员工作会	总体设计，分部门落实德育主题教育	每学期通过学生自评、同伴互评、教师评价的方式，以星级评价评选出校级、年级、班级"四会之星"
媒介团	少先队宣传小干部	结合媒体素养课程，运用广播、电视台、公众号等途径宣传德育活动	
监督团	执勤中队、执勤队员	每日、每周、每学期反馈评价行为习惯	

（续表）

名 称	学生主体	管 理 内 容	评 价
宣讲团	红领巾宣讲员	宣讲学校校史、特色,进行劳动技能（如穿雨披、系鞋带）培训宣讲	每学期通过学生自评、同伴互评、教师评价的方式,以星级评价评选出校级、年级、班级"四会之星"
互助团	少先队小干部	手拉手,帮助弟弟妹妹掌握生活技能,养成行规习惯	
礼仪团	行规小辅导员	礼貌接待外宾,在仪式教育中进行德育实践	
劳动团	中队工作委员会	每日定期开展劳动,开展社会实践	

另一方面,学校作为上海市教师专业发展学校,拥有一支爱岗敬业、专业扎实、合作创新的教师团队,对红色文化融入学科教学,开发校本课程具有较强的发展意识及价值认同。通过加强教师队伍管理、课程建设与实施管理,进一步明确职责,强化了教师榜样示范作用,重点突破打造团队导行能力,精准对接强化导师全员育德行为,重师德,强师能,推动教师带动学生加强自主管理,激发了学生主体内驱动力,提升育人效果。

2. 鼓励自觉参与,促进学生自我教育

学校着力培养向上、向善的学生群体,搭建学生交流实践平台,引导学生在参与实践中,自我教育、自我提升。我们每年组织校园科技节活动,为期一个月的科技节活动有主题、有活动项目、有评比与展示活动,在活动中鼓励学生进行科技创新活动。例如,学校的科技节常设项目,低年级有种子拼画、纸杯工艺、科幻画等,根据学生的年龄特征、结合科学与技术学科内容,以学科活动的形式分年级开展,做到人人参与其中,人人有创意作品,人人参与评比与展示,在丰富的实践活动中培养学生的动手实践能力和创造想象能力。中高年级开展自然笔记、创意课题、科创成果等对接市、区级科创大赛,通过科技节这一平台,海选学生们的奇思妙想,再通过相关社团的学习、实践、创造、孵化,成为教师个性化指导,学生自主式研究,学校团队式协作的科创小项目,在活动中培养学生的好奇心和想象力,做到科创活动有探究方向,有质疑与实践平台,有信息收集整合渠道、有综合分析运用和成果展示等解决实际问题的创新过程,助力红旗科创学子在市、区级比赛中屡获佳绩。

3. 参与交流展示,推动自我提升

学校鼓励学生积极参与各级各类比赛和展示交流活动,在交流中认识自我、超越自我。尤其是课程共同体的建立,给学生带来更丰富的课程体验、更多元的学习方式、更自信的成长空间。连续两年在区级年度绩效考评"学生发展"这一指标评价中呈高位增长态势,2017学年获区最高分90分。社会对学校服务满意度高,2023年学校少先队先后有1个大队、1个中队、63名队员被江湾镇街道少工委评选为红领巾奖章"二星章",1个混龄小队获纪念居委推荐参评红领巾奖章"二星章"。学生在各级各类活动中表现突出、优异。例如,机器人队参加"VEX IQ机器人"比赛获亚太赛亚军,学校足球队连续三年蝉联青少年足球比赛冠军,围棋队包揽区级比赛男女甲乙共四组冠军;学生戏剧表演获虹口区一等奖,英语剧表演获上海市一等奖,舞蹈队获"欢乐艺术节"比赛第一名,合唱比赛"欢乐艺术节"比赛一等奖,近两年来有多位学生获"探究之星"称号。

三、扩大"外圈",吸纳更多优质社会力量

(一)链接校外场馆,拓展实践"阵地圈"

1. 建立校外基地,拓展实践空间延伸点

学校与中共一大会址、四大纪念馆、李白烈士故居、淞沪铁路旧址等校外资源(基地)紧密共建,多次与这些校外基地合作开展少先队活动。如,学校大队与李白烈士纪念馆结对,在大队创设"李白中队/李白班",并获李白烈士纪念馆颁奖认证。学校大队与四大纪念馆长期合作,在四大纪念馆的"红旗馆"展览视频中,我校少先队员在其中出镜,讲述红色故事。2021年6月,在建党百年来临之际,团市委发起"百年百章——上海市红领巾学党史争章活动",邀请红旗小学少先队员设计"学党史红色足迹"路线,访问中国共产党第一次全国代表大会会址及周边红色路线,本次活动的设计及开展,获团市委、

市少工委高度认可。

2. 签约博物馆,深入开展馆校合作

学校与上海自然博物馆、上海科技馆签约成为上海市馆校合作共建基地校。借助上海自然博物馆、上海科技馆资源优势,用书本以外的知识赋能教育教学,激发学生求知热情,从要我学习转变为我要学习。例如,学校依托上海自然博物馆开展教师培训,展示和讲解藏品模型、图片,系统介绍"生命长河""演化之道""缤纷生命"等系列内容,并向教师介绍可用于教学使用的"博物馆百宝箱"用品,展示受学生喜爱的特殊装扮科学人物表演等。学校还与自然博物馆共同开发校本课程,探索出课程共同体馆校合作课程的建设路径:"专业培训——主题确定——方案制定——课程实施——合作教学——总结提炼"。根据自然博物馆的馆藏资源中包含的丰富的鸟类标本,"演化之道"展区的原始鸟类化石,展柜中的"中华龙鸟""小盗龙""夜鸟"的模型,结合三至五年级教材中的"生物的进化"单元和相关鸟类学习内容,学校教师开发了"探秘鸟的世界""中生代恐龙——王者荣耀"校本课程。

(二)共建文明社区,打响展示"品牌圈"

1. 建立联系制度,联合开展主题教育

学校与江湾镇派出所、江湾镇街道团工委、江湾镇街道少工委结对联动。建立学校社区联络专人的定期联络机制,常态化、长效化开展主题教育,如表5-7所示。例如,2020年10月,学校少先队携手江湾镇街道,在3号线大柏树站对面的创意园区内,开展"儿童公益集市暨红旗小学队长学校活动",运用江湾镇街道社区资源创设少年儿童的活动空间,并通过丰富活动促少年儿童牢记社会主义核心价值观,争做新时代好少年,本次活动吸引了虹口区妇儿工委副主任、区妇联党组书记与江湾镇街道办事处副主任共同参与,我校少工委还获颁"儿童友好大使"称号。2021年建党百年来临之际,学校少先队与江湾镇街道合作,开展"百年淞沪向未来,红旗领巾在行动"活动,前往淞沪铁路旧址开展现场微队课,精彩的活动还获"看看新闻"报道。本次微队课在学习淞沪抗战精神的同时,也引导少先队员从小在心中种下红色种子,获社区与周边群众好评。

表 5 - 7　学校社区联络专人的定期联络机制

校园联络	社区联络	联络频率	具 体 联 络 内 容
总务处	社区民警	每学期	每学期末为学生带来安全讲座
德育室	周边交警	不定期	联络沟通学校周边交通情况
大队部	街道团工委、少工委	每学年	参与学校少代会并致辞
		不定期	联动红领巾奖章"二星章"评选
		不定期	联络开展社区少先队活动
	江湾干休所	不定期	送去敬老问候,请入校园开展红色讲座
	周边敬老院		送去敬老问候

2. 承担社会责任,开放学校资源服务社区

学校全面贯彻落实市委、市政府民心工程"学校等体育场地开放工程实施方案",新市校区操场定期向社区市民开放,满足广大青少年和人民群众日益增长的体育健身需求。学校少先队积极组织各项服务社区的活动,不少已形成品牌活动,在社区中辐射较广,在群众中有良好的口碑,如表 5 - 8 所示。例如,学校四(1)中队了解到,距离上海 2 600 公里的云南省红河州金平苗族瑶族傣族自治县西部的老集寨乡中心小学的少先队员们面临书籍不足的困难,第一时间在校内发起红领巾倡议开展"小红旗幸福传递"的活动,并合力校外辅导员克服物流困难,不远千里将爱心图书送到云南队员的手中,获市少工委关注与肯定。又如,2022 年新冠疫情期间,学校为强信心、暖人心、聚民心,组织成立了"战疫知识宣讲团",学校少工委按周定期发布"吹响童心集结号,红旗队员齐战疫"公众号,号召学生以家庭为单位,和家长大手牵小手分享战疫正能量,形成约 120 份视频。由学生及音乐教师合力创作的原创战疫歌曲《向春天出发》在 2022 年上海市"六一儿童节庆祝活动"中面向全市直播。

表 5-8　红旗小学服务社区系列活动

名　　称	简　　　　介
"小扫帚"社区清洁	节假日中,以"雏鹰小队"为单位,由校外辅导员(家长)带领学生大手牵小手到社区参与楼道清洁、垃圾分类等劳动教育活动
社区职业体验行	节假日中,以中队为单位,到社区中参与不同职业体验,如电工、河道巡视员等
战疫知识宣讲团	疫情居家期间,以家庭为单位,在社区中通过云端分享战疫知识、拍摄战疫视频、创作战疫歌曲,分享战疫正能量
"小红旗"幸福实践课程	邀请有特殊专业技术的家长走进社区,发挥红旗学生的聪明才智,帮助社区解决某项难题
"小红旗"爱心行动	发出红领巾爱心倡议,号召队员们捐献旧书、旧衣等物资,支援社区或贫困地区少年儿童

(三) 薪火代代传承,团结共育"朋友圈"

1. 积极把社会资源"请进来"

学校广泛争取英雄人物、杰出模范、领导干部、专家学者、优秀师生加入育人队伍,通过形象感染、情感陶冶形成育人合力。如结合"开学第一课"、少代会、红领巾广播、小红星电视台和少先队活动课等,广泛开展"红领巾心向党""红领巾相约中国梦"等系列活动,组织开展"老干部、老战士、老专家、老教师、老模范"进校园,与江湾老干部干休所紧密合作,把退伍老干部请入校园。2020 年,在抗美援朝胜利 70 周年来临之际,红旗小学的队员们再次邀请当年亲历朝鲜战争的老英雄来到文治校园,讲述曾经的红色故事,深受鼓舞后自主自觉行动了起来,走访军营,还在重阳节向老英雄们带去了精彩的节目,献上了最崇高的祝福。通过社区牵线搭桥,由复旦大学远征社的志愿者学生为学生讲授二十四节气知识、中国的地理面貌、世界风貌及美食、趣味数学等课程,内容涉及天文、地理、人文、历史。上海外国语大学东方语学院的师生,为学生带来"一带一路"文化系列讲座,开阔了学生的视野。上海剪纸非遗传承人史萍老师开展《剪纸》活动,每周一次到学校教授传统剪纸,从中国传统剪纸的技法到合作创新剪纸作品,活动培养了一批会实践、会创作的学生。

2. 引导在校师生踏入社会"走出去"

学校除与场外、社区联合开展活动外,加强对外交流展示。例如,每年的少代会是学校少工委向全校少先队员的汇报和展示的舞台,历届少代会我们均会邀请街道团工委、街道少工委共同参与,获社区高度评价。同时,学校注重弘扬志愿服务精神,培养志愿服务意愿。融合"劳动服务他人、劳动服务社会"的教育理念落实,通过校内外多种志愿者活动,让学生充分理解,作为小学生,不仅仅要学会劳动技能,更要树立人人都是志愿者的意识,力所能及地为学校集体、家庭集体和社会集体提供力所能及的志愿者服务,尤其还将校外志愿服务作为展示新时代小学生精神风貌重要窗口。例如,学雷锋日校外卫生清洁活动、敬老节服务老人志愿者行动、关爱地球环保行动、我是社区节水志愿者、小小交通志愿者和垃圾分类社区行等社会服务。学生们逐渐在多样的活动中建立主动体验职业角色,学会与他人合作劳动的意识,体会到不同劳动岗位的工作者的不易,进一步形成尊重劳动、热爱劳动的观念,同时也能够在集体活动中展现出吃苦耐劳,珍惜劳动成果的态度。

第三节　精细闭环:完善红色文化课程育人评价体系

在课程实施中,教师的行为总是要通过一定的评价标准来衡量并受其"导向"。这也就意味着教师总会朝这一评价标准的要求去做,使自己的行为尽可能与这一评价标准相趋近。因此,通过完善课程评价机制,制定科学合理的课程评价标准,通过民主参与协商和师生交往,拟定出校本课程的评价机制、标准及方法,就成为保证校本课程建设质量的重要一环。学校在近几年来的校本课程开发、实施的探索中,高度关注校本课程的评价,鼓励每位教师在参加课程建设的过程中,提升自己的理念,认识校本课程在学生发展中的意义,高度重视评价,全面评价学生的学习过程,使评价真正成为课程的重要组成部分,成为促进师生共同发展的重要手段。在课程的实践中,教师们不但逐步明确了评价的原则、意义和方法,还共同拟定出了校本课程建设方案的评价指标、校本课程课堂教学的评价指标、学生学习效果的评价指标,逐步完善了课程的评价机制,对校本课程的建设起到了重要的引导作用。

一、以评促教,设计红色文化引领的课程形成性评价

(一) 聚焦课程框架可行性,提升育人目标密切度

课程开发不是随意的过程,要激发学生从"自我认知"到"自我发展",在学生的学习、生活中厚植红色文化,进而使学生坚定从小立志、长大成才的决心。学校为系统、明确地开展某项课程计划,首先须明确要达到的课程目标。课程目标的制定应遵循目标设置原则,是基于社会的需要、学生的需要与兴趣、学校自身的发展条件、现有红色文化课程资源等各项因素的综合考虑,选择符合学校教育理念、学生认知发展规律的课程目标。

学校依据红色文化课程的四类课程总目标及课程要求,对教师申报的校本课程课题进行设想合理性论证,分析设想的课程与其密切程度。同时,学校在论证中,还强调操作性,遵循师生成长规律。教师的课程观念和理解,影响了课程的目标框架。这个维度可以反映出教师对自己所开发的课程的理解和认识,教师基于已具备的知识和经验去理解制定课程框架,进而影响后续的实施。因此,学校在课程评价初期,即根据学校的学生学习情况、教师教学能力、综合教学环境,考量设想课程的可操作性,进一步科学设计顶层方案,及时调整课程目标设定和总体框架。

单元教学是单元评价活动设计与实施的重要导向,将单元目标任务嵌入教学活动的设计中,通过评价促进学习达标,才能形成"教学—评价—教学"的一致性。因此,学校将评价下沉到课程单元评价,合理拆分单元目标,强调达成性。单元评价设计是针对不同活动类型,以目标为导向根据活动特点确

定评价内容与标准。学校要求教师以《课程标准》《教学基本要求》为依据,在充分解析教材内容与学生基础的前提下,制定基于标准的教学目标。

例如,上海市中小学音乐学科根据三个学习实践领域提出"体验性""表现性"和"创造性"三类活动,就是希望引导教师在教学时把握音乐学习的本质特征与规律,同时每一类活动需要关注与其相对应的学科核心能力的培养。

(二)聚焦课程方案合理性,提升内容形式丰富度

确定了课程目标,下一步需要考虑如何实现目标。为了实现特定的课程目标,学校对红色文化课程的课程方案进行论证,从课程目标制定的准确性、适度性、适切性,具体到课程内容安排的合理性、丰富度,评价的多样性等。课程方案的选择既是对红色文化的筛选重组,也是制度化、规范化的过程,既包括内容的选择,也包括落实的载体,要关注知识自身的逻辑,也要考虑学习者认知特点、兴趣需要以及可利用的资源,进而通过对课程要素的安排,使课程成为有序的整体,从而产生课程内容的累积效应。

课程设定立足于学校自身特色和资源,在制定课程方案时难免缺乏参考,因此课程方案合理性的重要变量包括方案完整情况、任务设置清晰情况,对学情、课程内容、校内外课程资源和现代化技术的把握,以及能否在此基础上作出相应调整,选取的课堂教学活动对达成目标是否有帮助,教学目标与课程标准一致性,课程内容与学生学习、生活相联系,能否激发学生学习兴趣,积极投入到学习过程中,获得心理满足感等。例如,学校音乐课程的内容设置,根据年段目标设立以感受与欣赏、表现、创造三个主题模块为学科框架,从学习兴趣、学习习惯和学业成果三个维度设计具体内容和观察点。

(三)聚焦课程反馈积极性,提升主体对象参与度

关注后评价,强调"两主体"。具体教学实践情境是课程实施效果的直观表现,学校以此判断红色文化课程经实施后的可行性。在学生的反馈上,关注学生学习的积极性、参与度。具体关注学生学习的态度与态度表现,通过学生课前课后投入时间、课堂互动程度、过程专注度等投入表现评价学生学习兴趣,只有保持高昂的学习兴趣才有利于校园本课程的实施;从学习行为

看学习效果,通过观察学生采取何种方式进行课程学习,是否按时完成学习任务、有无教师的指导和帮助等学习行为,评价学生学习效果。在教师反馈上,根据执教教师教学实际情况,重点关注课堂师生互动,通过师生课堂互动时间、内容、行为类型,综合双方传输信息的内容形式和反馈信息质量等,对课程进行可行性论证。

突出反思性,强调"两改进"。教学反思是教师对教育教学实践的再认识、再思考,能以此总结经验教训,进一步提高教育教学水平。学校校本课程教师通过每月教学一得的撰写、每学期教学叙事的讲述,反思自己的课堂。教师撰写的每月教学一得,具体介绍所撰写教学内容的具体教学背景,详细描述课堂中师生的对话、表现,真实还原课堂。针对教学片段,提炼、总结教学成功之处。教师撰写的教学叙事,通过讲故事的方式,讲述课堂教学中的真实事件,在此过程中表达自己的观点、思考。这两种反思,有助做到两个改进:一是改进教材。运用到实际教学中的教材,能真实地体现教师、学生的需求。教师的反思,提供给课程建设者第一手资料,促进课程建设委员会更合理地修改教材。二是改进教学。两种反思形式,使教师更好地认识和改变自己的课堂,培养教师良好的思维模式,提升教师解决问题能力,有利于教师改进自己的教学,提高教学的质量。

二、以评促学,注重红色文化感悟,参与过程性评价

(一) 渗透"红文化",让红色氛围无处不在

红色文化具有鲜明的特点,红色文化资源也具有多样性,其课程除了直观可见的内容、活动外,还有隐性的涵养功能,即以此为圆心,传递给学生非学术性的学习结果,让学生在无意识中获得情感、态度、价值观等方面的心理成长,从而实现文化自觉。因此,红旗小学聚焦渗透"红文化",重在通过营造"红色氛围",让红色文化成为校园的主流声音,让红色文化无处不在,形成久处幽兰之室而自芳的浸润效果。学校尝试建构了"经验交流—自主展示—内化提升"的红色文化综合评价实施的基本方法,目的在于引导学生深刻感悟

红色文化内涵。

在经验交流和自主展示上，学校以搭建平台为主。如借助开学第一课、少代会、红领巾广播、小红星电视台、少先队活动课等，组织展开了"红领巾心向党"和"红领巾相约中国梦"等"红文化"课程系列活动，在学四史、传统节日、项目化学习和社会实践活动中提升品德修养，全面发展健康身心。鼓励学生在集体中表达自己，可以是传播红色文化、可以是进行四史演讲、可以是展示优秀作品等等。鼓励学生大胆说出自己的所思所想、鼓励学生主动在集体面前进行展示，进一步把红色文化内化到集体中，不断增强红色文化认同。

在内化提升上，发挥教师引导作用。如道德与法治学科教师将"红文化"的渗透思维运用到课程教学中，提倡激励性评价。《道德与法治》教学注重的是学生真实体验，只有让学生从内心深处获得真实的情感，才能让学生从情感上产生共鸣，从而让学生形成道德认知并将其转化为外显行为。在带领学生学习《自主选择课余生活》时，教师课前让学生整理了有关自己课余生活的信息，在上课时，将班级中的学生分成几个小组，以小组为单位进行交流讨论，在讨论的过程中，鼓励学生勇于说出自己的意见与想法，大胆地说出自己在课余时间都做什么，有的学生说看电视、有的学生说踢足球、有的学生说看课外书等等，然后教师在小组中选出几名学生上台来说说自己利用业余生活都干什么，并对学生进行鼓励：你说得实在是太好了，你真厉害。在说的过程中，还对学生竖起了大拇指。当有一个学生说自己利用课余时间唱歌并在班级中进行了即兴表演，这名学生有点紧张，而且唱的时候还有些跑调，但是教师仍然带领同学为他送上掌声鼓励，学生收获自信。最后老师还带领同学们一起挖掘课前活动中蕴含的红色文化内涵，并深入解读。如此，学生感受到更多的积极的情感体验，从而提高学生的课堂参与程度，获得更丰富的红色文化熏陶。

（二）描述"旗成长"，让红色文化有迹可循

学习红色文化课程的效果体现在学生的言行举止中，过程中所展现出的爱国情、强国志、报国行的家国情怀，热爱生活、珍视生命、自尊自信、理性平

和、乐观向上的心理品质,不懈奋斗、荣辱不惊、百折不挠的意志品质等都是学习的重要成分。红旗小学探索描述"旗成长",重在对学生成长作用的研究和总结,通过不同的评价方式,对学生在整个课程学习过程中的参与度、表现和收获进行描述性评价,鼓励学生在红色文化课程的学习中能够不断成长①。

学校对学生成长痕迹进行量化评价,赋予学生、老师、家长评价自主权。一是建立评价量表。基于不同红色文化课程的特点,根据不同学习主题内容,积极开发红色文化课程学习任务清单、项目化学习日志等不同的评价工具,通过课程学习过程的学生自评、同学互评与老师评价、家长评价,多角度记录活动后的主题叙事、成长感悟,为评价指导提供依据。二是建立跟踪档案。搭建参与性评价的小展示、小舞台,着重收集学生动手实践、项目化学习等方面的学习经历和创新实践表现,并根据活动内容和形式侧重动态调整记录事项。如,记录对象可包括全体、小组或个人,记录内容可包括语言表达或体态表达等,进而形成立体化轨迹。三是建立展示平台。收集学生红色文化作品,选出优秀作品通过微信公众号等新媒体平台进行展示评选,全面评价学生学习效果,进一步激发学生积极性与主动性,引导学生在交流互鉴中相互学习、共同成长。例如,二年级"英雄名片我制作"评价量表中,描述事项包括收集资料、设计方案、创新设计、信息意识、审美情趣、动手能力、成果展示,每项分为三星级,均包含具体描述,可由本人、同学、老师、家长进行勾选评价。而项目化学习管理日志中内容则偏重体现管理功能和顺序性,对于班级内容包括时间和今日完成事项,对于团队成员包括建议和负责人的填写,既保证项目化学习进度,也帮助学生树立责任意识和规划意识。

三、以评促育,突出红色文化表达的效果

课程的评价对教学具有重要的导向和质量监控作用,要使这一作用得到有效发挥,就要从以往单一评价主体、单向评价指标、单一评价方法,转变为多元

---

① 姚远.基于校训精神的红色文化校本课程探索与实践[J].现代教学,2023(Z2).

评价主体、多项评价指标、多样评价方法,将终结性评价转变为综合性评价。

(一)引入多元评价主体,激活发展"一盘棋"

学校成立课程共同体评价团队,改变过去校本课程的评价主体以教师为主的单一评价主体状况,将学生、家长、社会引入评价团队,建立以教师自评为主,家长、学生共同参与的教学评述,基本出发点是"教学要基于学生",关注学生的个性发展,落实立德树人的根本任务,培养德智体美劳全面发展的社会主义建设者和接班人。一是开展教师自评。学校要求教师每月提交一份教学反思,每学期提交一份个人工作小结,每学年提交一份课题研究成果,从而促进教师自我反思,调整个人发展规划,不断提高教育教学水平。二是进行学生述评。学校通过学生座谈、问卷调查、个别交流等渠道,对教师的工作作风、工作态度、教学水平、对待学生、作业批改、学生辅导等方面进行述评。三是经过家长述评。学校利用家长会、个别访谈、问卷调查、设立家长开放日等形式,让家长了解教师的教学工作情况,调查家长对教师工作的满意程度,征求家长意见,参与学校管理。

教师作为学校的代表,参与共同体评价团队,担负起评价的职责。在专业团队执教的课程中,教师听课并根据"学校引入课程听课评价表"的细则打分,同时撰写描述性的文字,注意发现专业团队课堂教学中的优点,善于找出课堂教学的问题并提出建议。这个过程中,教师不断观察、思考,做出适切评价,提出改进的方法,从而提升改进的能力。学生作为教学的主体,开展自我评价和互评,如通过课程的学习了解了什么、学会了什么、感悟了什么。家长作为教育的重要部分,在家长开放日,家长进课堂,师生运动会,成长系列活动,社会实践等过程进行评价,与教师在评价过程中形成双向沟通,对学生学习进行恰如其分的评价,评价结果以等级制来体现,分别为"五星、四星、三星"三个等级。学校还请家长代表对每次活动谈谈感想,提出宝贵意见,助力学生育德活动有效发展与提升,几年来平均好评率接近95%。

(二)探索多项评价指标,设置动态"风向标"

学校课程共同体评价团队对评价指标进行设计,根据不同评价主体,设计评价量表。将原本校本课程只关注学生学习成果的单向的评价,转变为多向的评价,实现对课程全过程的描述与价值判断。多向的评价,包括评价学生的学习和评价课程的本身两方面。其中,评价学生的学习不仅评价学生校本课程的学习结果,还评价学生的学习过程和综合素质提升,反映校本课程教学实施的情况,为进一步的课程更新提供依据。学生的发展是活泼、生动、富有个性差异的,因此对学生的评价,既有行为观察,又有成长记录;既要有作业评价,又有深层的学习日记。评价课程的本身不仅评价课程的适切性,还对校本课程教学过程进行评价,关注课程实施者的教学情况。对课程本身的评价,分学生、上课教师、听课教师三方面进行,包括学生选课平台上的评分、上课教师自我评定、听课教师听课评分,也包括学生座谈会、学生撰写的课程体验、执教者撰写的教学反思、听课者撰写的评课。

同样的,评价阶段也尊重差异,进行评价创新。如教学过程中,对学生进行多层次的刺激性评价,保证学生的差异性思维。或面向全班整体学生进行集体的科学评价,或对小组合作进行科学评价,或对个人指导进行指导激励性的科学评价,或是口头上的语言评价。有的时候是体态语言的科学评价。又如,在总结评价时,不但要将考试成绩规划在其中,还应该考虑到学生学习的态度与情感等多个方面,运用考试成绩与学习态度相结合的综合评价模式,更好体现出对学生的激励作用。如果只是运用考试成绩来评价学生,就会严重打击了那些特殊情况学生的学习积极性,时间久了,这些学生就会失去对道德与法治学习的兴趣,甚至产生厌恶的情绪。

(三)融合多样评价方法,探究分类正反馈

多项评价指标、多样评价方法,需要做到"定量+描述",才能更准确地反映学生的发展事实,更清晰地描述课程实施效果。例如,为保证德育教育工作落实到每节课中,教导处对原有课堂每月一次的"一日调研"活动进行改革,重新设计课堂行为检查用表。各学科根据特点,任课教师在课堂教学中明确学生行为习惯培养的实施点并在教学中加强指导与训练,将育德融入每节课中。"一日调研"一级指标包括教室环境、师生礼仪、课间大活动、三分钟预备、午餐午会、室内两操、课间休息、放学安全8项。"一日调研"只设定一级指标设定分值,不再细化二级指标分值,在统一量化标准下,融入质性评价空间。如此是对行规教育课堂落实的阶段性检验,由领导小组分管行政进行专项点评,通过对各年级学生在一日中每节课的跟踪视导,关注师生行规表现,找出关键提升点,进行全面教育,促进行规教育融入课堂教学的有效性。

此外,学校还开展个别辅导,探索数字化评价。学校积极做好培优补缺工作。依托市课程领导力项目研究,充分挖掘学校资源、与专业团队共建等途径,通过课后服务,为学生提供丰富多彩的活动项目,满足学生的全面发展需求;对学困生的辅导,有科学的学生辅导答疑管理制度,记录学困生的学习过程,跟踪学期过程性评价结果,诊断学生的学习,有针对性地进行延续性的辅导。线上教学期间,通过"晓黑板""Class in"等平台全天候开展答疑解惑,有问必答。无论线上还是线下,学校始终以课程标准为基准,以学习兴趣、学习习惯和学业成果为评价维度,实行等第制加评语评价,将认知评价与情感评价相结合,注重过程性和表现性评价。充分利用大数据、数字化手段,重视对每个学生过程性学习数据的采集、统计和分析,了解学习的优势和不足,绘制每位学生个性化的"电子画像",在大数据中调取个性化的内容进行巩固练习,做到因材施教,让评价正向引导。

第六章

笃 行 致 远

——红色文化课程育人高质量发展

在红色文化课程育人的探索实践中,红旗小学根据"培养学生创生品质"的核心办学理念,详细分析了学校学生的学习现状、教师的教学能力、社会的发展需求,开发培育了一批优质课程,取得了喜人成果。学校目前已建设完成 70 余门校本课程,并建设完成以"自主实验室""上海话""上海美食"为代表的 17 门精品课程。积累可供参考的教学课例近 30 节,教学心得 100 余篇,并积累了完整的教案、配套媒体。教师获各类先进称号及各级各类奖项的有 250 余人次,发表科研论文及经验总结 200 余篇,学生获各级各类奖项的有 300 余人次。学校还获得上海市文明单位、上海市红旗大队、"全国家庭教育实验基地"等光荣称号。学校不仅在校本课程建设方面取得了丰硕的成果,还在制度建设、管理体系、协同发展等方面形成了自己鲜明的特色。未来,红旗小学将会继续深入挖掘红色文化资源,构建校本特色课程,让红色文化在少年儿童的教育中绽放时代光芒,激励少年儿童不断坚定理想信念、筑牢信仰之基、弘扬红色文化、传承红色基因,促进少年儿童德智体美劳全面发展。

第一节 红色素养:"久久为功"的育人主题

红色文化反映着中国人民奋勇奋斗的理想信念与道德内涵,具有极其重要的教育价值与时代意义。红旗小学坚持将红色文化素养培育融入学生的学习生活,贯穿到学校的教育生活,使之成为鲜明的育人主题,在红色精神渗透、课程体系重塑、学生德性涵养、教师德能升华、校园文化丰富等多个方面下足功夫、下好功夫,红色文化课程蔚然成风,以课程渗透融合红色文化素养培育,让红色文化看得见、能体验,切实起到了"德润人心"的重要作用。

一、课程改革,渗透红色文化素养培育

(一) 整体构建,突出课程系统性

红色文化蕴藏和渗透在各个学科、各个领域当中,具有很高的教育价值和育人功能。教师对红色文化资源的运用不能停留在无序化、碎片化的层次,而应该通过自己的教育智慧,注重内容系统性和学段系统性,把红色文化加以梳理整合,进行系统建构,形成结构化、序列化的教育内容,实现循序渐进、螺旋上升的育人目标。例如,以小学《道德与法治》学科为例,教师结合教参,深耕教材,在纵向上梳理出了一到五年级有关"爱党爱国"教育主题的比较显性的内容要求,力求做到在教学时有的放矢,依据学生所处学段的年龄特点及教材所在的单元要求,避免将红色文化资源强行加入、生搬硬套,讲好教材中蕴含的红色文化资源,也尽力避免将其解读浮于表面。

【案例展示】

红色文化引领道德与法治课堂

2022 年 8 月 16 日,习近平总书记在辽宁考察时强调,红色江山来之不易,守好江山责任重大。要讲好党的故事、革命的故事、英雄的故事,把红色

基因传承下去,确保红色江山后继有人、代代相传。小学《道德与法治》与《习近平新时代中国特色社会主义思想学生读本》教材中蕴涵着十分丰富的红色文化资源,具有很高的教育价值和育人功能,如何有效地在小学道德与法治课堂中渗透红色文化,是每位道法教师需要在实践中求索的。

一、小学道德与法治课堂中渗透红色文化的教学困境

(一)教师无暇深入研究教材中的红色文化资源

红旗小学上道德与法治课的教师大多都是由语文老师兼任,有些老师甚至还要像我一样担任班主任。教师在平时要面对所教科目教学质量的压力;作为班主任要权衡好学生、家长与班务之间的投入产出比。客观上,教师受限于时间或者本体知识的欠缺,尽管教师已经在课堂上向同学们讲解各种红色文化资源,但是很少与现实情况进行联系,很难将红色文化有效地渗透到小学道法教学环节当中。

(二)学生与家长对于道德与法治学科不够重视

道德与法治学科作为副课,学生与家长普遍不够重视。部分学生可能在道法课堂上偷偷完成一些主课作业。即使有些学生听了,也不往心里去。课堂气氛相对语文课来说比较沉闷。往往教师提出一个问题,只有少数几个学生愿意思考并举手发言。

二、小学道德与法治教学中唤醒学生的红色基因

(一)深入挖掘教材中的红色文化资源

我执教的《屹立在世界的东方》第一课时,以学习四史、铸魂育人为背景,结合四史中的《新中国史》,以新中国成立前后的历史事件为脉络,带领学生走进文本,激发学生的爱国之情。本课板书通过时间轴,以大事件的形式呈现了中国的近代史,随后又辅以文献与视频,让学生明白中华人民共和国成立,标志着中国结束了自1840年鸦片战争以来一百多年被侵略、被奴役的屈辱历史。中国人民的生活发生了翻天覆地的变化,工人、农民和妇女的社会地位显著提高,西藏和平解放后废除封建农奴制,经济发展,家园秀美,人民安居乐业,中国人民翻身做了主人。整堂课,学生通过我创设的情境,仿佛亲

身经历了一个个大事件，又利用我提供的学习单，通过自我探究与小组讨论相结合，将红色基因根植于心。

（二）以辩论唤醒学生心中的红色基因

记得在某一次的道法课堂上，我们就"为了更好地铭记历史，是否需要重建圆明园"进行辩论。正方以"圆明园代表了 18 世纪中国皇家园林艺术的最高标准"为立论点，反方则以"残破的圆明园更能揭露西方侵略者的恶行为"反驳点。双方进行了你来我往的辩论，甚至讲到了是否应该在元宇宙中重建圆明园。学生们就是在一次次语言的交锋中，抒发了自己的真知灼见，唤醒了自己内心深处的红色基因。所以，每节道法课我都会尽量留出时间，将本节课的重点或者重要红色文化资源设置成辩论题目，让学生通过思辨来将红色基因内化于心。

私以为教育的本质是唤醒，不是改变。我们改变不了任何一个学生，只是学生在某个时刻因为某件事已经醒悟了而已。所以，作为一名道德与法治教师，我将深耕于教材，悉心整理红色文化资源，认真上好每一堂道法课，期望学生能在课堂中有所得，有所悟。

下附一到五年级有关"爱党爱国"教育主题的内容要求：

小学阶段"爱党爱国"教育的内容从家庭、学校到家乡和祖国逐步展开，逐步深化。一到四年级虽然没有安排集中的爱党爱国教育内容，但在各教育主题中还是有所渗透的。如一年级《我们的校园》《校园里的号令》，在学校领域中了解少先队的光荣历史，认识和尊重国旗；二年级《欢欢喜喜迎国庆》《家乡新变化》直观感受中国共产党缔造了新中国，党的改革开放政策带来的家乡新貌；三年级《四通八达的交通》《万里一线牵》从党领导下我国交通和信息事业的发展，反映党的领导好，改革开放好，社会主义好；四年级《弘扬优秀家风》聚焦革命先辈的家风、家信中体现的红色传统，《我们的国土我们的家园》单元从国土到民族，让学生知道祖国辽阔，山河壮丽，各族人民互相尊重、平等交往、和睦相处。到了五年级，则从历史角度了解新中国成立初期的艰苦创业、改革开放以来的发展和新时代展现的新貌，让学生对党和国家形成热爱之情和亲近感,产生做社会主义建设者和接班人的美好愿望。

年级	单元	教材内容		备注
年级	单元	课题	栏目	教育主题要求
二年级	第一单元 我们的节假日	3. 欢欢喜喜 庆国庆	新中国的生日 庆祝我们共同的 节日	了解国庆常识,为自己是中国人感到自豪 在成人帮助下组织开展联欢活动
四年级	第六单元 我们的国土 我们的家园	16. 我们神圣 的国土	辽阔的国土 好山好水好风光 一方水土 一方 生活	知道祖国辽阔,认识祖国壮丽山河,理解地形差异与人们生活关系
		17. 中华民族 一家亲	中华民族大家庭 各民族谁也离不 开谁 互相尊重 守望 相助	知道中华民族是由56个民族组成的大家庭,各族人民互相尊重、平等交往、和睦相处
五年级	第二单元 骄人祖先 灿烂文化	6. 传统美德 源远流长	自强不息的人格 修养 立己达人的仁爱 精神 天下兴亡匹夫有 责的爱国情怀	人格修养突出明志、持节、诚信、求新等,社会关爱突出仁爱、宽容、推己及人等,爱国情怀突出以天下为己任、前赴后继、保卫祖国、关爱民生的精神
	第三单元 百年追梦 复兴中华	7. 不甘屈辱 奋勇抗争	虎门销烟 第二次鸦片战争 中日甲午战争	知道从鸦片战争到甲午中日战争我国遭受的列强侵略,懂得落后就要挨打的道理;了解中国人民面对外来侵略曾经进行了不屈不挠的斗争,从中体会中华民族顽强的抗争精神
		8. 推翻帝制 民族觉醒	革命先驱孙中山 辛亥革命推翻帝 制 民主共和渐进人 心	了解革命先驱孙中山和其他革命党人为了推翻清朝反动统治,寻求救国救民道路所进行的奋勇抗争,体会仁人志士英勇无畏的革命精神,懂得辛亥革命在推动近代中国变革上的重要意义

（续表）

年级	单元	教材内容		备注
年级	单元	课题	栏目	教育主题要求
五年级	第三单元 百年追梦 复兴中华	9. 中国有了共产党	开天辟地的大事 星星之火，可以燎原 红军不怕远征难	了解马克思主义在中国的传播、五四运动、中国共产党的诞生、井冈山道路的开辟、红军长征等重要史实，懂得中国共产党的诞生是历史的必然选择，感悟先烈们的革命精神
		10. 夺取抗日战争和人民解放战争的胜利	勿忘国耻 众志成城 中流砥柱 走向胜利	了解抗日战争时期国家悲痛的记忆，以及中华民族奋勇抗争的事迹，领悟抗日战争和人民解放战争中体现的革命精神，认识抗战精神是民族复兴的强大精神动力，树立奋发图强的爱国志向
		11. 屹立在世界的东方	中国人民站起来了 保家卫国　独立自主 自力更生　扬眉吐气	了解中华人民共和国成立以来在中国共产党领导下，全国人民自力更生、齐心协力、艰苦奋斗、奋发图强，在一穷二白的基础上，建设伟大祖国的历史了解社会主义建设突飞猛进，取得了世界瞩目的成就；感受新中国建设者奋力拼搏、不畏艰难为国献身的爱国热情和爱国精神
		12. 富起来到强起来	改革创新谋发展 精神文明新风尚 走进新时代 做新时代的好少年	了解改革开放以来我国各个领域取得的卓越成就；懂得实现中华民族伟大复兴是中华民族近代以来最伟大的梦想；初步理解只有社会主义才能发展中国，只有坚持中国共产党的正确领导才能实现国家富强、民族复兴和人民幸福

（二）智慧设计，增强课程吸引力

简单搬用红色文化案例难免离学生的生活太遥远，依据学生发展规律，很难直接通过片段化、形式单一的文字介绍来激发学生的爱国、爱党之情。因此，学校在课程建设与实施中，要求教师站稳学生立场，打造形式多样、内容丰富的智慧课堂，从而润物无声、潜移默化地把红色文化的种子埋在孩子们的心田。如，科学与技术学科注重结合近代中国科学发展史，将科学家们的故事分享给学生们听，让他们在一段段激动人心的故事中领悟红色文化。在讲授《不同的飞行器》这节课时，老师通过"东方红一号卫星"的建设与发射、国际708通信卫星发射失败、神舟十一号飞船与天宫二号成功发射等相互关联的历史片段，让学生了解飞行器的发展历史，感悟飞行器发明过程的坎坷，感悟科学技术的发展对推动社会进步的作用。学生了解了数代航天工作者们的努力探索，看到了现如今中国的航天航空技术位于世界前列，纷纷为我们的航天英雄们感到自豪和骄傲。

【案例展示】

科学与技术中的红色故事

红旗小学科学与技术教研组在实践探索中，寻找结合点、切入点，着力将红色文化融入教学过程。由于学生的发展规律，很难直接通过片段化、形式单一的文字介绍来激发学生的爱国、爱党之情，同时有一些红色文化的案例离学生的生活太遥远，因此，通过教研组讨论与实践，将文字转变成学生感兴趣的图片、视频、讲解等，选择贴近学生生活或结合时事的例子，利用多种形式来融入红色文化的故事，在科学实践中感受红色文化，在科学发展史中体会红色文化。

一、科学实践中感受红色文化

对于低年级的小学生来说，科学实践需要直观性，和身边的事物进行直接接触是他们认识世界的方式，在他们感受事物的时候，教师可以适当加入红色文化，让学生感受到社会主义先进文化。在《小学科学与技术》第二册，第六单元"观察分类"中第二课时"变化"一课中,虽然学生还比较小,但已经能进行简单的科学探究、探究事物的变化。当时正值建党百年,因此,在这一节课的设计中可以适当融入爱国主义教育,利用视频,展现上海浦东黄浦江边近30年的发展变化,展示在中国共产党带领下,上海人民的艰苦奋斗使上海发生的翻天覆地的变化,让学生了解到祖国日新月异的发展,培养学生的爱国、爱党之情。

二、科学发展史中体会红色文化

中国农业、天文地理、工程技术、医学等事业的进步和发展伴随着一代代科学家的努力和奋斗,他们在艰苦的环境中进行独立自主的探究创新,全心全意为人民服务,所以,教师在设计相关教学内容时,可以结合近代中国科学发展史,将科学家们的故事分享给学生们听,让他们在一段段激动人心的故事中领悟红色文化。以《小学科学与技术》第七册,第六单元《在空中飞行》第一课时《不同的飞行器》为例,其中一个环是了解飞行器的发展历史,感悟飞行器发明过程的坎坷,感悟科学技术的发展对推动社会进步的作用。以下是融入红色文化的教学片段:① 介绍我国的飞行器"东方红一号卫星"的相关背景知识,以图文结合的方式介绍了中国第一颗人造卫星中"上得去、抓得住、听得见、看得见"的故事,曲折的故事让学生们感受到了中国航天起步的艰难。② 额外找到了国际708通信卫星发射失败的科普视频,让同学们感受到祖国在自主研发飞行器上的并非一帆风顺,体会百折不挠的科学精神。③ 播放了神舟十一号飞船、天宫二号的介绍视频,以及分享了翟志刚说"我已出舱,感觉良好";王亚平说"我一会儿出舱,感觉良好";叶光富说"我下次出舱,感觉良好!"的有趣对白,让学生感受中国在飞行器上的最新发展。经过数代航天工作者们的努力,现如今我国的航天航空技术位于世界前列,学生纷纷为我们的航天英雄们感到自豪和骄傲。

在将红色文化与科学与技术学科相融合的过程中,教研组所有教师展开头脑风暴,纷纷在生活中、课程中寻找与红色文化相结合的切入点,因此对红色文化有了更深刻的理解,感受到红色文化的意义与价值,学会将红色文化转变成多种形式的内容,结合课程内容融入学生的学科学习中,让学生感受红色文化的魅力。学生在教师介绍红色故事的过程中,时而难过,时而会心一笑,时而憋足一口气,时而奋力鼓掌,完全沉浸于这些红色故事中,深刻体会到革命先辈为祖国的奋斗而付出的努力。

(红旗小学教师 蒋某某)

二、真实学习,融合红色文化素养培育

(一)贴近实际,突出课程生活性

现代课程理论认为,课程不是外在的作用物,而是教师和学生在教育过程中联合创造的经验,是引导学生认知发展、能力形成、人格建构的范例。所有课程的应用和开发过程,都是创生的过程。因此,红旗小学从学校的实际状况和学生的实际需要出发,结合教师自己的知识经验和能力优势、学生的兴趣爱好和发展水平等,确立了以培养小学生创生品质为核心的校本课程开发方案,力图在积极贯彻上海市"二期课改"精神的基础上,建构和生成出有益于小学生创生品质发展的新的课程内容,发展学生特长,构建办学特色,促进学生全面发展,以适应教育改革的要求。而在这个过程中,那些与学生的实际学习生活紧密联系,蕴涵着他们所迫切需要的知识和技能、思维的过程和方法、情感和态度、价值观的课程,无疑将会更受到学生的欢迎,并将对学生的未来发展产生重大的影响。

【案例展示】

亲爱的袁隆平爷爷:

您好!

听了您种植杂交水稻的故事,我非常感动。

我很佩服您的才能和爱国的精神。课文里说,您在1960年,在黄种人最缺粮食的时候,克服万难,努力发挥自己的聪明才智,培育出了水稻新品种,让粮食大幅度增产,用科学的方法战胜了饥饿。您就是值得我们铭记的"中

华脊梁"!

我通过查资料知道了,您是我们国家杂交水稻研究的开创者,非常伟大。因此,我为您的逝世感到非常惋惜。我敬佩您一生在稻田里做一件事,执着、坚毅,值得我们学习。

虽然,我不能见到您,但是您身上的爱国血脉会被我们中华少年代代相传。现在,黄种人摆脱了饥饿的魔爪,丰衣足食。这是多么令人自豪的事情啊!

我希望,自己能够像您一样坚定理想信念,好好学习,长大以后,报效祖国!

祝：我们共同的祖国母亲繁荣富强!

少先队员　郝同学

2022 年 12 月 16 日

（二）融合品质,突出特质渗透性

红旗小学秉持"课程不是预定,课程知识不是一件产品或一个事件"的理念,坚持打造情境化、人格化的课程,着力呈现出地道的经验课程,并将课程的创造实施过程作为教师与学生在生活基础上联合创造产品的"一个不断前进的过程"。学生学习知识不再是被动接收信息,而是一种在生活基础上的人格建构。课程的实施也不再是完成既定的教学任务,而是一种教师和学生对生活的再创造,是对自己人格的再塑造。因此,研制出来的课程标准和课程方案也仅仅只是作为一种课程资源而存在。教师和学生只有借助于这种资源去创新创造生活和新的人格特质的时候,创生式课程的特质才能够充分地发挥出来。例如,开发"阿拉上海人"时,教师们摒弃了研究初期把主要精力放在学习"上海话"（即方言）上的考虑,觉得学生应该学习的不仅是语言,而是丰富多元的"海派文化",进而从海派文化的学习中逐步培养自己宽容、大气、谦和、公平的人格特质。因此,这门课程按照各年级学生的年龄特点以及知识能力,设计了一些丰富有趣的系列活动,包括上海童谣,弄堂游戏、上海的交通、上海的建筑、上海的美食等方面。通过这些活动将"海派文化"的精髓渗透到学生的心灵中去,让学生不仅对上海的历史、上海的文化有进一步的了解,还能够自觉地形成符合时代要求的上海新型公民的人格特质。

【案例展示】

让小英雄们从《读本》里走出来

《读本》是什么?《读本》是《习近平新时代中国特色社会主义思想学生读本》;是我们认真学习从中汲取智慧的宝库;是我们开展活动作为指引的旗帜。让我们印象最深刻的是,通过学习《读本》,我们把小英雄们从书本中请了出来,请进了我们的学习生活,请进了我们的心田。

对我们少年儿童而言,总感觉革命时代离我们很远,总感觉课本中的英雄榜样离我们很远。但是,通过道法课、通过广播、通过少先队活动中对《读本》的学习,我们知晓原来这些先锋榜样人物一直都在我们的身边,他们的精神一直都在我们的血液中传承。

《读本》第8讲"人无精神则不立 国无精神则不强"中,以中国女排作为榜样,讲述了不屈的拼搏精神。其实,女排的比赛、电影我都看过,我也觉得热血澎湃,校内的《读本》学习让我明白,其实这样的榜样一直都在我们身边,没有随着时代的进步而消退。《读本》的拓展学习中,还号召我们向先锋榜样学习,作为大队委员,我便带领队员们积极开展了学习。于是,海娃、张嘎、王小二、刘胡兰……一位位小英雄走近了我们,我们开始了解他们的英勇事迹,我们更加懂得《读本》中提到的在我们的国家和民族生死存亡的危急关头,在面对困难的时候,无数少年英雄用自己稚嫩的肩膀甚至宝贵的生命担起了历史的重任是什么含义。一想到这些小英雄战斗甚至是牺牲时,也不过和我们差不多年龄,我们更懂得"先锋队"的含义,更加珍惜自己作为"中国少年先锋队队员"的身份。

革命的年代虽已过去,但是通过红旗小学开展的系列学《读本》活动,我感到"小英雄们"一直都在我们身边,因为我们今天的美好生活离不开他们每个人的奋斗。而我,作为今日的少先队员,将接过他们的旗帜,为中华民族伟大复兴,不断努力成长!

（红旗小学　薛同学）

第二节　红色挖掘:"绵绵用力"的育人资源

红色文化课程育人离不开丰富多样的红色资源,面对不同类型、不同领域的资源利用,只有找到恰切的共同点,才能共振成为绵绵不断的育人资源。红旗小学立足校园、调查研究,挖掘利用校内资源,打开校门、超越围墙,广纳吸收校外资源,主体带动,整合利用,逐步形成了调查、挖掘、转化"三位一体"的资源挖掘机制,形成了点多、面广的资源应用模式。

一、调查研究,充分了解资源

(一) 排摸校内资源

学校充分摸排校内资源,面向全体教师进行动员,组织教师填写《红旗小学校本课程资源调查表》,组织教师结合执教学科、兴趣爱好、特长技能等方面,进行校本课程申报。要求每位老师至少申报一门课程,综合类学科教师鼓励申报两门课程。通过这种形式的申报,既鼓励教师人人参与准备课程的开发,提升教师的专业能力,也可让学校全面地了解教师的课程资源,同时及时更新学校教师校本课程资源库,为校本课程提供资源支持。全校教师 100% 参与调查,进行申报,有近 50% 的老师申报了 2 门课程。统计教师申报的内容,涉及科技、人文、生活、体育、艺术、自然等几大类。主要特点呈现为:教师参与积极性高、教师申报的课程数量多,但主要局限在执教学科范围、教师提供的课程资源已大多开发成学校的校本课程,可增长点少。

（二）延伸校外资源

在家长资源方面,通过以往"家长进课堂"活动中上课照片的展示,让家长感受到学生对家长进课堂的欢迎和喜爱,激发家长参与课程建设的热情。启发家长可以借助"兴趣爱好""职业特长""生活经验"等资源,为孩子们开设"家长课程"。"家长课程参与意向书"着重进行以下三方面的征询:了解家长的职业特点、个人特长;了解家长是否愿意提供资源,成为家长课程研发的志愿者;了解家长可能提供怎样的资源,如参与微课程编撰、提供学生实践活动的场地和条件等。家长申报的课程主要内容涉及:经济、科技、人文、社会、生活、体育、艺术、政治、自然等几大类。还有不少家长,虽未填报课程,但表达了参与课程做志愿者,协助教学的意愿。在社会资源方面,通过走访合作单位,如社区文化中心、青少年活动中心、戏剧学校等单位;通过实地参观、听取介绍等方法,进行社会资源调查。主要调查内容为:参与学校课程的意愿;为学校课程可提供的场地资源、物资资源、人员资源、现有课程资源等。

【分享交流】

青葱少年红色行,夏日炎炎公益心

泱泱大国,沧桑百年,一代又一代青少年在历史的风云际会中,在 960 多万平方公里的广袤土地上,传承着"爱国、进步、民主、科学"的"五四"精神。

红旗小学四(3)班家委会发挥各位家长的资源优势,联结社区资源,带领着红旗小学四(3)班的孩子们前往红色教育基地——中共二大会址(老成都北路 7 弄 30 号),让孩子们重温革命历史、传承红色基因,接受红色主题教育。武警叔叔庄重而朴实的讲解,配合着红色主题教育让参加本次活动的全体少年们能在庄严肃穆的仪式中接受"沉浸式"精神洗礼。青葱少年们在参观中共二大会址后,更加坚定了要在党的红色领导下、学校的优质教育下,始终保持健康向上的精神风貌、激昂饱满的学习热情和积极乐观的生活态度,好好学习、天天向上的信念。立志长大后为人民奉献,为共产主义事业而奋斗努力。

之后,孩子们来到南京西路街道生活服务中心,穿上绿色的小小志愿者马甲,参观中心的服务志愿者的摊位和服务内容,学习服务工匠精神后,分为两个小组,一组在慈善超市学习体验小小志愿者,帮助慈善超市整理货物等体验公益岗位的工作并用自己的零用钱挑选心仪的慈善商品作为一份爱心捐赠。同时另外一组作为小小公益爱心大使,队员们带着准备好的24瓶冰矿泉水,共同完成24人次指标的爱心打卡任务(对周边保安、环卫工人、快递师傅、志愿者等高温天仍在外辛勤工作的人们送上一份清凉的慰问)

最后所有小组成员回到中心,书写了自己的活动感受进行交流后领取了一份爱心小礼品,民主投票评选出最积极参加本次活动的3名同学,发放了小小公益达人的奖品。

本次活动通过丰富的活动内容让孩子们暑期进行素质拓展,也让红色精神和公益爱心共同传承。

"青葱少年红色行,夏日炎炎公益心",让青少年参与到社区公益建设,也是我们所有家长的期望。"少年强,则国强"从社区走向社会,我们坚信有了孩子们的参与,社区建设也将会注入一股新力量。

(红旗小学 学生家长)

二、整合转化,充分利用资源

(一) 用好环境资源,转化教育资源

红色文化资源作为一种潜在的教育资源,必须经过开发、转化和利用才能发挥教育功能。学校在打造红色课程过程中,应及时调整学校的育人环境、设施设备、仪器用具,使之更符合创生性教学的要求,确保课程建设和落实的可用性和育人性,营造良好育人空间。同时,更要有效把握地方的自然环境和人文环境资源,创新课程内容和方式方法。如,美术剪纸课程尝试从两个方面进行突破,一方面,从学校周边的文化资源出发,发掘学生更容易接受的红色文化教育资源;另一方面,通过挖掘红色资源中的视觉符号和造型

元素,将红色文化资源转化为审美性和形象性的剪纸作品,以美术课程的形式、创作表现的方法、教学过程的多元等途径来实现红色文化的教育价值。又如,在建党百年之际,号召学生利用节假日,组队走出校门,一起打开《上海红色文化地图》,寻访红色记忆,随着先辈们走过的光辉足迹,感受这座光荣城市的红色底蕴。

【案例展示】

传承剪纸技艺,打造红色文化美育课程

一、美术学科与红色文化育人结合

红色文化是独具中国特色的重要教育资源。美术教育作为一种文化教育,肩负着传承优秀民族文化的教育使命。如何运用美术教育的路径来实现红色文化的教育价值?如何引导美育真正地融入学生日常生活中去,在美术教学中渗透革命传统和爱国主义的精神力量,在美育中唤起学生心灵深处对民族的自豪感和崇敬感?是我一直在思考的问题。

二、美术学科教与学的优势方面

在长期的教学实践中,我逐渐发现剪纸能够起到很好的育人效果,将红色文化融合到传统剪纸文化艺术中,能够更好地传递红色精神,引导学生在学习剪纸的过程中感受到民族传统文化,也丰富了传统剪纸艺术的形式和内涵。因此我将学校周边的红色文化和中国传统艺术形式相结合,比如探访红旗小学所在的江湾镇,我发现江湾十景中就有红色文化资源,比如:《淞沪铁路》和《忠烈石景纪念碑》。这些作品不仅激发了学生对英雄的崇敬之情,也培养了学生热爱祖国、热爱党,继承革命传统和爱国主义精神的情感。

三、在剪纸课程中的困难点和解决路径

红色文化资源作为一种潜在的教育资源,必须经过开发、转化和利用才能发挥教育功能。因此我尝试着从两个方面进行突破:一是从学校周边的文化资源出发,发掘学生更容易接受的红色文化教育资源;二是通过挖掘红色资源中的视觉符号和造型元素,将红色文化资源转化为审美性和形象性的剪

纸作品,以美术课程的形式、创作表现的方法、教学过程的多元等途径来实现红色文化的教育价值。

从第一个方面来说,请学生利用节假日走出校门,在家长的陪同下参观学校周边的历史景点,了解红色文化背后的故事,形成红色美术文化的学习意识。孩子们在增长知识、开阔视野的同时,丰富了学生的课余生活,更是增强了学生的爱国主义情怀,激发了学生的民族自豪感和自信心。

第二个方面:在课堂中进行红色文化元素的导入,达到红色文化和剪纸课堂相结合的目的。例如:通过抠像技术再现场景,引导学生在体验和感悟中加深理解。设置学习任务,驱动学生将课外参加研究的内容制作成小报,在课堂上与同学交流展示,通过多种形式回顾红色历史和文化,在分析中寻找红色资源的审美元素。提炼红色文化题材剪纸的艺术语言特色,对剪纸的构图、造型、色彩、装饰四大艺术语言要素展开教学与创作,形成兼具剪纸形式艺术美和文化内涵的创作成果。

四、教学实践中的体会和收获

美术教育是一项综合性、实践性课程,在学校美术课堂上渗透传统、民族的文化思想非常重要。以红色美术教育为载体,在美术教学中渗透革命传统和爱国主义的精神力量,在美育中唤起学生心灵深处对民族的自豪感和崇敬感,增强学生的文化自信和民族自信,培育和践行社会主义核心价值观,能够帮助年轻一代在成长过程中形成不可动摇的价值观。

今后在美术学科的教学中,我将进一步因地制宜,在教学实践中发掘学校周边的红色资源,构建红色文化的美术学科教学内容,优化红色文化的美术教学环境,将具有审美意义的红色资源转化为美术教学资源,促进红色文化与传统民间艺术的共同传承与弘扬。

(红旗小学教师 郑老师)

(二)用活智力资源,带动释放效能

红色文化课程的核心是学生的意识、思维和习惯的形成,尤其是要发挥好智力资源优势,牵引物质性资源、过程性资源和手段性资源等多种资源形成合力,才能取得更好的效果。所谓智力资源,可以认为是红色文化课程建设和实施中的教师和学生的主体性资源。一方面,教师要不断地开放自我,加强学习和交流,及时把前沿性的知识组织进教材,突出时代性、地方性、特色性,充分发挥各种先进的信息设备的功能和作用,使得课程的内容更丰富、更生动、更活泼、更有启发性,使得课程资源呈现出动态性、变化性、演示性、高效性,而且要充分借助网络平台建设更广泛的课程资源。另一方面,要积极关注学生的学习方式、学习态度、思维习惯、个性品格的成长,根据学生的年龄、兴趣和需要,给予学生更多的机会、更多理解和尊重,通过自己的创生意识、思维和行为习惯,有意识地去引导学生,潜移默化地去改变学生,最终在学生的创生意识、思维和行为习惯的互动中形成课程资源。

【案例展示】

让"红色文化"走入少年儿童的心里

一、借助关键事件让"红色文化"走入少年儿童心里

习近平总书记指出:入队、入团、入党,是青年追求政治进步的"人生三部曲"。加入少先队是少年儿童政治启蒙的第一步,是思想成长的关键事件。虹口区红旗小学少工委便注重探索运用"虹"口文化资源,传承"红"色基因,激发少年"鸿"志。通过"Hong"系列行动为少年儿童"扣好人生第一粒扣子"。以下是一段在学生"入队"的人生关键事件中发生的故事,以辅导员老师为第一视角进行叙述。

二、从"搞不成活动"的陶陶说起

"小朋友们都不肯参加我的活动,这可怎么办?"一双委屈的"卡姿兰"大眼睛早已噙满泪水,二(7)班的陶陶无助地站在我面前……

离少先队"入队仪式"还有3个月,二(7)班的辅导员老师犯了嘀咕:其他中队的"争章入队"活动都搞得那叫个有声有色,可唯独自己班是"这里的黎明静悄悄"。看来是小干部不得力,于是陶陶就被领到了我跟前,有了开篇

那幕。

近年来，红旗学子在成为光荣的少先队员前，一般都以"临时中队"为单位，自主自动开展若干次"红色行动"。比如走访虹口红色场馆，了解一段红色往事。比如确立一位红色偶像，立志传承红色基因等。

我不由思考，按理说陶陶早已是忙得满头大汗，一会在联络群里宣传，一会在班级里倡议，工作态度毫无疑问是优秀的，可她组织的活动就是吸引不了其他同学参与，这肯定有更深层的原因。通过班级访谈，有几句无忌童言吸引了我的注意力，"我知道李白烈士，但总觉得他离我们太远了"。

对啊，如果李白烈士没真正走进童心，陶陶又怎么能吸引同学们一同前往故居开展活动？于是，在我的辅导下，在孩子们的群策群力下，陶陶带着同学们在活动前先设计了活动单，用儿童化的语言在其中介绍了李白烈士的生平事迹，让历史人物走近儿童；用趣味化的问题设计"探索驱动式"探访攻略，让红色场馆吸引儿童；用"设计李白烈士名片"宣讲红色故事，让红色往事真正融入童志。一时间，二(7)班的"李白在我心"红色行走活动收到了同学们的踊跃报名。再一段时间后，"红色文化"行动在二(7)班渐渐风靡了起来，陶陶组织的活动成了同学们之间的最热门的活动。

故事后的两年间，二(7)班成为五(7)小星星中队，同学们光荣地成为少先队员们，戴上了红领巾。而陶陶则秉持不断增强少先队员光荣感、归属感、幸福感的信念，组织了一项又一项有意思、更有意义的活动。2023年4月，陶陶受团市委、市少工委评定，光荣成为上海市红领巾理事会理事，是虹口区小学段唯一的市红理事成员！其实，像陶陶这样优秀的队员，像二(7)中队这样的优秀中队在红旗小学还有许许多多，虹口区红旗小学少工委通过精彩丰富的"红色行动"，在市、区范围内均形成了一定的影响力，收获了良好的口碑。2019年之间，学校少工委年年获区少工委考评优秀，2020年荣获全国少先队优秀集体(大队)。

三、让少先队员更喜欢少先队，成就幸福童年

我们常说，要引导少先队员高举队旗跟党走。其实，其关键点就在于用

少年儿童听得懂、易理解的形式解读好各种红色故事、红色人物、红色场馆。让红色文化学习教育"活"起来,让孩子们"动"起来,从"要我学"变为"我要学",从"我来听"过渡到"我来讲",不断引导广大少年儿童传承红色基因,争做时代新人。此时,"争章入队"等少先队相关仪式活动便成为重要抓手,这样的关键事件对少年儿童的成长意义重大!

虹口区坐拥丰厚的文化底蕴,虹口区红旗小学是全国少先队优秀大队,红旗小学的少先队员将在虹口的沃土中,在红旗的校园立不断成长之志,争做新时代红旗"四会"好队员!

(红旗小学辅导员)

第三节 红色带动:"合和共生"的育人影响

从教与学的关系角度看,教学过程本质是学生的学习过程。没有学,教的价值也就荡然无存;没有学,内在素养的形成无异于缘木求鱼。红色文化课程的实施,进一步打破师生角色固化思维,有效形成了校内外教学相长、师生共进的良好育人氛围。

一、联合教学,带动"二元互补",教学相长

(一) 研究真问题,提升学的效果

在教的层面,不断提升教师的认识水平、教学水平和研究水平,是不断提高育人质量的本源所在。红旗小学鼓励老师做学生,走下讲台,走进学堂。如,创立采用"三位一体"的教师培训模式,即"专家引领——同伴互助——实践反思",将专家的引领作用、同事的启迪效应、自我的反思提高有机地融为一体,从"课程开发"和"课程实践"两大板块对教师进行培训。又如,搭建"3+2"发展平台,即教师展示的"三个平台"——精选课录像、"一二·九"青

年教师比武(包括校本课程编写比赛、校本课程说课比赛、校本课程上课比赛)、校内校际交流课;教师交流的两个平台——"智慧维生素"现场交流、"红旗校园网站"网上交流。教师依托"3＋2"发展平台,在课程备课、上课、修改、再上课的实践中,教学能力不断提高,思想认识不断深化、创新潜能不断得到开发,推动优秀校本课程向精品课程发展,帮助教师成为校本课程骨干教师。

【案例展示】

一面了不起的旗帜

同学们,前一段时间,在北京举行的中国共产党第二十次全国代表大会(也就是我们常听说的党的二十大)是最受关注的大新闻。相信大家已经从老师、家长那里或者从新闻报道中了解了党的二十大基本的情况。

接下来一段时间,我们党员教师会用大家都听得懂的语言,把党的二十大这件全党全国最重要的大事讲给少先队员们听。

今天这一期,咱们先从大家熟悉的一个词语——"旗帜"开始。

打开电视网站,看看报纸手机,在关于党的二十大宣传报道中,"高举旗帜""伟大旗帜"等字样常常映入眼帘。有同学告诉校长,我们学校每周都有升旗仪式,少先队还有出旗仪式,我觉得自己对"旗帜"很了解。但一看到党的二十大说的"旗帜",好像又不太明白了——中国特色社会主义伟大旗帜到底是一面什么样的旗帜呢?

同学们,中国特色社会主义伟大旗帜是我们党经常用到的一个比喻。我们可以结合日常生活中对"旗帜"的了解,从三个方面来理解这个重要比喻。

第一,旗帜就是标志。

举着什么旗帜,就能告诉大家,这是一群什么样的人,要干什么样的事。比如,我们远远看见一群"红领巾"举着星星火炬队旗走过来了,就知道:"哦,这是少先队员们在开展活动。"我们党把"中国特色社会主义"比作"一面旗帜",就是要十分鲜明地告诉所有人,今天的中国共产党是一个什么样的党,正在做着什么样的事。

大家看,"中国特色社会主义"这个词,是由"中国特色"+"社会主义"组成的。什么是"社会主义"——最简洁地说,就是让大家一起过上好日子的科学方法(在这里请同学们注意两个关键点:第一,只让一部分人过得好,其他很多人过得不好,不是社会主义;第二,光是想着让大家都过得好,但没找到靠谱的办法,也不是社会主义。能够同时解决这两个问题的办法,被称作"科学社会主义")。先辈们最早提出"科学社会主义"这套办法是在100多年前了,而且他们也从来没有来过中国。要在咱们中国实现社会主义这件好事,还得靠中国人按照社会主义的基本方法,结合我们国家的实际情况,自己去探索。

因此,中国共产党在"社会主义"前面加上了"中国特色"四个字——"中国特色社会主义"就是在中国这片土地上让大家一起过上好日子的科学方法——这也正是中国共产党一直在努力做的事——35年来,每次党的全国代表大会的报告,都把"中国特色社会主义"这几个字写进了标题里,作为最重要的事加以强调。今年大会上,习近平爷爷作的报告题目就是《高举中国特色社会主义伟大旗帜 为全面建设社会主义现代化国家而团结奋斗》——就是要告诉全国、全世界:中国共产党要坚定不移地为人民谋幸福、为民族谋复兴、为世界谋大同!

第二,旗帜能够领路。

大家在生活中可能有过这样的经历——在一支长长的队伍里,行军的人只要看着最前面的旗帜走,就能够走对路、走好路。我们党高举中国特色社会主义伟大旗帜,不仅是为了告诉大家"我是谁",同样也是号召全党全国"跟我走",有着"导航"的作用。中国特色社会主义是一面好旗帜,但是在每一段行军路程中,旗怎么举、路怎么走,需要适合那个阶段的具体方法。在今天的中国,以习近平为主要代表的中国共产党人创造出了一个好方法。

最近十年,我们用这个方法蹚过了很多险滩,爬上了很多陡坡,闯过了很多难关,取得了新时代的非凡成就(具体内容咱们在后面几期还会具体讲)——总之大家记住一句话,正是因为有了习近平新时代中国特色社会主义思想,我们才能稳稳当当地走过万水千山,手中的旗帜越来越鲜艳,脚下的道路越来越宽广。

第三,旗帜要用力举。

同学们,你们是不是很羡慕鼓号队的旗手呢?但姚校长要告诉大家,举旗可不是一件轻轻松松、懒懒散散就能做好的事。旗帜和人一样——要想旗帜高举招展,举旗的人也要精神振奋、昂扬向上,要有积极饱满的状态,要有吃苦奋斗的准备。

为什么呢?因为在我们举旗前进的道路上,不会总是顺风,一定还会遇到逆风——如果把我们的奋斗比作举旗登山的话,越是接近山顶,狂风越猛。怎么办?当然不能放下旗帜或者退下山去,必须得像习近平爷爷曾经引用的一句诗那样——"千磨万击还坚劲,任尔东西南北风。"只要我们不害怕、敢斗争,站稳了、抓牢了,风越大,我们的旗帜飘扬得越高!

同学们,听了生动的一课,你是不是加深了对"旗帜"的理解呢?下面有三个小题目,在班主任的带领下,你们试试能回答吗?

1. 中国共产党要高举_____伟大旗帜。(   )

A. 中国特色社会主义

B. 马克思主义

2. 正是因为有了_____,我们才能稳稳当当地走过万水千山,手中的旗帜越来越鲜艳,脚下的道路越来越宽广。(   )

A. 习近平新时代中国特色社会主义思想

B. 中国特色社会主义思想

3. 党的二十大,我们明确的目标是_____。(   )

A. 全面建成小康社会

B. 全面建设社会主义现代化国家、全面推进中华民族伟大复兴

(二) 学习真本领,提升教的效果

在学的层面,学生的能动性、主动性、自主性越强,就越有助于核心素养

的形成。红旗小学鼓励学生走出课桌、走上讲台。在教学实践中注重关注处理直接知识和间接知识的结合、手动与脑动的结合、线上和线下的结合等,让知识和价值真正入脑、入心。走近学生、听见学生,通过学生品格能力的长成,反映教的效果。

【案例展示】

原来,旗帜是这个意思

我所就读的小学叫作虹口区红旗小学,这是一所百年老校,有着光荣的历史。我从小就在想,为什么叫作"红旗"?上学后,我参与了学校丰富多彩的活动,对"红旗"开始有了认识。党的二十大后,我听了习爷爷的报告,其中反复提到"旗帜"。我不禁又开始疑惑,"旗帜"又究竟是什么意思呢?

红旗小学从小就是我的梦想,因为她是我爷爷的母校,也是我姐姐的母校。在长辈的口中,总是对这所学校赞许有加。但是,直到我自己上学后,我才明白"红旗"究竟"红"在哪里。

还记得低年级时,我是懵懵懂懂的,当看着哥哥姐姐胸前的红领巾时,我充满了羡慕,幻想我也能长大戴上红领巾。伴随着学校的"红文化"教育活动的深入开展,懵懂的少年开始知晓,原来红领巾不是光长大就能佩戴的,原来红领巾是一份传承更是一份责任。于是,不论是"学雷锋"活动,还是"红文化行走课程",或是"红娃劳动"行动,都能看到我活跃的身影。在红旗学校老师们的教导下,我把红领巾戴到了脖子上,更把那抹红色带进了心里。红旗小学的少先队员无疑是幸福的,我们有精彩丰富的活动,我们聆听红色故事,我们学习红色榜样,我们传承红色文化,我们从天真少年成长为了小小先锋。

我觉得红旗小学就是一面"旗帜"。党的二十大后,姚校长作为共产党员为我们少先队员上了一节"微队课"。其中,姚校长谆谆教诲,旗帜有特殊含义,旗帜就是标志,旗帜能够引路,旗帜要用力举。中国共产党正是高举中国特色社会主义伟大旗帜带领我们前进。我们红旗小学也是面旗帜,因为在学校党组织的带领下,我们少先队员茁壮成长,我们在心中树立了志向,我们也明白了成长的方向,就是"时刻准备着,为共产主义事业而奋斗"!

原来,旗帜是这个意思,原来我们的身边也有旗帜。渐渐地,我开始明白为什么长辈们口中的红旗小学是一所"好学校",我为能成为"红旗"的一员而骄傲!

(红旗小学　薛同学)

二、联合实践,推动区域教育质量提升

(一) 开展跨校带教,辐射互研互学互创

红旗小学与福建省建宁县实验小学结成对口合作学校,承担来自青海果洛、海南三亚、甘肃永靖等地校长们的跟岗研修。学校还积极参与扬帆教育联盟主导的"跨校带教"工作,推选两名骨干教师(体育学科、道德与法治学科各一名)作为导师,带教兄弟学校的青年教师,以实现优质师资"软流动"的区域目标。跨校带教突破校际界限,采用"一对一"的方式帮助青年教师提高教学水平。这是一个教学相长的过程,作为导师和学员都能获得长足的进步。如,在国培期间,体育骨干教师带领青年教师一起开发关于市级立项课题"指向学科核心素养的小学体育兴趣化教学情境设计与运用"转化的区级教师研训一体培训课程,于2022年3月完成了"小学体育兴趣化教学情境设计与运用"教师研训一体课程培训的拍摄工作。

(二) 参与课程开发,助力共商共享共进

红旗小学积极参与市、区级课程开发,如美术组参与华师大网络培训课程开发"关于新课标下小学美术的内容解读"。学校市级课题"小学体育兴趣化教学情境设计与运用",研究成果转化为区级教师研训一体培训课程。开发区中小幼教师研修一体网络课程"小学语文职初教师指导一年级学生写字的方法",并作为区级培训课程上线。语文教研组参与上海市第四期"双名工程"学术资助音视频课程制作。语文、数学、美术、音乐、体育、道德与法治等学科教师参与"空中课堂"录制共58节课。此外,学校作为上海市教师专业化

发展基地学校,承担本区见习期教师的规范化培训任务。学校根据见习教师规范化培训四大模块的 18 个要点,构建培训课程框架,从师德素养、自我发展、教学技能、指导管理学生等方面,开展集中培训和导师学员"师徒带教"浸润式培训。

后　记

习近平总书记强调，"没有高度的文化自信，没有文化的繁荣兴盛，就没有中华民族伟大复兴"，党的二十大报告明确要求"推进文化自信自强，铸就社会主义文化新辉煌"。红色文化作为中国特色社会主义文化资源的重要组成部分，积淀着中华民族的精神追求，也是教育人、培养人、涵养人的精神沃土，蕴含着巨大的思想价值、教育价值和时代价值，具有凝心聚力、铸魂育人的重要作用。如何把握好学生这一关键群体，用好红色文化资源，持续推动红色教育走深走实，成为培养堪当民族复兴重任，德智体美劳全面发展的时代新人的重要课题。

近年来，红旗小学深刻把握红色文化突出特性，深刻理解红色文化与课程建设的结合意义，牢牢把握课堂主渠道，打造了一批有特色、有特质的红色文化课程。本书围绕"传承与融通"这一主题，引入生动案例，全景展示了红旗小学立足校训、回应时代的红色缘起，课程总体设计、整体构建的红色传承，将红色文化融入国家课程、校本课程的红色实践，以及常态化、长效化的红色保障等积极成效和广泛影响，为贯彻落实立德树人根本任务，传承弘扬中华优秀传统文化，深化实施红色文化课程育人，持续推动以文培元、以文立心、以文铸魂提供有效借鉴。在取得显著成效的同时，也不可回避地进入瓶颈阶段，主要表现在学生对新事物、新技术的密切关注与课程开发之间的不平衡；学生核心素养提高与教师专业能力发展之间的不平衡；学生日益增长的文化需求与课程资源、执教资源之间的不平衡等。只有基于对经验的总结和问题的反思，结合新时代背景下小学教育教学要求，才能得到红色文化课程育人的新启示，也为未来发展拓展出更广阔的空间。

巩固树立"红文化"意识，汇聚文化育人引领力量。文化是最需要创新的领域，牢记文化使命、坚持守正创新，才能在实践创造中进行品牌创造。高站位、高质量、高起点做好红色文化课程育人战略谋划，一方面，保持对文化理想、文化价值的高度信心，保持对文化生命力、创造力的高度信心，围绕育人方式、活动载体、组织机制等，将红色文化资源细化为教育教学的工作内容和具体举措，根据自身特色和工作实际，凝练"特色选题"，推新品课程、做试点课程，敢于尝试"0"到"1"。另一方面，应将创新精神贯穿红色文化课程生产全过程，增强原创能力，尊重师生创造个性和创造性劳动，政治上信任、创造上支持，厚植精品课程创新沃土。同时，要深刻把握全媒体时代的挑战和机遇，综合运用社交媒体、视频网站、手机客户端等传播平台，做好传播转化和二次生产，增强课程吸引力和生动性。

深化课程"新理念"实践，提升学校课程建设质量。《义务教育课程方案和课程标准（2022 年版）》对课程进行了一次全新优化，是对培养目标、课程设置、课程实施等的系统修订。其中，比较突出的变化包括提出核心素养导向的"三有"（有理想、有本领、有担当）培养目标，强调课程的综合性与实践性，强调课程与学生生活的连接，强调教育评价在课程构建与实施中的重要作用等。这些新的变化，使"课程方案与课程标准进入实施阶段可能会遇到新的问题、新的挑战，作为课程实施的终端，学校课程建设应根据国家课程的调整进行合理构建，从而全面实施国家课程方案，提升学校课程建设质量"，这就需要学校制订有针对性的课程方案，以确保课程实施的有效性。为此，学校将结合课程实践情况，采取多元主体参与的方式，运用科学的工具，研制符合义务教育课程改革要求和学校发展实际的课程方案，以更好地为学生的成长服务，践行为党育人、为国育才的使命。

推进教育"数字化"转型，赋能学校教育教学改革。2021 年，上海发布了教育数字化转型三年行动方案和全国首个教育数字化转型五年规划,大力推进教育数字化转型建设,呈现出新教研、新课堂、新作业的样态。学校将在今后几年里做更深入的信息技术融合教育教学探索,着力建构教与学数字化转型的校本实施路径。主动推进人工智能和教育教学的深度融合,提高教育教学的效率;主动地推进教育教学、学校管理、评价改革等一系列自我更新、迭代和重塑。新的技术必然会带来教与学方式的变化,学校将构建数据驱动支持下精准化教学模式实施路径,为学习诊断、学习决策、个性化辅导、多元评估等提供科学依据,支持实现精准评价、精准决策与干预;逐步实现基于数据的以学定教、因材施教,不断优化教学设计与教学实施策略,实现个性化学习和智慧化评价。

加快干部"年轻化"培养,提高学校可持续发展力。年轻干部兴则学校兴,年轻干部强则学校强。面对基础教育未来变革的挑战,学校中层干部人员的能力素质水平还有进一步提升的空间,打造一支高素质、专业化的中层管理干部团队已成为学校亟须解决的问题。当前学校干部队伍年龄偏大,校级干部平均年龄 49.2 岁,中层干部平均年龄 45.9 岁,培养年轻干部刻不容缓。抓中层干部队伍是党组织领导职责的重要体现,不仅要解决眼前的中层"用人荒",更要发挥党组织的领导作用,本着党管干部的原则,抓青年干部、青年人才培养。除此之外,还应把握人才成长规律,要超前谋划着眼五到十年乃至更长时期学校发展的需要,培养德才兼备的干部队伍。

红色文化课程育人是一项系统性工程,重在建设、以立为本,要久久为功、一以贯之,也要统筹发力、各展所长,更要持续创新、亲和共鸣,处理好整体与重点、个体与群体、素材与成果、过程与结果的内在关系,盘活存量、激活增量、提升质量。坚持走内涵发展、高质量发展之路,通过课程建设的迭代升级,进一步形成市校协同、校校联动、校内赋能的效果扩容升级,整合共享优质资源,吸纳更多社会资源,让红色文化课程育人始终充满生机和活力,引导广大学生立志做有理想、敢担当、能吃苦、肯奋斗的时代好青年。

图书在版编目（CIP）数据

传承与融通：红旗小学红色文化课程育人的实践探
索 / 姚远著. — 上海：上海教育出版社，2024.3
ISBN 978-7-5720-2507-5

Ⅰ.①传… Ⅱ.①姚… Ⅲ.①爱国主义教育－教学研
究－小学 Ⅳ.①G621.4

中国国家版本馆CIP数据核字(2024)第063179号

责任编辑　李　玮
装帧设计　观止堂_未　氓

传承与融通：红旗小学红色文化课程育人的实践探索
姚　远　著

出版发行　上海教育出版社有限公司
官　　网　www.seph.com.cn
地　　址　上海市闵行区号景路159弄C座
邮　　编　201101
印　　刷　上海展强印刷有限公司
开　　本　700×1000　1/16　印张 15.75
字　　数　218 千字
版　　次　2024年3月第1版
印　　次　2024年3月第1次印刷
书　　号　ISBN 978-7-5720-2507-5/G·2205
定　　价　69.00 元

如发现质量问题，读者可向本社调换　电话：021-64373213